国共合作在抗日战场

叶成林 李蓉 著

中共党史出版社

图书在版编目(CIP)数据

国共合作在抗日战场/叶成林,李蓉著. —北京:中共党史出版社,2015.9

ISBN 978-7-5098-3262-2

Ⅰ.①国… Ⅱ.①叶… ②李… Ⅲ.①抗日战争—国共合作—史料 Ⅳ.①K265.190.6

中国版本图书馆 CIP 数据核字(2015)第 198191 号

出版发行:中共党史出版社
责任编辑:潘 鹏
复 审:韩冬梅
终 审:汪晓军
责任校对:龚秀华
责任印制:谷智宇
责任监制:贺冬英
社 址:北京市海淀区芙蓉里南街6号院1号楼
邮 编:100080
网 址:www.dscbs.com
经 销:新华书店
印 刷:北京盛通印刷股份有限公司
开 本:170mm×240mm 1/16
字 数:263 千字
印 张:19.25
印 数:1—5000 册
版 次:2015 年 9 月第 1 版
印 次:2015 年 9 月第 1 次印刷

ISBN 978-7-5098-3262-2
定 价:35.00 元

目 录

抗日战争的胜利是中国各阶层人民共同努力的结果，也就是以国共合作为基础的抗日民族统一战线的伟大成果。周恩来曾在1939年8月中共中央政治局会议上的报告中说："国共实际的合作，是从军队开始的。"①国共军事合作奠定了抗日统一战线的一种格局，即共产党领导的人民军队同国民政府领导的军队合作共同进行抗日战争，为抗日战争的胜利奠定了坚实的基础。

毋庸讳言，在抗日战争期间，中国共产党同国民党是有磨擦甚至是十分严重的磨擦，但合作是基调，是主流，双方都没有公开表示合作破裂。本书所考察的是双方在军事方面的合作。

国共军事合作是立体的，从不同的角度予以考察，可分为战前的合作和战时的合作，战争谋略的合作和战争展开的合作，战争展开中的战略、战役和战术各个层面的合作，有战斗的合作，还有军事情报、军队训练、政治工作、后方勤务等方面的合作。

① 转引自王淇、王秀鑫、刘振起：《抗日战争中国民党和共产党的两条不同的指导路线》，载中共中央党史研究室学术处编：《历史经验与改革开放》，中共党史资料出版社1988年版，第154页。

中国到了或存或亡的严重关头

1937年7月7日夜，日本华北驻屯军第1联队第3大队第8中队在北平西南卢沟桥附近演习时，借口一名士兵“失踪”，要求进入宛平县城搜查，遭到中国守军第29军严辞拒绝。在交涉持续进行时，日军于7月8日晨向中国守军开枪射击，又炮轰宛平城。守卫卢沟桥和宛平城的第29军第219团第3营在团长吉星文和营长金振中的指挥下奋起抵抗。这就是震惊中外的七七事变，又称卢沟桥事变。

七七事变是日本帝国主义全面侵华战争的开始，“事变的远因，可以追溯到明治以来的日本大陆政策”①。日本的大陆政策是日本企图灭亡中国，吞并亚洲大陆，进而侵略全世界的侵略计划，是日本长期推行的一项基本国策。

日本的大陆政策的制定，是日本所谓思想家、政治家、军事家们共同逐步完成的。

丰臣秀吉（1536—1598）是“日本近代帝国主义的急先锋”②，是日本提出对外扩张理论、推行海外扩张政策的鼻祖。1592年5月，丰臣秀吉提出：（1）宜准备恭请天皇于后年行幸唐都（北京），呈献都城附近十国与皇室，诸公卿将予采邑。其中下位者将增十倍，上位者将视其人物地位而增。（2）大唐国之关白（相当于中国的宰相），授与秀次，并与都城附近

---

① 日本防卫厅防卫研究所战史室：《中国事变陆军作战史》第1卷第1分册，田琪之译，中华书局1979年版，第Ⅲ页。

② 井上清：《日本帝国主义的形成》，宿久高译，人民出版社1984年版，第1页。

之百余国，日本之关白则由大和中纳言（羽柴秀保），备前宰相（宇多田秀家）二人中择一人任之。（3）日本之天皇可由良仁亲王（后阳成天皇之子）或八条宫智仁亲王（后阳成天皇之弟）继之。（4）高丽国由岐阜宰相（羽柴秀胜）或备前宰相秀家统治。（5）天皇居北京，秀吉居日本，船来泊之宁波。①

佐藤信渊（1769—1850）1823年提出了日本侵略中国的具体实行计划："我国而欲制他邦，必先以并吞支那为始。""十数年间必能平支那全国，鞑靼支那既加统一，应更施以产灵之法，除万民之疾苦，到处营造神杜，祭我皇祖诸大神。……苟能奉行天意而无间断，则全世界皆皇国之郡县，万国君主悉隶臣仆，自不俟论。"②

中江兆民（1847—1901）1887年提出征服中国的措施："颁布一张诏书，募集举国壮丁，此时，至少也可得四、五十万人，倾国库之财，至少可买数十上百艘军舰。士兵去、商人去、农夫去、工人去、学者也去。士兵负责打仗、商人去做买卖、农夫去耕田、工人去做工、学者去任教。把该国的一半或三分之一割取过来为我国所有，我们将成为大国！""我皇上亲率中央军，由水师提督某某，某大将、某中将、某少将伴随护卫，乘坚固无比的某舰渡海，乘我某路军之大捷而奠都于某地，新建宫殿，结构极其宏伟壮丽。数层楼阁，巍然高耸云霄。御林军环列，近卫骑兵围屯，构成皇帝的住处。因此，我皇上，乃我新大国的皇上。"③

福泽谕吉（1834—1901）1894年8月呼吁："要以文明之势力席卷四百余州，让四亿人民沐浴革新的阳光雨露，就必须做出决断，直冲首都北京，扼其咽喉，一不做二不休，使其俯伏于文明之师面前。此非好战，乃是世界文明大势赋予日本的天职，是不得不为之也。日本的太阳旗尽早在北京城迎着晨风飘扬，四百余州的全图尽在文明的阳光普照之下，此等快事，我

① 水野明：《日本侵略中国思想的检证》，载《抗日战争研究》1995年第1期。

② 汪向荣：《中国的近代化与日本》，湖南人民出版社1987年版，第170—174页。

③ 中江兆民：《三醉人经纶问答》，滕颖译，商务印书馆1990年版，第35—36页。

辈翘首以盼。”①

日本陆军参谋本部于1887年制定《清国征讨方略》，提出侵略中国的作战计划：“最理想的作战是以我海军击败敌海军，攻占北京，擒获清国皇帝。5个主力师团和一个后备师团在海军支援下，于直隶湾（山海关至滦河口之间）登陆，攻占北京。以常备师团和后备师团各一个，于长江口登陆，占领南京、安庆、荆州，以后成持久态势。”②

1927年六七月间，日本田中义一内阁召开东方会议，提出了《对华政策纲领》。其中称：“帝国在华权益及日侨生命财产有受不法侵害之虞时，除根据需要采取断然自卫措施予以维护外，别无他法。”③

1935年日本陆军制定的侵华作战计划是：（1）对华北方面作战。在平津地方作战时，第7军（以中国驻屯军、关东军的一个师团及由国内及朝鲜派来的三个师团为基干）占领北平及天津附近要地。在山东地方作战时，第8军（以两个师团为基干）与海军协同，在山东半岛及海州附近登陆，占领青岛、济南、海州附近要地。根据情况，可合并第7、第8两军用于一个方面军。（2）对华中方面作战。第9军（以三个师团为基干）与海军协同在上海附近长江下游地区登陆，占领上海附近地区。根据情况，可由华北方面沿京汉线南下与之呼应，沿长江向汉口作战。（3）对华南方面作战。为保卫台湾并依据不割让福建条约之精神，必要时使用约一个师团的兵力，以主力占领福州，一部占领厦门，如需要即可占领汕头。④

七七事变是继甲午战争、九一八事变之后日本实施其大陆政策的重大步骤。其时，日本相比中国在经济力、军事力方面占着绝对优势：“日本当

---

① 王向远：《日本对中国的文化侵略：学者、文化人的侵华战争》，昆仑出版社2005年版，第58页。

② 山本四郎：《1887年日本小川又次〈清国征讨方略〉介绍》，载《抗日战争研究》1995年第1期。

③ 日本防卫厅战史室编纂：《日本军国主义侵华资料长编：〈大本营陆军部〉摘译》上册，天津市政协编译委员会译，四川人民出版社1987年版，第140页。

④ 日本防卫厅战史室编纂：《日本军国主义侵华资料长编：〈大本营陆军部〉摘译》上册，第270—271页。

开战之初，其陆、海、空军无论在质量上与数量上，均占绝对优势，不仅在乡兵员甚多，且训练有素，兵工发达，装备优良。七七事变时，其现役员兵虽仅38万人，但合预备役及后备役则为200万人，第一、二补充兵约为248万人，合计448万人。海军190余万吨。空军飞机2700余架。我国因工业落后，生产力薄弱，而兵役制度亦系初创，故军备远逊于敌人。战事初起之时，我国之总兵力虽为170余万人，但补充兵仅约50万人。海军11万吨，空军亦仅有战斗飞机305架（合各式机共600架）。我国因维护战时地方治安，需要多数部队，故陆军虽号称182个师之番号，但作战初期预定可使用于第一线之兵力，仅为步兵80个师、又9个独立旅、骑兵9个师、炮兵2个旅，又16个独立团而已。”①中国已到了或生或死的严重关头。

在民族生死存亡的危急关头，中国不再退缩，中国各阶层人民团结起来了，七七事变是中华民族进行全面抗战的起点。中国政府领导的国民革命军同中国共产党领导的红军以“兄弟阋墙外御其侮”的民族精神团结起来了，为国家的生存奔赴抵抗日本侵略的战场，用鲜血和生命筑起捍卫中国生存的血肉长城。

中共派代表参加国防会议

国防会议是1936年7月中国国民党五届二中全会决定成立的，其职责是“讨论国防方针及关于国防各重要问题”②。蒋介石任国防会议议长，议员有阎锡山、冯玉祥等32人。

1937年7月底，蒋介石决定于8月6日在南京召集国防会议，讨论和制定

① 陈诚：《八年抗战经过概要》，国防部史政局1946年编，第2—3页。

② 荣孟源主编：《中国国民党历次代表大会及中央全会资料》下册，光明日报社1985年版，第415页。

抗战的战略方针。8月1日，蒋介石令张冲急电延安，密邀毛泽东、朱德、周恩来去南京，共商大计。张冲还数次电询在西安的叶剑英，问毛、朱、周的行止时间。叶剑英鉴于张学良西安事变后被扣的情况，急电向中共中央建议："毛不必去，朱必须去。"[①]8月2日，当时正在云阳镇红军总部出席红军改编问题讨论会的周恩来奉命复电张冲：如开国防会议，则周恩来与朱德、叶剑英去；如系谈话会，则偕秦邦宪、林伯渠去。8月4日，张冲复电：开国防会议。望毛泽东、朱德、周恩来到南京参加。

8月7日上午，国防会议在南京举行。蒋介石致开会词后，参谋总长程潜说明国防会议原定在9月中旬举行，因敌人挑衅，发生战争，特提前举行，以便商讨制敌救亡大计。军政部部长报告了卢沟桥事变的经过及处置情况。

8月7日晚，国民党中央最高决策人物和一些地方高级将领在南京召开国防联席会议，商讨抗日大计。中国国民党中央领导人、高级将领及地方将领蒋介石、林森、汪精卫、张继、居正、于右任、戴季陶、孙科、陈立夫、何应钦、白崇禧、冯玉祥、阎锡山、龙云、刘湘、张治中、黄绍竑、程潜、朱培德等41人到会。会上，蒋介石以国防会议议长的身份致开会词。他说：目前中国之情势，乃是生死存亡的最后关头。今天召集全国各地高级将领长官开会，共同商讨今后处置国防的计划。会上各军事将领热烈讨论了抗战及抗战战略问题。龙云、冯玉祥、刘湘等都力主抗战。会议经过讨论，与会者一致以起立表示抗战的决心。会议还决定，在未正式对日宣战以前，与日本正式交涉，仍不轻易放弃和平。

其时，中共中央拟定了《全国抗战之战略计划及作战原则案》，认为："根据敌我一般情况之分析及敌我战略之基本方针，应确立对日作战原则如下：（1）战略的基本方针是持久的防御战，但应抓住适当时机，应予以全线之反击，而根本的把日寇从中国赶出去；（2）在战役上应以速决战

---

① 解放军军事科学院《叶剑英传》编写组编：《叶剑英传略》，军事科学出版社1987年版，第98页。

为原则；（3）作战的基本原则是运动战，应在决定的地点，适当的时机，应集中绝对优势兵力与兵器，实行决然的突击，避免持久的阵地的消耗战；（4）在必要的战略要点或政治经济的中心，设立坚强之工事，并配置足够的兵力，以箝制敌人；（5）一切阵地的编成，避免单线的构筑，而应狭小其正面，伸长其纵深，任守备部队的作战要领，亦应采取积极的动作，一般地应反对单纯的死守的防御，只有积极地动作起来，才能完成守备的任务；（6）战略的内线，而在战役的指导上，应是外线作战，以求得歼灭敌人；（7）广大的开展游击战争，其战线应摆在敌人之前后左右，以分散敌人，迷惑敌人，疲倦敌人，肃清敌人耳目，破坏敌人之资村地带，以造成有利条件，有利时机，使主力在运动中歼灭敌人。只有在上述作战原则之下，才是保持持久战的有效方法，和消灭敌人取得抗战（胜利）的手段。”①据此精神，中共中央于8月4日致电前往南京参加国防会议的中共代表周恩来、朱德、叶剑英，对当时抗日战争的战略指导、华北战场战略部署和红军参战后的战略任务等重大问题提出系统方案以贡献于国防会议。中共中央的电文是：“国防问题我们意见如下：（1）第一防线张家口、涿州、静海、青岛等处，重点在张家口，应集中第一次决战兵力；（2）第二防线保定、大同、马厂、潍县等处，应集中优势兵力相机增援第一线，并准备第二线决战；（3）至于太原、石家庄、沧州等处，仅能作为第三防线，决不能只顾此线而不集中兵力于第一、二线；（4）目前关键是第一防线；（5）总的战略方针暂时是攻势防御，应给进攻之敌以歼灭的反攻，决不能是单纯防御，将来准备转变到战略进攻收复失地；（6）正规战与游击战相配合，游击战以红军与其他适宜部队及人民武装担任之，在整个战略部署下，给予独立自主的指挥权；（7）担任游击战之部队，依地形条件及战况之发展，适当使用其兵力，为适应游击战性质，原则上应分开使用，而不是集中使用；（8）依现时情况，红军应出三分之一兵力，依冀、察、晋、绥四省交界地区为中

---

① 《中央文件汇集》1937年下册，第317页，转引自军事科学院军事历史研究部：《中国抗日战争史》中卷，解放军出版社2005年版，第55页。

心，向着沿平绥路西进及沿平汉路南进之敌执行侧面的游击战，另以一部向热冀察边区活动，威胁敌后方（兵力不超过一个团），红军应给予必要的补充；(9)发动人民的武装自卫战，是保证军队作战胜利的中心一环，对此方针犹豫是必败之道。”①

8月10日，周恩来、朱德、叶剑英一行抵达南京，参加国防会议，并将所准备的提案提交会议。提案内容包括国防会议组织机构案，重新确定战时编制案，确立全国抗战的战略计划及作战原则案，确定华北抗战计划案及红军担任一方面独立作战的任务、实施全国人民总动员及武装民众参战计划案等。

8月11日，国民政府军事委员会军政部召开谈话会。周恩来、朱德和叶剑英分别在会上作了长篇发言，就抗日战争的战略战术及指导方针详细阐述意见。周恩来发言的主要内容是：第一，指出企图在外交上寻求妥协途径，“欲恢复卢沟桥事变以前状态（日军撤退平津，我军退出河北）此是不可能之事”。外交拖延办法只可便利“民众动员及一切军事准备，但不可动摇抗战决心”。只有“坚强决心，整个部署，动员全国军民，方可得最后胜利。”第二，指出“作战方针上为展开黄河北岸之抗战，则交通运输有被截断之可能，故第一第二战区须培养可独立持久之能力，因在华北由阵地战转为平原与山地之扩大运动战，正面防御不可依赖一线及前线之阵地。”要“用游击战术，交通大道则坚壁清野，在其侧面山地则不退。”应速派员“组织敌后民众”，派军事人才对民众进行指导，“用于山地及农田地进行运动战”。第三，指出“动员方面能将一切部队列入序列为佳”。“预备军区即刻动员以从事各种准备，惟军区划分不必以历史关系，宜以每一军区可以独立于作战。”“编制利用北伐经验，为使运动战，轻便灵活，则采取三三制为例。”“全国政治工作方针依北伐经验而统一施行不利军队本身及民众之组织”。第四，“西北方面希望回民有一部分军队参加，以吸引民

① 洛甫、毛泽东关于国防问题给周恩来、朱德、叶剑英的指示（1937年8月4日），转引自军事科学院军事历史研究部：《中国抗日战争史》中卷，第54—55页。

族之抗战。”①

朱德在国民政府军事委员会军政部谈话会上发言，系统地论述了抗日战争的战略战术。他指出：抗日战争在战略上是持久的防御战，在战术上则应采取攻势。在正面集中兵力太多，必受损失，必须到敌人的侧翼活动。敌人作战离不开交通线，我们则应离开交通线，进行运动战，在运动中杀伤敌人。敌人占领我大片领土后，我们要深入敌后作战。目前用兵方向主要是华北，但从目前情况判断，敌人必然会进攻上海，以吸引我国兵力。在抗战中应该加强政治工作，发动民众甚为重要，在战区应由下而上及由上而下地把民众组织起来。游击战是抗战中的重要因素。游击队在敌后积极活动，敌人就不得不派兵守卫其后方，这就牵制了它的大量兵力。他还建议开办游击训练班，使国民党的军队亦能逐步学会游击战争。②

叶剑英在会上作了关于抗日的“政策、战略”问题的发言。叶剑英首先对中日战争中的敌我力量、国际因素以及战争的发展进程，作了分析和估计。他指出：我之战略重点若放在上海方面，即使取得胜利亦不能扭转全战局；如果将重点放在平绥线，则可转移全战局，并能破坏敌人的整个计划。战争将是持久的，我们不仅要动员国内力量，而且要大力争取国际援助。对战略与战术关系问题，叶剑英说：“虽战略上持久，但战术上仍应采取攻势，以求速战速决。战略上虽采取内线，但战术仍应取外线，随时包围敌人。故，集团防御战争，广大游击战争，广大民众之运动战，以此三原则以行作战。”叶剑英在发言中，还谈到武装民众、政治工作、粮食补给以及创办专门刊物，介绍中国抗战及阿比西尼亚（今埃塞俄比亚）、西班牙抗战的经验等问题。③

中共代表的意见对国民政府军事委员会制定全国抗战的战略指导方针、对出席会议的各位将领后来的作战指挥，都产生了积极的影响。

---

① 参见庄明坤、邹明德：《1937年8月11日南京谈话会简述》，载《党史资料通讯》1987年第5、6期合刊。

② 中共中央文献研究室编：《朱德传》，中央文献出版社2006年版，第475—476页。

③ 《叶剑英传》编写组著：《叶剑英传》，当代中国出版社1995年版，第247页。

会议经过深入讨论，确定以“持久消耗战略”作为中国抗战的战略方针，即军事上采取持久战略，“以空间换时间”，逐次消耗敌人，以转变敌我优劣形势，争取最后胜利。曾任国民革命军参谋总长的陈诚在其《八年抗战经过概要》一书记述说：“日本因蓄谋侵略，整军经武准备有素，在军事上较我国远为优越，故其作战方针在发挥其现代化之军事威力，谋迅速歼灭我野战军，并攻略我若干重要据点，予我以精神上之重大打击，迫我屈服，以达‘速战速决’之目的。自七七事变至武汉会战。日本作战指导，始终遵循是项方针。”“我国因军事落后，且未有充分作战准备，不宜实施迅速决战之战略。但我国国土广大，人口众多，经济资源散在各地，具有长期作战之条件。故我国对倭作战之最高指导方针，不能不根据此项优劣相反之客观条件，实施持久消耗战略。在此项大方针下，国军作战指导之具体运用，可分为三期：第一期，为持久抵抗时期。第二期为敌我对峙时期，预定之第三期，为我总反攻时期。在抗战第一期，国军对倭寇之攻势，仅作有限度之抵抗，尔后主动转进，以消耗敌人战力，保存我军主力，藉以空间换时间，扩大战场，分散敌军兵力，以求达成提早阻止敌人前进，及建立长期抗战力量之目的。”①

8月12日，国民党中央决定撤销国防会议及国防委员会，设立国防最高会议。即日，蒋介石召开了最高国防会议及党政联席会议。会议的主要内容是：(一)对抗日战争的战略方针作如下表述：利用我方优势之兵力与广大国土，采取持久消耗战，一面消耗敌人，一面培养战斗力，俟机转移攻势，击破敌人，争取抗日战争的最后胜利；(二)决定以国民政府军事委员会为抗战最高统帅部，蒋介石就任陆海空军大元帅；(三)设立国防参议会，由汪精卫任主席；曾琦、李璜、左舜生、张伯苓、胡适、傅斯年、黄炎培、梁漱溟、张君劢、张东苏、沈钧儒、周恩来、林祖涵、秦邦宪等23人为委员；(四)为了加强军事指挥，将全国划分为五个战区：第一战区，司令长官蒋介石，作战区域为河北和山东北部。第二战区，司令长官阎锡山，作战区域

① 陈诚：《八年抗战经过概要》，第7—8页。

为山西、察哈尔和绥远；第三战区，司令长官初为冯玉祥，后蒋介石兼任，副司令长官顾祝同，作战区域为苏南和浙江；第四战区，司令长官何应钦，副司令长官余汉谋，作战地区为福建和广东；第五战区，司令长官由蒋介石兼任（后李宗仁继任），副司令长官韩复榘，作战地区为鲁南和苏北地区。

8月20日，国民政府大本营发布《国军战争指导方案》训令，训令确定的抗日战争指导方略是："1. 本大元帅受全体国民与全党同志之付托，统帅陆海空军，及指导全民为求我中华民族之永久生存，及国家主权领土之完整，对于侵犯我主权领土与企图毁灭我民族生存之敌国倭寇，决以武力解决之。2. 国军部队之运用，以达成'持久战'为作战指导之基本主旨，各战区应本此主旨，酌定攻守计划，以完成其任务"。①

国民政府大本营在8月20日颁布的《第一战区北正面作战指导计划》中，对平津一带作战的指导方针是："本战区北正面目前主要任务，为拒止敌人沿津浦、平汉两铁路南下，同时侧击敌人对南口方面之攻击，巩固南口万全之线，以策定尔后转移攻势收复失地之基础。"相应的指导要领是："为达方针前述之目的，应以平汉、津浦两铁路为轴心，以防守部队采纵深疏散据点式之防御配置，以机动部队控制于侧冀，如敌向我进攻，则协力于防守部队向敌侧背围攻而歼灭之，同时在前线之部队应组织便衣游击队，渡过永定河，深入平津铁路以东地区组织民众，破坏交通，以牵制敌人之运动。"战场兵力部署是第一集团军总司令宋哲元指挥第67军、第29军、第53军、第91师、河北保安队为右地区队；第二集团军总司令刘峙指挥第26路军、第3军、第17师、第2师、第25师为左地区队；第一总机动部队是前敌总司令卫立煌指挥的第10师、第83师、第85师。顺义县、固安县、雄县、河间县各西侧面相连之线，连线东侧右地区；昌平、紫荆关、阜平相连之线为左地区和总机动部队活动区域。第一总机动部队"以斋堂、大龙山一带为活动根据地，以策应昌平、南口、怀来方面之作战，截击敌之侧

---

① 中国第二历史档案馆编：《中华民国史档案资料汇编·第五辑第二编军事（1）》，江苏古籍出版社1998年版，第623页。

面为主要任务”。八路军被编为第二机动部队，由朱德总指挥“指挥新编一百十五师、一百二十师、一百二十九师，以阳原、蔚县、涞源为活动根据地，以策应下花园、宣化、万全方面之作战，截击敌人之侧背，并须以便衣队深入冀东、热河地区，施行游击战，袭击敌军后方为主要任务”。另有第40军的第39师、第32军、第11路军、第23师和第47师为总预备队。[①]该《作战计划》特别引人注意的是吸收了中共“游击战”的思想，提出了要前方部队“组织便衣游击队，渡过永定河，深入平津铁路以东地区组织民众，破坏交通，以牵制敌人之运动”，还赋予八路军“以阳原、蔚县、涞源为活动根据地”，“须以便衣队深入冀东、热河地区，施行游击战，袭击敌军后方为主要任务”。游击战作为一种战法，已经成为国民政府军事委员会指导抗日战争的有机部分。

中共的军事合作思想

对国共军事合作，中共中央军委有系统的考虑，其完整的表述体现在毛泽东1938年11月中共中央六届六中全会上的《论新阶段》的报告中以及《抗日游击战争的战略问题》等文章中。

毛泽东从抗日战争的宏观大局、整体性出发，阐述了正规战争和游击战争的辩证关系、国共两党的分工，以及正规战争和游击战争相互配合的三种形式等方面的问题。

“在抗日战争的全体上说来，正规战争是主要的，游击战争是辅助的，因为抗日战争的最后命运，只有正规战争才能解决。就全国来说，在抗

① 中国第二历史档案馆编：《中华民国史档案资料汇编·第五辑第二编军事（1）》，第614—616页。

日战争全过程的三个战略阶段（防御、相持、反攻）中，首尾两阶段，都是正规战争为主，辅之以游击战争。中间阶段，由于敌人保守占领地、我虽准备反攻但尚不能实行反攻的情况，游击战争将表现为主要形态，而辅之以正规战；但这在全战争中只是三个阶段中的一个阶段，虽然其时间可能最长。故在全体上说来，正规战争是主要的，游击战争是辅助的。不认识这一情况，不懂得正规战争是解决战争最后命运的关键，不注意正规军的建设和正规战的研究和指导，就不能战胜日本。这是一方面。

“但游击战争是在全战争中占着一个重要的战略地位的。没有游击战争，忽视游击队和游击军的建设，忽视游击战的研究和指导，也将不能战胜日本。原因是大半个中国将变为敌人的后方，如果没有最广大的和最坚持的游击战争，而使敌人安稳坐占，毫无后顾之忧，则我正面主力损伤必大，敌之进攻必更猖狂，相持局面难以出现，继续抗战可能动摇，即若不然，则我反攻力量准备不足，反攻之时没有呼应，敌之消耗可能取得补偿等等不利情况，也都要发生。假如这些情况出现，而不及时地发展广大的和坚持的游击战争去克服它，要战胜日本也是不可能的。因此，游击战争虽在战争全体上居于辅助地位，但实占据着极其重要的战略地位。抗日而忽视游击战争，无疑是非常错误的。这是又一方面。”

毛泽东分析了抗日游击战争的具体作用：“综合其利，有如下十八项：（一）缩小敌军的占领地；（二）扩大我军的根据地；（三）防御阶段，配合正面作战，拖住敌人；（四）相持阶段，坚持敌后根据地，利于正面整军；（五）反攻阶段，配合正面，恢复失地；（六）最迅速最有效地扩大军队；（七）最普遍地发展共产党，每个农村都可组织支部；（八）最普遍地发展民众运动，全体敌后人民，除了敌人的据点以外，都可组织起来；（九）最普遍地建立抗日的民主政权；（十）最普遍地发展抗日的文化教育；（十一）最普遍地改善人民的生活；（十二）最便利于瓦解敌人的军队；（十三）最普遍最持久地影响全国的人心，振奋全国的士气；（十四）最普遍地推动友军友党进步；（十五）适合敌强我弱条件，使自己少受损失，多打胜仗；（十六）适合敌小我大的条件，使敌人多受损失，少打胜仗；

（十七）最迅速最有效地创造出大批的领导干部；（十八）最便利于解决给养问题。”①

“在战争问题上，抗日战争中国共两党的分工，就目前和一般的条件说来，国民党担任正面的正规战，共产党担任敌后的游击战，是必须的，恰当的，是互相需要、互相配合、互相协助的。”②

关于抗日游击战争同正规战争的配合问题。毛泽东认为，游击战争和正规战争的配合有三种：战略的、战役的和战斗的。

战略的配合。“整个游击战争，在敌人后方所起的削弱敌人、钳制敌人、妨碍敌人运输的作用，和给予全国正规军和全国人民精神上的鼓励等等，都是战略上配合了正规战争。”例如东三省的游击战争；平绥、平汉、津浦、同蒲、正太、沪杭铁路线两旁的游击战争，等等。游击战争在战略上的伟大配合作用是不容忽视的。

战役的配合。毛泽东举例说，“太原北部忻口战役时，雁门关南北的游击战争破坏同蒲铁路、平型关汽车路、阳方口汽车路，所起的战役配合作用，是很大的。又如敌占风陵渡后，普遍存在于山西各地的游击战争（主要是由正规军进行的），对于配合陕西、河南两省沿黄河西南两岸的防御战，所起的战役配合作用更是很大的。再如敌攻鲁南时，整个华北五省的游击战争，对于配合鲁南我军的战役作战，也尽了相当的力量。在这个任务上，一切处于敌后的游击根据地的领导者们，或临时被派出的游击兵团的领导者们，必须好好地配置自己的力量，各依当时当地的情况，采用不同的方法，向着敌人最感危害之点和薄弱之点积极地行动起来，达到削弱敌人、钳制敌人、妨碍敌人运输和精神上振奋内线上各个战役作战军之目的，尽其战役配合的责任。如果各游击区或各游击队只是各干各的，不顾战役作战的配合，虽在总的战略作战上仍不失其配合作用，但由于没有战役作战的配合，也就减少了它们的战略配合的意义。”

---

① 《毛泽东选集》第2卷，人民出版社1991年版，第552—553页。

② 《毛泽东选集》第2卷，第553页。

战斗的配合。毛泽东说，战斗的配合即战场作战的配合，是指靠近正规军的游击队，或从正规军派出的游击队，依照正规军首长的指示，担负钳制部分的敌人，妨碍敌之运输，侦察敌情，充当向导等。毛泽东强调："没有正规军首长的指示时，游击队也应自动地做这些事。坐视不理，不游不击，或游而不击的态度，是要不得的"。①

1939年初，中共中央还作出了《关于帮助国民党及其军队工作原则的决定》："以我们之知识、力量、干部及经验来帮助国民党及其军队工作，应根据以下原则：一、凡我们的帮助能推动国民党及其军队之进步，有利于整个抗战者，应决心帮助之。二、但他们想利用我们知识经验干部，造成对付我们的条件，制造摩擦，而不利于整个抗战者，我们应拒绝帮助。三、因此，帮助必须有条件的，有限度性的，有进展程度的，否则所谓大公无私、披诚相见，实际只自己搬石头打自己脚，不但于我无利，且于整个抗战有害。因此，凡我对国民党及其军队各项工作之建议、计划、供献经验及供给干部等，均应遵守上述原则。"②

陕北红军改编为国民革命军第八路军

1937年7月7日，卢沟桥事变爆发。面对日本新的侵略，中国军队奋起反击。国民政府军事委员会委员长蒋介石发出内部指示："倭寇挑衅，无论其用意如何，我军应准备全部动员，各地皆戒备，并准备宣战手续。"③17日，

---

① 《毛泽东选集》第2卷，第416—418页。

② 中央档案馆编：《中共中央文件选集》第12册，中共中央党校出版社1991年版，第20页。

③ 中国第二历史档案馆编：《中华民国史档案资料汇编·第五辑第二编军事（2）》，江苏古籍出版社1998年版，第104页。

蒋介石在庐山发表谈话，公开表示了中国国民政府的立场："如果战端一开，那就是地无分南北，年无分老幼，无论何人，皆有守土抗战之责任，皆应抱定牺牲一切之决心"。①7月8日，中共中央发表通电，号召"全中国同胞，政府，与军队，团结起来，建筑民族统一战线的坚固长城，抵抗日寇的侵掠！""国共两党亲密合作抵抗日寇的新进攻！"②在这之前，中国共产党同中国国民党已经在进行合作抗日的谈判。全国抗战已经开始，国共怎样合作，红军怎样编入战斗序列进入抗日前线，是亟待解决的问题。

中国工农红军上下同仇敌忾，做出了积极的姿态。7月9日，彭德怀、贺龙、刘伯承、林彪、徐向前、叶剑英、左权、肖克、徐海东等红军将领率人民抗日红军全体指挥员战斗员致电蒋介石等，表示"以抗日救国为职志，枕戈待旦，请缨杀敌，已非一日，当华北危急存亡之紧要关头，敬敢吁请我国民政府迅调大军增援河北，勿使忠勇之廿九军陷于孤军抗战，红军愿即改名为国民革命军，并请授命为抗日前驱，与日军决一死战，谨此电闻，翘待钧命"。③

为使红军能迅速开赴前线抗战，中共中央军委主席团于7月14日作出决定：在此国家危急时刻，"我抗日红军，有开赴前线增援友军，并配合友军消灭野蛮日军之任务"，并致电彭德怀、任弼时、林彪等将领，指令红军立即"以军为单位，改组为国民革命军编制"。④红军改编的方案是，以方面军为单位改编为师，即将红一方面军、红二方面军和红四方面军改编为三个师，以下将原来的军编为旅，原来的师编为团，改编好三个主力师准备出动到前线。另外，将红27军、红28军、红29军、红30军、红31军连同地方部

---

① 《对于卢沟桥事件之严正表示》（1937年7月17日），载张其昀主编：《先总统蒋公全集》第1册，中国文化大学中华学术院1984年编印，第1064页。

② 中央统战部、中央档案馆编：《中共中央抗日民族统一战线文件选编》下，档案出版社1986年版，第2页。

③ 中央档案馆编：《中共中央文件选集》第11册，中共中央党校出版社1991年版，第280—281页。

④ 中国人民解放军历史资料丛书编审委员会编：《八路军·文献》，解放军出版社1994年版，第5页。

队编为第四师，留置后方，保卫苏区根据地。

既然是合作，红军的改编还须与国民政府方面沟通与协调。

在西安，西安行营厅长侯腾向叶剑英征询红军出动抗日事项，叶剑英致电中共中央后，中共中央于7月14日致电叶剑英，表明了中共中央对出动抗日的态度："（一）蒋委员长及政府决心抗日，我们竭诚拥护，愿在委员长指挥下努力杀敌。（二）红军主力，准备随时调动抗日，并已下令各军十天内准备完毕，待命出动。（三）同意担任平绥线作战任务，并愿以一部深入敌后方，打击敌后。（四）惟红军特长在运动战，防守非其所长，最好能与善于防守之友军配合作战，更能顺利的完成国家所给予的使命。"①侯腾于15日电告何应钦，何应钦16日一面报告蒋介石一面复电侯腾："第三者之使用，俟正式战争发动时，可以照办。除转电委座参考外，希转告前途，予以慰勉。"②

7月14日，中共代表周恩来、博古、林伯渠前往江西庐山就合作事项同国民党谈判。周恩来等到庐山后，随即将所拟《中共中央为公布国共合作宣言》送给蒋介石。谈判中，激烈的争执发生在红军改编后的指挥和人事问题上。蒋介石曾经表示，红军改编为三个师，师以上的政治机关可以代行指挥权；并说："我要你们指挥，你们亦实能指挥，这是没有问题的。"③但在这次谈判时，蒋介石通过张冲告诉周恩来：要求红军改编后各师直属行营，政治机关只管联络，无权指挥。周恩来第二天致信蒋介石："此与来（注：周恩来自称）上次在庐所面聆及归陕向党中诸同志所面告者出入甚大，不仅事难做通，且使来一再失信于党中同志，恐碍此后各事之

---

① 中国第二历史档案馆编：《中华民国史档案资料汇编·第五辑第二编军事（2）》，第86页。并参见《毛泽东、朱德、彭德怀、贺龙、林彪、刘伯承、徐向前致叶剑英的电报》（1937年7月14日），载中共中央文献研究室编：《周恩来传（1898—1949）》（修订本）上，中央文献出版社1998年版，第364页。

② 中国第二历史档案馆编：《中华民国史档案资料汇编·第五辑第二编军事（2）》，第86页。

③ 《周恩来书信选集》，中央文献出版社1988年版，第135页。

进行。”①

7月17日，洛甫、毛泽东致电周恩来等，提出：“为大局计，可承认平时指挥人事等之政治处制度，请要求设正副主任，朱正彭副。但战时不能不设指挥部，以资统率。”②18日，周恩来将急需确定的具体问题写成12条，通过宋美龄交给蒋介石，但蒋介石仍坚持红军在改编后不设统一的军事指挥机关，三个师的管理直属行营；三个师的参谋长由南京派遣；政治主任只能转达人事和指挥，可以周恩来为主任、毛泽东为副主任。周恩来当即严正表示：蒋对红军改编后指挥与人事的意见，我党决不能接受。

7月20日，洛甫、毛泽东在致电周恩来等：“日军进攻之形势已成，抗战有实现之可能。”“我们决采取蒋不让步、不再与谈之方针。”③21日，周恩来等就红军改编事宜致电告朱德、彭德怀等红军将领说：不管形势如何变化，须“立即自行改编三个方面军、六个单位的统一组织，每个方面军编足一万五千人，独立军、师都编入，加强干部，使各方面军都能独立工作”。④

战局的恶化，迫使南京国民政府对国共合作谈判作出新的考虑。7月27日，蒋介石致电西安行营主任蒋鼎文，令其转告已抵西安的周恩来：照庐山所谈，红军在十日内改编完毕，以便南京发表三个师的番号，及各师旅团长与政治主任名单，并建议康泽任副主任。

7月28日，洛甫、毛泽东致电周、博、林通过蒋鼎文转告蒋介石下列意见：（1）8月15号前编好，20日出动抗日。（2）三个师以上必须设总指挥部，朱正彭副，并设政治部，任弼时为主任，邓小平为副主任（不要康泽），以便指挥作战。（3）3个师45000千人，另地方1万人，设保安正副司令，高岗为正，萧劲光为副，军饷照给。（4）主力出动后集中作战，不得分

---

① 《周恩来书信选集》，第136页。

② 洛甫、毛泽东致周恩来、博古、林伯渠的电报（1937年7月17日），载中共中央文献研究室编：《周恩来传（1898—1949）》（修订本）上，第448页。

③ 洛甫、毛泽东致周恩来、博古、林伯渠的电报（1937年7月20日），载中共中央文献研究室编：《周恩来传（1898—1949）》（修订本）上，第449页。

④ 博古、林伯渠、周恩来致朱德、彭德怀的电报（1937年7月21日），载中共中央文献研究室编：《周恩来传（1898—1949）》（修订本）上，第449页。

散。(5)担任绥远方面之一线。(6)刺刀、工具、子弹、手榴弹等等之补充。同日，中共中央决定迅速集中主力红军于三原进行改编，设总指挥部，朱德为总指挥，彭德怀为副总指挥。并要周恩来、博古等赶往云阳，与朱德、彭德怀商量具体改编事宜。

7月31日，南京下达了三个师的番号，并同意照中共所提之人数及编制。8月3日，蒋介石再电周恩来，要红军立即向绥德、榆林及延安集中，以便出发抗日。8月4日，蒋介石正式颁布了红军改编后师旅团番号，并经蒋鼎文电告中共中央："顷奉委座面谕：(一)限期贵部能于8日迟至10日出动，本月25日集中大同完毕工作；(二)正副总指挥及宣言仍须得抗日实现时发表；(三)政训主任及师旅团长均已照单发表，唯参谋长仍由中央选派。"①

当时国民政府方面对红军改编后的使用最初设想是："(甲)使用方面：为使对于第一、第二战区之作战，能直接发生影响，而与敌人侧方以威胁，并顾虑给养关系起见，拟以察东龙关为根据，经赤城向丰宁、承德方面活动。(乙)经路：现第三者正在耀县、郿县、正宁中间地区集结，为使迅速到达目的地，研究结果，拟采如下之经路：由韩城禹门口渡黄河至新绛东之侯马上车，沿同蒲路至大同，转平绥路至宣化或下花园下车，再徒步至龙关稍事休息，即开始向赤城活动。本经路由耀县至侯马约10日，尔后改乘火车至下花园，因中间阳明堡至大同一段车尚未通，亦用徒步，约需5日可至下花园，再徒步至龙关约1天半可到，总共17日即可使用于战场。(其他路线，均在1个月以上，至少廿七八日)(丙)秘密方法用现在115师、120师、129师番号，一切旗帜、符号、服装，均改换，主官亦改名换姓。"②稍后些时候，国民政府军事当局对八路军的使用方案是："八路军以两个师由渭南上车，经风陵渡、同蒲路至代县附近下车，到蔚县一带集中。另一

---

① 《蒋鼎文致朕施周恩来电》(1937年8月2日)，转引自重庆市政协文史资料研究委员会、中共重庆市委党校、红岩革命纪念馆编：《抗战时期国共合作纪实》下卷，重庆出版社1992年版，第864页。

② 中国第二历史档案馆编：《中华民国史档案资料汇编·第五辑第二编军事(2)》，第130页。

师沿陇海路转平汉路，在徐水下车，到冀东玉田、遵化一带，开展游击战争。”①对此方案，毛泽东坚决不同意，认为“将红军分割出动，其中包含着极大阴谋”，“我军主力（不是全部）决由韩城渡河，决不走陇海线和平汉线”。“国民党阴谋已表现得很明显，它的企图是：（一）将红军全部送上前线。（二）分路出动，使不集中，强使听命。（三）红军受命出动后即变为蒋之属下，彼以命令行之，彼时党的问题与边区问题，由彼解决，甚至将不许发表宣言并取消苏区。”②

对红军参战后的行动方针，周恩来和朱德、博古、林伯渠、彭德怀、任弼时在8月4日向中共中央提出《关于全国对日抗战及红军参战问题的意见》和《关于红军主力出动抗战的意见》，认为对日抗战的方针是：（一）“要求南京要有发动全国抗战的决心和布置”；（二）“争取我们在抗战中参加和领导”；（三）“不反对在推动全国抗战中，须要积极的准备”。为此，我们应“参战不迟疑，但要求独立自主担任一方面作战任务，发挥红军运动战、游击战、持久战”的优点。关于红军出兵问题，“不拒绝红军主力出动，但要求足够补充与使用兵力自由”；“不反对开赴察绥，但要求给便于作战察、绥、晋三角区（争取消灭伪军与发展察、热、冀的游击战争）与便于补充联络的后方”；“不拖延改编，但要求宣言名义及全部名单同时发表，迅速补充”，发足费用，以便开动。但为适应持久战的需要，“主力出去仍可节约兵力，谨慎使用，不打硬仗，多行侧面的运动战与游击战”。③8月5日，洛甫、毛泽东复电：红军担负的作战任务是“独立自主的游击运动战，箝制敌人大部分，消灭敌人一部”，“在一定地区内协助正面友军作战”，要遵循“按情况使用兵力的原则，在此原则下，承认开拔主力”。④在之前的8月1日，洛甫、毛泽东致周恩来、博古、林伯渠已明确提出了关于红军作

① 中共中央文献研究室编：《毛泽东年谱（1893—1949）》中卷，人民出版社、中央文献出版社1993年版，第14页页下注。

② 中共中央文献研究室编：《毛泽东年谱（1893—1949）》中卷，第14页。

③ 参见中共中央文献研究室编：《周恩来年谱（1898—1949）》，人民出版社、中央文献出版社1989年版，第374—375页。

④ 参见中共中央文献研究室编：《周恩来年谱（1898—1949）》，第375页。

战的两条原则："(甲)在整个战略方针下执行独立自主的分散作战的游击战争，而不是阵地战，也不是集中作战，因此不能在战役战术上受束缚。只有如此，才能发挥红军特长，给日军以相当打击。(乙)依上述原则，在开始阶段，红军以出三分之一的兵力为适宜，兵力过大，不能发挥游击战，而易受敌人的集中打击，其余兵力依战争发展，逐渐使用之。"①

8月13日，日本侵略军突然发动对上海的大规模进攻，战火燃烧到南京政府统治的心脏地区。此时，国共谈判长期拖延不决的状况随之改变。8月18日，蒋介石同意红军改编为国民革命军第八路军，设总指挥部，统辖三个师并任命朱德、彭德怀为正副总指挥。蒋介石还答应不派参谋长、政治部主任，军队中的一切，包括各级副职——自副师长到副排长，均由中共自行派配，中国国民党只向八路军总部和各师派联络参谋。康泽提名由乔树人、萧御寰、李德、李克廷充任八路军总部与三个师的联络参谋。给他们规定的任务有三条："一、传达中央德意，使他们知所感奋；二、随时明了该军的行动，俾于发生异动时，能事前报告中央，设法制止；三、倘发生异动，而情况不明，未及时报告中央，是为渎职。"②

8月22日，南京国民政府军事委员会正式发布了八路军总部及所辖三个师的番号，任命朱德、彭德怀为正副总指挥。共产党在坚持对红军的领导和实行独立自主的原则下，也作了某些让步，如不设政治委员，将政治部改为政训处等。

8月25日，中共中央革命军事委员会发布《中共中央革命军事委员会关于红军改编为国民革命军第八路军的命令》，将陕甘宁边区的红军主力改编为国民革命军第八路军。《命令》称："依据与国民党及南京政治谈判结果，宣布红军改名为国民革命军第八路军。着将：前总指挥部改为第八路军总指挥部，以朱德为总指挥，彭德怀为副总指挥，叶剑英为参谋长，左权

① 《毛泽东军事文集》第2卷，军事科学出版社、中央文献出版社1993年版，第20页。

② 康泽：《我在国共第二次合作谈判中的一段经历》，载中国人民政治协商会议全国委员会文史资料研究委员会编：《文史资料选辑》第71辑，中华书局1980年版，第22—23页。

为副参谋长。总政治部改为第八路军政治部，以任弼时为主任，邓小平为副主任。第一军团、十五军团及七十四师，合编为陆军第一一五师，以林彪为该师师长，聂荣臻为副师长，周昆为参谋长，罗荣桓为该师政训处主任，肖华为副主任。二方面军、二十七军、二十八军、独立第一、第二两师及赤水警卫营、前总直之一部等部，合编为陆军第一二〇师，以贺龙为师长，肖克为副师长，周士梯为参谋长，关向应为政训处主任，甘泗淇为副主任。四方面军、二十九军、三十军、陕甘宁独立第一、二、三、四团等部，改编为陆军第一二九师，以刘伯承为师长，徐向前为副师长，倪志亮为参谋长，张浩为政训处主任，宋任穷为副主任。"《命令》还特别强调："各师改编为国民革命军后，必须加强党的领导，保持和发挥十年斗争的光荣传统，坚决执行党中央与军委会的命令，保证红军在改编后成为共产党的党军，为党的路线及政策而斗争，完成中国革命之伟大使命。"①

八路军全军约4.6万人，三个师的序列是：第115师下辖第343旅（旅长陈光）、第344旅（旅长徐海东）；第120师下辖第358旅（旅长张宗逊）、第359旅（旅长陈伯钧）；第129师下辖第385旅（旅长王宏坤）、第386旅（旅长陈赓）。为了保证党对八路军的绝对领导，8月29日，中共中央书记处决定由朱德、彭德怀、任弼时、林彪、聂荣臻、贺龙、关向应、刘伯承、张浩组成前方军分会（后称华北军分会），朱德为书记，彭德怀为副书记。同时，还决定各师成立军政委员会。10月，中共中央决定八路军恢复政治委员制度及政治机关，将政训处改为政治部（处）。聂荣臻任第115师政治委员，关向应任第120师政治委员，张浩任第129师政治委员（后由邓小平接任）。同时，中共中央军委还决定，八路军主力出师抗日后，以第129师第385旅直属队及第770团，第115师、第120师的部分直属队，共9000余人组成留守部队，在延安设立以萧劲光为主任的八路军后方留守处。陕甘宁边区地方部队分别编为十个保安大队和各县保安队。9月11日，国民政府军事委员会根据序列命令八路军改称第18集团军，并任命朱德为第18集团军总司令，彭

---

① 中国人民解放军历史资料丛书编审委员会编：《八路军·文献》，第19—20页。

德怀为副总司令，隶属第二战区阎锡山指挥。习惯上仍称第18集团军为八路军。本稿除引文外，通用八路军。

8月26日，朱德同彭德怀联名发表《第八路军总指挥副总指挥就职通电》："日寇进攻，民族危急，敝军请缨杀敌，义无反顾！兹幸国共两党重趋团结，坚决抗战，众志成城。本月养日（二十二日）奉国民政府军事委员会蒋委员长委任令开，特派朱德为国民革命军第八路军总指挥，彭德怀为副总指挥等因奉此，遵即将红军改为国民革命军第八路军，并宣布就职。部队现已改编完毕，东进杀敌。德等愿竭至诚，拥护蒋委员长，追随全国友军之后，效命疆场，誓驱日寇，收复失地，为中国之独立自由幸福而奋斗到底。"①

改编对红军来说是个不小的挑战，改编能顺利进行，红军强大的政治工作发挥了重要的作用。7月14日，中央革命军事委员会主席团发布《关于红军改编为国民革命军及加强抗日教育问题的命令》，强调对干部及兵员要"增加抗日政治课程"②。7月22日，彭德怀在红军党的高级干部会议上的报告，专门阐述了"红军改编的意义"。8月1日，中国工农红军总政治部作出《关于新阶段的部队政治工作的决定》，强调"政治教育工作的方针是教育战士和干部忠实于民族解放的事业，忠实于劳苦人民的利益，忠实于共产党的路线和主张"③。

红军中许多人是有抵触情绪的。原红四方面军第4军第10师师长、新任八路军129师第385旅第769团团长陈锡联回忆说：红军变成了八路军，红星帽变成了"青天白日"帽，连举着的红旗都成了"青天白日满地红"的"国旗"。许多指战员反应强烈。有的老战士生气地往地上蹾枪托说：我们在战场上出生入死，跟国民党反动派打了十年仗，现在却要换上他们的帽子，成了他们的部队，改编就是投降。一些新解放不久的原国民政府军的战士心里也憋着气，纷纷议论："我们戴上红军帽没几天，脑壳还没有

---

① 中共中央文献研究室编：《朱德年谱（1886—1976）》中，中央文献出版社2006年版，第662页。

② 中国人民解放军历史资料丛书编审委员会编：《八路军·文献》，第5页。

③ 中国人民解放军历史资料丛书编审委员会编：《八路军·文献》，第12页。

捂热，现在又要我们摘下来，戴上原来的帽子，真是想不通！”①战士想不通，干部也是同样想不通。原红四方面军第4军军长、新任第129师第386旅副旅长陈再道在其回忆录中说：“我和同志们一样，在换帽子问题上，心里感到沉甸甸的，怪不舒服。”②

陈锡联回忆说：为了使部队顺利完成组织和思想转变，刘伯承师长倾注了大量心血。他反复给我们讲国际国内斗争形势，讲我党的统一战线政策，讲红军改编的必要性等。他语重心长地对我们讲，中华民族目前正处于生死存亡之秋，我们斗争的对象已经变了，民族斗争的敌人是主要的，我们应该团结一切主张抗日的党派和群众进行抗日斗争，而不要计较戴什么帽子。“我记得刘师长曾用西瓜作比喻，很形象的阐明道理。刘师长说，大家都见过西瓜，西瓜从外表看是青的，但里面的瓤却是红的。我军虽然在形式上进行了改编，但我们的心仍是红的，我们仍然是共产党的武装。名称改了，我们人民军队的本色没有改；帽子变了，我们人民军队的传统没有变！刘师长的话语非常通俗，讲出的道理却非常深刻。尽管刘师长的话语非常通俗，讲出的道理却非常深刻。经过刘师长的耐心教育，全团上下对我军改编及对推动全面抗战和扩大我党、我军政治影响的伟大意义，有了正确而又深刻的认识。大家的思想统一了，全团顺利地完成了缩编和改编的任务。”③

9月6日，新组成的第129师在陕西三原县的石桥镇举行了隆重的抗日誓师大会。当师长刘伯承和政训处主任张浩（后改为师政治委员）骑马进入会场时，天上突然下起了雨。他俩没有穿雨衣，浑身上下都已湿透。万名将士看到师首长也和自己一样在雨中淋着，都挺直了腰板，昂然肃立。嘹亮的军号冲破雨声响起，阅兵总指挥——新任第386旅旅长陈赓大声宣布：“八路军第129师抗日誓师大会现在开始！”

大雨中，刘伯承、张浩等师首长骑马检阅部队。全师官兵精神振奋，目

---

① 陈锡联：《陈锡联回忆录》解放军出版社2007年版，第64页。

② 陈再道：《陈再道回忆录》上册，解放军出版社1988年版，第327页。

③ 陈锡联：《陈锡联回忆录》，第64—65页。

不斜视，以昂扬的姿态接受师首长的检阅！阅兵完毕，刘伯承师长登上讲台，代表中共中央和中央军委宣布了部队的改编命令。他说：从今天起，我们就是国民革命军第八路军第129师了。他拿出一顶缀着“青天白日”帽徽的黄色军帽，将帽子端端正正戴在头上，郑重发出命令：“现在换帽子！”随着刘师长一声令下，全师指战员一齐从挎包里拿出“青天白日”帽戴上。换帽之后，张浩主任宣布了《八路军三大纪律》和《八路军八项注意》①，并代表中共中央及中央军委颁发红军十年纪念章。这时，全场活跃起来。

红军改编为八路军后，需要在各地设立公开的办事机构。西安谈判时，顾祝同已允许在西安设立办事处。卢沟桥事变后，阎锡山也允许在太原设立办事处。中共代表还提出在南京、兰州、武汉设中共代表团及八路军办事处的要求。经国民党方面同意，先在南京设立了办事处。办事处在为国共谈判服务，营救狱中党员，与南方各省游击队联络，开展国民党上层人士及各界爱国民主人士的统战工作，抢运军需物资，宣传八路军抗战业绩，重建长江流域地下党组织等方面，都发挥了重要作用。

改编后，八路军迅速开赴抗日前线。1937年8月22日至25日，中共中央在洛川冯家村召开政治局扩大会议，即洛川会议。毛泽东在会上作军事问题和国共两党关系问题的报告，并作结论。毛泽东说：共产党的任务是动员一切力量争取抗战胜利，最基本的方针是持久战。八路军的基本任务是：创造根据地；钳制和相机消灭敌人；配合友军作战（战略支援任务）；保存和扩大红军；争取民族革命战争领导权。红军的战略方针是独立自主的山地游击战，包括在有利条件下消灭敌人兵团和在平原发展游击战争。独立自主是在统一战线下的相对独立自主的指挥；游击战争的作战原则是分散以发动群众，集中以消灭敌人，打得赢就打，打不赢就走；山地战

---

① 《八路军三大纪律》的内容是：1. 实行抗日救国纲领；2. 服从上级指挥；3. 不拿人民一点东西。《八路军八项注意》的内容是：1. 进出宣传；2. 打扫清洁；3. 说话和气；4. 买卖公平；5. 借物送还；6. 损物赔偿；7. 不乱屙屎；8. 不杀敌（俘）兵。见何理、刘建泉、杨宣春等编写：《八路军事件人物录》，上海人民出版社1988年版，第5页。

要达到建立根据地，发展游击战争，小游击队可到平原地区发展。①9月12日，毛泽东就八路军坚持独立自主的山地游击战争的基本原则致电彭德怀："在晋、在冀、在京，均着重解释我军'独立自主的山地游击战争'这个基本原则，取得他们的彻底了解与同意。……此原则中包含：（一）依照情况使用兵力的自由。现在蒋鼎文还在说刘师应速上前线，彼等用意或者不明白使用大兵团于一个狭小地域实不便于进行游击战争，如果是这样，可见我们对此原则并未向他们有过彻底坚持的说明；或者他们含有恶意即企图迫使红军打硬仗。（二）红军有发动群众、创造根据地、组织义勇军之自由，地方政权与邻近友军不得干涉。如不弄清这一点，必将发生无穷纠葛，而红军之伟大作用决不能发挥。（三）南京只作战略规定，红军有执行此战略之一切自由。（四）坚持依傍山地与不打硬仗的原则。"②根据毛泽东的战略部署，八路军深入敌后实施战略展开。

南方八省红军游击队的谈判改编

1937年8月1日，中共中央发出《关于南方各游击区域工作的指示》："武装问题。在保存与巩固革命武装，保障党的绝对领导的原则之下：（1）较大的红色部队，可与国民党的附近驻军或地方政权进行谈判，改变番号与编制以取得合法地位，但必须严防对方瓦解与消灭我们的阴谋诡计与包围袭击。（2）改变番号与编制后，部队中可成立队长与副队长，政治处主任及总支部书记的党的秘密委员会，领导部队中一切工作。党的工作与政治工作均须改变与适合于新的情况。（3）脱离生产的小的地方性的游击队、

① 中共中央文献研究室编：《毛泽东年谱（1893—1949）》中卷，第15页。
② 中共中央文献研究室编：《毛泽东年谱（1893—1949）》中卷，第20页。

游击小组，原则上可一律变为民团，以取得合法地位，不可能时，仍可非法存在。(4) 赤少队取消，有计划有组织的改变或混编在当地壮丁队、民团中去起作用。(5) 未与国民党政府及当地驻军确实谈判好以前，则我们的一切武装部队，可以自动改变番号，用抗日义勇军、抗日游击队名义，根据党的新政策，进行独立的活动，继续开展统一战线工作，以灵活的游击行动，去发动与组织人民，建立党的秘密组织，捉杀汉奸，扩大党的新政策的影响。但在取得与国民党驻军停战谈判机会后，即当用大力量，利用时机，进行整顿与训练，并掩护当地群众工作。用一切方法提高部队每个战斗员的政治水平及坚定的意识，防止一切收买利诱分化的阴谋。(6) 关于部队给养问题，在未与对方谈判好以前，我们可采取由富有者募捐的方式募集钱粮。只有确实是汉奸的财产，才采取没收的办法。”①这是指导南方游击队改编谈判的纲领性文件。

9月30日，毛泽东同张闻天致电秦邦宪、叶剑英，提出关于南方红军游击队的改编原则：以集中五分之三、留下五分之二于原地改为保安队为原则，反对国民党提出的全部集中的要求；保安队均须进行政治上的整理，反对投降主义，反对国民党派遣任何人；集中五分之三为一个军，以叶挺为军长，项英为副军长，反对国民党插入任何人；任何游击队区域，均须中共中央派人亲去传达改编指示，然后集中。②

同年9月，国民党闽浙赣皖边区主任刘建绪发布《为本边区共产党人来归告民众书》。“共党的整个政策虽已改变，而散在内地山谷间的少数份子或因交通阻隔，未能明了全般情势，而在徘徊歧路，未免可惜。现值全面抗战正在开展，后方的安定和一切力量的动员，是当前最迫切的要求。尤其本区辖境，在国防上极关重要，对于共党零星部伍，其中谅不乏热忱爱国之士，自不能不设法招集，予以效忠国家的机会。其已向本署请缨者，当设法

① 《中共中央关于南方各游击区域工作的指示》(1937年8月1日)，载中共湖北省委党史资料征集编研委员会、中共武汉市委党史资料征集编研委员会编：《抗战初期中共中央长江局》，湖北人民出版社1991年版，第66页。

② 中共中央文献研究室编：《毛泽东年谱(1893—1949)》中卷，第26—27页。

玉成其抗战杀敌的志愿。其未及随队来归者，望克日携械就当地驻军或县府报到，听候编用。徒手而无家可归者，可向各该处抗敌后援会登记，以便给予正当工作。这不但是绥靖地方、巩固国防的必要措施，同时也就是勉副中央集中国力共赴国难的深切期望。本区民众及共产党人应共喻斯旨，互相团结，一致努力，以挽救祖国的危亡，而完成国民革命的大业。"①

其实，在这之前，有的南方游击队已经通过一些渠道了解和领会了中国共产党联蒋抗日的精神，并据此精神同所在地区的国民党地方当局进行合作谈判。

闽粤边游击队的改编谈判。中共闽粤边特委于1937年三四月间收到设在香港的中共南方临时工作委员会同年3月5日的指示信。信中指出，中共中央已将"反蒋抗日"改为"联蒋抗日"，要求闽粤边特委同当地国民政府军举行谈判，争取国共合作。4月19日开始，中共闽粤边特委派特委代理书记何鸣、卢叨等为代表，同驻漳州的粤军第157师的代表举行多次谈判。其间发生过逮捕又释放何鸣等人的事件。6月中旬，双方在漳州正式谈判，粤军第157师接受红军游击队关于合作抗日的主张，承认闽南共产党和红军游击队的合法地位，但提出红军游击队必须离开原来的根据地，到漳浦县集中。中共闽粤边特委会议同意了粤军关于集中县城的要求。6月26日，中共闽粤边特委代表何鸣，粤军第157师代表陈浚在漳州正式签订合作协定。协定共12条，其主要内容有：闽粤边红军游击队改编为国民革命军，受第157师指挥；共产党在不推翻现政府方针下，有宣传、组织、独立自由批评之精神；共同组织与保证民众爱国运动自由；停止封锁苏区；释放被捕红军人员，红军所抓土豪也释放；保留红军原有指挥员及政治工作人员。7月1日，红军游击队在福建平和县小溪镇经点验后，正式改番号为闽粤边保安独立大队，大队长何鸣，副大队长卢胜。中共南方临时工作委员会得悉红军游击队改编后准备离开根据地的消息后，派人传达指示：番号可以改变，政治上要保持独

① 中国人民解放军历史资料丛书编审委员会编：《新四军·参考资料（2）》，解放军出版社1991年版，第8—9页。

立，部队必须提高警惕，要驻在根据地，不能开到平原去。但何鸣等未能执行该指示，致使后来发生了独立大队被缴械的“漳浦事件”。

闽西游击队的改编谈判。闽西南军政委员会于1937年4月得到中共南方临时工作委员会的指示信后，于4月25日开会决定开展“和平运动”，发出《三致粤公函》，提出五项要求和遵守四项条件，推动国民党地方当局走向国共合作的谈判。1937年5月15日，张鼎丞、邓子恢、谭震林联合发出《为停止内战一致抗日致闽西南各界人士书》，呼吁粤军和地方当局合作抗日，并提出谈判所能接受的条件：一、闽西红军、义勇军停止对粤军及一切地方部队的一切敌对行为。二、在粤军抗日行动中，闽西南红军在军事上愿受粤军指挥，以求得抗日军事上之统一，但红军内部编制、纪律、人员，不受任何干涉，红军名称是否改变，在必要时，我们也愿意加以考虑。三、在未接到红军总司令部调动命令以前，闽西南红军由双方商定驻防地区，与粤军划界自守，互不侵犯，这些地区要能保证红军给养。四、红军为对日作战，需要进入粤军及其他友军区域时，只要给养有保证，红军不干涉当地行政制度，并遵守友军一切关于社会的法律和命令。①张鼎丞派出（龙）岩南（靖）漳（平）军政委员会主席魏金水就双方停战与粤军营长接触。接着派原红9团政委谢育才为总代表于6月15日到漳州与粤军第157师师长黄涛会谈。黄涛要谢育才回龙岩同该师旅长练惕生及第六行政专员公署专员张策安谈判。6月下旬至7月上旬，谢育才同练惕生、张策安等谈判。国民党方面提出的条件是：一、张鼎丞、谭震林等即日来龙岩表示诚意；二、取消共产党、红军、苏维埃等组织，并停止一切活动；三、即日发表投降自新宣言；四、全部投诚，有枪者点编，徒手遣散，并保证以后闽西南长汀、上杭、龙岩、宁洋、漳平、华安、连城、大田、南靖、平和等11县不得再有残留部队骚扰地方。②张策安还宣称：红军收编后，张鼎丞可以到省政府做厅长，

---

① 张鼎丞、邓子恢、谭震林：《为停止内战一致抗日致闽西南各界人士书》（1937年5月15日），载中共福建省委党史资料征集编写委员会研究室编：《从和谈到北上抗日》，福建人民出版社1985年版，第3页。

② 中国人民解放军历史资料丛书编审委员会编：《新四军·参考资料（2）》，第10页。

邓子恢可以出洋，其他人由政府发给路费出门或开荒生产。”①对此，谢育才严正拒绝，谈判遂陷僵局。直到卢沟桥事变后，练惕生又才邀邓子恢谈判。7月10日，邓子恢、谢育才等赴龙岩同练惕生谈判。练惕生基本接受了红军游击队的要求，但双方在红军游击队集中地发生分歧，未能统一。在社会各界抗日舆论压力下，练惕生接受了红军游击队提出的条款，达成协议，并签字。8月13日，闽西红军游击队分别在龙岩、平和芦溪两处集中。8月23日和29日，国民政府军第157师派代表到白沙和芦溪点编，闽西红军游击队改编为闽西人民抗日义勇军第1支队，按照国民革命军的待遇发给军饷。

闽浙边游击队的改编谈判。中共闽浙边临时省委于1937年上半年与中共中央上海特科取得联系，得到了关于国共合作的文件。游击队便向国民党地方当局发出停止内战一致对外的谈判信息，很快得到国民党方面的回应。5月初，吴毓以浙南红军联络员的身份与国民政府军第19师旅长唐伯寅和刘建绪派出的代表邓讱进行了接触，商定停战一周，以便双方派出正式代表到约定地点谈判。5月7日，中共闽浙边临时省委派出吴毓、陈铁军、董启文为代表，与国民党闽浙赣皖边区主任公署代表邓讱等在浙江平阳县山门畴溪小学进行谈判。红军游击队提出：双方停止军事行动，一致抗日；红军游击队改为国民革命军；浙闽苏区改为特区；停止没收地主财产；释放政治犯等条件。国民党方面提出：闽浙边红军接受改编，统一归国民政府领导和调遣；红军政工干部要全部集中受训，另行分配工作；更不同意划浙南苏区为特区。双方差距较大，谈判破裂，重又开战。直到卢沟桥事变后，国民党地方当局被迫重开谈判。8月24日，谈判在温州举行。在双方让步的基础上，经反复协商，达成以下协议：闽浙边红军改编为国民革命军，待遇与国民党军队同；闽浙边红军在瑞安、平阳、泰顺三县边界以山门为中心的地区集中；双方不得有军事行动；无条件释放政治犯；一切政治问题由双方中央解决。9月17日，双方在红军集中的时间与地点上作了修正，

---

① 魏金水：《谈判桌上的斗争：忆闽西南国共合作抗日谈判》，载中共福建省委党史资料征集编写委员会研究室编：《从和谈到北上抗日》，第19页。

集中地点改为平阳县的北港区，集中时间改为9月下半月。与中共闽浙临时省委中断联系的浙西南根据地的红军游击队，从国民党当局获知国共合作的消息后，向国民党浙江省遂昌县当局发出《国共合作抗日建议书》，当局迅速响应，并于9月19日在遂昌县门阵举行谈判。游击队提出的条件是：红军将开赴浙南根据地，沿途不得留难；红军已经停止打土豪，国民党当局须给红军补充给养、弹药；合作不是投降，改编不是收编，双方平等合作，红军保持独立性。国民党方面全部接受游击队提出的条件，欢迎红军下山。随后，粟裕率部开赴平阳与中共闽浙边临时省委会合。两股游击队合编为浙闽边抗日游击总队。

鄂豫皖边区的改编谈判。在鄂豫皖坚持三年游击战的红28军政委高敬亭从报上知道国共合作的消息，又得到了中共中央文件，按中央精神于7月15日向国民党鄂豫皖边区督办公署发出停战谈判的倡议，很快得到回应。卫立煌对安徽岳西县国民党政府下达指令，表示愿意与红28军举行停战谈判。卫立煌在派他的高级参谋刘刚夫立即动身前往岳西代表他与红28军谈判的同时，派军队包围红军。高敬亭提出，国民政府军必须后撤十公里，方可谈判。卫立煌只得下令撤退。7月20日，红28军派何耀榜到岳西县政府同刘刚夫，就停战谈判、红军下山集合地点、时间等进行初步磋商，并起草协议。7月22日，双方代表在红28军控制区的岳西青天畈上青小学举行正式谈判。经过六天的激烈争论于27日达成协议：停止内战，一致抗日；红军在黄安县（今红安县）七里坪、礼山县（今大悟县）宣化店、罗山县张家湾一带集中；红军在湖北省黄安县、河南省确山县、安徽省立煌县（今金寨县）设办事处；红军改编后武器弹药和给养由国民政府补充；红28军番号暂定为鄂豫皖工农抗日联军，最后由两党中央决定，高敬亭接受国民党当局的工农联军挺进司令的委任（不久高敬亭又按中共中央的指示退回了委任）；所有红军便衣队一律在三个月内到指定地点集中。7月28日，在岳西县九河朱家大屋举行停战协议签字仪式，高敬亭化名李守义以红军政治部主任的身份出席，双方代表在协议书上签字。

赣粤边区游击队的改编谈判。位于赣粤边的红军游击队是由项英、陈毅直接领导的。项英和陈毅是1934年10月党中央和中央红军战略转移时受命留守革命根据地的主要领导人。但1935年春以后他们与中共中央断绝联系，与其他区域游击队联系也时断时续，很不通畅。1937年卢沟桥事变发生后，项英根据马列主义基本原理和当时形势的分析，起草了《卢沟桥事变与抗日斗争高潮》的文章，分析形势变化后“指出西安事变的和平解决及及我党对国民党三中全会的提议，正是为实行联合抗日挽救中国的危险”。提出：“我们的任务是力争抗日前途，动员领导最广大群众来威逼南京政府实行对日抗战”。①

7月下旬，项英从上海出版的《新学识》杂志上的一篇文章②中获悉毛泽东1937年5月在延安召开的党的苏区代表会议上所作报告和结论中关于国共合作、建立抗日民族统一战线的精神，据此，项英撰写了《中国新的革命阶段与党的路线》一文，文章说：“中国殖民地国家，帝国主义是主要敌人，打倒帝国主义是中国革命中心，是实现中国革命的中心环节。日本帝国主义是最凶恶的敌人。不打倒日本帝国主义就不能达到中国民族的解放，

---

① 转引自项英：《南方游击区的国共合作问题》，载中共光泽县委党史研究室编：《大洲谈判》，中共党史出版社1995年版，第14页。

② 这篇文章是诸青来撰写的《关于党派问题的一个考证》，发表在1937年7月20日上海出版的《新学识》第1卷第12期上，1937年7月31日上海出版《周报》第1卷第3期全文转载。该文引述了毛泽东在延安召开的中共全国代表大会上所作的报告和结论的内容：“对于国民党第一次及第二次代表大会所宣布三民主义的纲领，是在基本上不相冲突的。因此我们不但不拒绝三民主义，而且愿意坚决地实行三民主义，而且要求国民党同我们一道实行三民主义：而且号召全国人民，实行三民主义，使国民党共产党全国人民，共同一致，为民族独立；民权自由；民生幸福；这三大目标奋斗。”“重新整顿三民主义的精神；两党重新合作，并领导人民坚决地实行起来，是完全适合于中国革命的历史要求。”“共产党决不抛弃其社会主义与共产主义的理想，他们将经过资产阶级民主革命的阶段，而达到社会主义与共产主义的阶段。共产党有自己的党纲与政纲，其党纲是社会主义与共产主义，这是与三民主义有区别的。其民主革命的政纲，亦比国内任何党派为彻底。”“在苏区与红军问题上，共产党领导的保持；在共持两党关系上，共产党独立性与批评自由的保持。这就是让步的限度，超过这种限度，是不许可的。”这些内容引自毛泽东《中国共产党在抗日时期的任务》一文（文字略有差异，见《毛泽东选集》第1卷，人民出版社1991年版，第258、259页）。可参见中共中央文献研究室编：《毛泽东选集一至四卷注释校订本》，中央文献出版社1991年版，第196页；王美芝：《项英与〈新学识〉杂志史实考证》，载《党史文苑》2011年第5期。

也不能完成中国资产阶级民主革命的一切任务，更不能达到社会主义的胜利。”“国共重新合作，就是在抗日的前提上与国民党转向抗日的基础进行合作，没有这一前提决不会有国共合作的事。国共合作正是我们联合全国力量对日抗战，以削弱日本帝国主义进攻中国的力量，保证中国抗日民族革命战争胜利。”①项英指出，统一战线必须“严格遵守二个条件：1. 党的独立性保持。2. 领导权的争取”，“我们遵照党的路线来进行合作抗日，在上面二个条件下进行与国民党谈判。”②8月8日，项英、陈毅以中共赣粤边特委和红军游击队名义发表《停止内战，联合抗日》宣言，呼吁国民政府军立即停止进攻红军游击队，准许抗日自由等。8月20日，项英以中共赣粤边特委名义，分别致函国民党江西省政府主席熊式辉、赣州专员马葆珩、第46师师长戴嗣夏以及大余、信丰、南康、南雄等县县长，呼吁立即停止敌对行动，合作抗日，并准备了同国民党当局谈判的条款。项英、陈毅、曾山、张云逸等人还分赴各游击队贯彻国共合作的方针政策。

8月29日，江西省政府向各县发布改编红军游击队的训令：“凡属诚意来归者，一律不咎既往，准予收编共同抗日”；“收编期间，定为二个月”；并“制定收编本省各县残匪办法及编制预算表，随令颁发”。③8月27日，大余县县长彭育英给项英、陈毅发来“感秘代电”，称：“现在是志士抗日救国之时，欢迎下山谈判，共商北上抗日事宜。”9月3日，陈毅函复彭育英，阐明了中国共产党联合抗日的方针原则。彭育英复信约陈毅于9月8日在江西大余县池江会谈。池江谈判双方达成如下协议：大余县政府负责电请本省停止武力“剿共”；各县被捕的共产党人恳即予开释；国共双方统一抗日意志，红军游击队视人数枪支多寡编成正式国军；红军原有政训及军事指导人员恳予保留；湘鄂皖浙赣粤等省游击队一律由项英、陈毅负责召集改编。

---

① 转引自项英：《南方游击区的国共合作问题》，载中共光泽县委党史研究室编：《大洲谈判》，第15页。

② 转引自项英：《南方游击区的国共合作问题》，载中共光泽县委党史研究室编：《大洲谈判》，第16页。

③ 中国人民解放军历史资料丛书编审委员会编：《新四军·参考资料（2）》，第20页。

9月12日，陈毅在彭育英的陪同下到达赣州，与国民党江西省政府代表、江西全省抗日义勇军编练处副主任熊宾，第四区专署专员兼保安司令马葆，第46师师长戴嗣夏举行谈判。经过谈判，双方达成如下协议：（1）项英、陈毅部应在9月底以前在大余县池江附近集中；（2）集中点编后的一切经费给养概由江西省政府发给；（3）所有干部准由该部保请省政府委用，但政府须酌派人员去各该指定地点予以整理与训练；（4）点编后暂定名为抗日义勇军第×游击（支）队，待改编完成后或呈请编为正式国军；（5）改编后须绝对服从政府一切命令；（6）集中改编期内由政府令各县政府及各部队予以通行便利并停止"进剿"，但游击队也要严守纪律不得有反政府的活动；（7）改编以前由省政府先发国币若干以为集中时给养之用；（8）所陈意见准分别给呈请核办；（9）其他事项可派代表来赣随时商定。①为了解决赣粤边游击区以外红军游击队的谈判改编，项英从油山到大余，于9月21日由彭育英陪同到达赣州，经商定赣粤边红军游击队在大余县集中，经费由江西省政府拨发。

9月24日，项英前往南昌同国民党江西省政府代表谈判。国民党方面接受如下条件：红军游击队改为抗日义勇军；游击队集中期间一切费用由江西省政府负担；为联络红军各地游击队，在南昌市月宫饭店设立南方红军游击队总接洽处。9月27日，项英出席国民党江西省党部的总理纪念周并发表演说。

10月1日，项英在大余召集各地游击队负责人会议，传达谈判情况，并派人分赴各地传达国共合作和下山改编等重要指示。10月3日，陈毅亲自到了信丰县，接见中共信丰县委书记罗世珍并指示："1. 游击队所得各处枪械，应按地址发还；2. 所捉地方人士，应即放回；3. 务于日内向大余池江待命。"②随后，陈毅先后到赣县、兴国、吉安、安福、永新以及赣东各地召集会议，组织游击队有计划有步骤地下山改编。

---

① 中国人民解放军历史资料丛书编审委员会编：《新四军·参考资料（2）》，第31—32页。

② 《赣南日报》1937年10月4日，转引自黄修荣著：《国共关系史》中卷，广东教育出版社2002年版，第1589页。

10月5日，江西省政府发布对红军游击队捐弃前嫌的训令："其在赣之中共中央分局书记项英、委员陈毅等，业将所部交由本府统辖收编。为整个收编计，并由项英负责将赣、粤、闽边区残匪招集一体点编，以靖地方而增国力。惟本省各县民众以前遭受赤祸被害至巨，痛定思痛，对于共党来归恐不无怀疑或仇视情事。须知外患紧急、政府统一抗战之际，彼等能及时悔悟，放弃一切赤化政策，追随国军杀敌，热忱为国，实为难能。凡我赣民应念国难临头，一致团结，共救危亡，而于过去祸害情形，概不能再事追究，以致阻塞其自新之路，有负中央怀来归之德。"①

中共赣粤边特委与国民党江西省政府达成合作抗日协议后，广东方面仍未解决合作问题。为此，国民党大余县县长彭育英于9月29日写信给广东省国民政府，并附去国共谈判协议及陈毅给彭育英的信件。广东省政府接函后，由主席吴铁城于10月13日发出第14286号训令，要求广东各地停止"清剿"，指示南雄、仁化、翁源等县"遵照办理"。11月3日，中共赣粤边特委代表陈春芬到广东南雄县接洽。国民党南雄县县长曾绳点于11月7日向广东第二行政公署的请示报告中，反映了两党谈判情况。当时中共提出八条接洽事项中，要求南雄县政府将少数有意破坏国共合作的不良分子"押解以汉奸惩办"，要求释放被关押的共产党员，要求减轻人民的经济负担，真诚合作，共同抗日。经过一系列的谈判和斗争，国民党终于在广东省各县停止了反共的军事行动。

湘鄂赣边区游击队的改编谈判。中共湘鄂赣省委从当地报纸上了解到中央关于国共合作抗日的主张，便向国民党当局发出停战议和，携手抗日的信息，并作了谈判的准备。8月13日，中共湘鄂赣省委派宣传部部长黄耀南前往平江献钟，同国民党武汉行营派来的文镇藩、罗世忠两位代表进行接触，商定正式谈判的时间和地点。8月18日，黄耀南同文镇藩、罗世忠和第50师的一名副团长在平江义口陈家大屋举行正式谈判，国民党方面原则接受黄耀南提出的停战合作基本条件，约定进一步谈判。

---

① 中国人民解放军历史资料丛书编审委员会编：《新四军·参考资料（2）》，第28页。

8月22日，傅秋涛、涂正坤、刘玉堂、钟期光等同国民党方面的代表在平江嘉义镇继续谈判。8月26日，傅秋涛如约到浏阳县城，同国民政府军第50师师长岳森谈判。经争辩后，双方就释放在押政治犯，在浏阳建立红军办事处，红军部队集中，改番号为湘鄂赣人民抗日红军游击支队等问题达成初步协议，其余问题要与武汉行营谈判解决。

8月底，刘玉堂、黄耀南赴武汉，与国民党武汉行营代表谈判，确定由武汉行营下令停止对红军的军事行动，划平江长寿、嘉义为红军集中改编地点，并发给给养，红军游击队改编后番号为湘鄂赣抗日军第一游击支队，武汉行营派副司令、参谋长、副官主任、军需主任、副官等六人到支队任职。双方签订了和平合作协议。对国民党派人进来的事报告中共中央后，毛泽东指出，这"完全错误"，要求"由傅秋涛另派代表，否认原定条件，重定办法，坚持下列各点：（一）国民党不得插进一个人来。（二）一定的军饷。（三）驻地依靠有险可守之山地，严防暗袭及破坏，不要求驻大地方。"①傅秋涛根据指示作了改正。

闽中游击队的改编谈判。中共闽中工委1937年4月得到中共南方临时工委指示。卢沟桥事变发生后，中共闽中工委以"快邮代电"发出《为反对日军侵占华北告民众书》，呼吁国民党当局与共产党通力合作，共赴国难。8月，中共闽中工委一名交通员被国民党莆田县当局逮捕，中共闽中工委以中华人民抗日救国义勇军第7路第1纵队指挥部名义函告国民党县党部，要求无条件释放，并表示"准备随时派出代表进行谈判"。国民党莆田县当局迅速作出愿意谈判的表示。

8月下旬，中共闽中工委派杨采衡为代表，到莆田县城同国民党当局接触。首先就释放被捕交通员一事达成协议，然后进行第二次谈判。杨采衡谈判中表示：要求当局保证红军游击队组织独立、干部不能动，才答应改变番号，放弃打土豪，接受统一指挥、接受点编等条件。经反复协商，达成

① 中国人民解放军历史资料丛书编审委员会编：《新四军·文献（1）》，解放军出版社1988年版，第27页。

原则协议。其后，中共闽中工委书记刘突军到莆田同莆田县长夏涛声、国民党县党部指导员黄士豪举行第三次谈判。商定闽中红军游击队“可编为两连，由地方筹给点编费1600元，给养费则由军政长官商请保安处维持或由第80师负责”。9月中旬，国民党福建省当局确定由驻军第80师第239旅派代表对红军游击队进行点编。经点编后，10月中旬，闽中红军游击队改番号为国民革命军陆军第80师特务大队，任命刘突军为少校大队长，杨采衡为上尉副大队长，指定进驻莆田广化寺。11月中旬，刘突军率部进驻泉州承天寺。

闽东游击队的改编谈判。中共闽东特委从报纸上获得中共中央关于建立抗日民族统一战线的政策。国民政府军第80师独立旅以及驻闽东的保安团，先后表示要跟闽东红军游击队接洽谈判。1937年8月底，中共闽东特委派闽东抗日军政委员会主席范式人作为全权代表，前往宁德县霍童镇同国民党福建省当局代表、省保安处副处长兼省保安第2旅旅长黄苏举行第一次谈判。黄苏提出要将闽东红军游击队收编为福建省保安旅的两个团。范式人坚持闽东游击队改编为闽东抗日游击第2支队，保持共产党的领导。由于“收编”与“改编”，一时难于统一。9月初，福建省当局派特务头子王调勋邀叶飞在宁德县桃花溪的一个村子谈判，又派保安团向谈判地点靠拢，红军游击队痛击了保安团并向当局提出抗议。

10月4日，叶飞、阮英平、范式人联名致函国民党浙江省庆元县政府，呼吁停战，派代表谈判。庆元县政府却派兵攻打红军游击队，范式人率部反击并获胜。其后，阮英平到宁德县同黄苏继续举行第二次谈判。黄苏企图以利禄收买政策达到目的，遭拒绝。11月下旬，八路军南京办事处派出联络的顾玉良，到福州同陈仪接触后来到闽东游击区。接着，中共闽东特委派范式人赴福州，同国民党福建省政府举行谈判，经多方努力达成协议：闽东人民抗日红军番号改为国民革命军福建抗日游击队第2支队，给养由政府供给，停止夺取政权和游击队战争，停止没收地主土地等。

闽赣边游击队的改编谈判。1937年7月，闽西红军游击队同国民党当局谈判时曾提出派人去联络闽赣边红军游击队，可国民党当局不承认闽赣边地区有红军游击队。夏秋之际，汀瑞游击队一系列出击胜利，促使国民党瑞金县县长写信给项英、陈毅和汀州专员向张鼎丞“告状”，承认汀瑞边地区确有游击队。张鼎丞便派萧忠全前往联络。9月上旬，萧忠全来到闽赣边游击区，传达了中共中央国共合作的新政策。游击区派张志辉到闽西，向中共闽粤赣省委请示行动方针。张志辉带回了张鼎丞关于停止游击战争，同国民党地方当局进行合作抗日谈判等三点指示。游击区领导人认为事关重大，又派胡荣佳赴闽西、派彭胜标赴赣粤边请示。彭胜标见到项英、陈毅后要求中央分局派人前去帮助。项英、陈毅决定派陈丕显以中央分局代表身份前往传达中共中央的方针政策。

陈丕显携陈毅给赣州专员和瑞金县长的信前往闽赣边游击区。赣州会员马葆珩给瑞金县长打电话，告之陈丕显一行将到瑞金。陈丕显、彭胜标到游击区后，与游击区领导人商定，派张开荆、彭胜标为代表，同国民党瑞金县当局谈判。因陈丕显已与瑞金县县长作了交涉，谈判比较顺利地达成协议：国民党方面停止“清剿”，释放关押政治犯，供给游击队改编后的给养；红军游击队停止打土豪，改编为抗日武装，在瑞金城设办事处。闽赣边游击队于12月下旬下山集中，1938年元旦经国民党瑞金县县长点验后，改编为汀瑞边抗日游击支队。

闽北游击队的改编谈判。卢沟桥事变后，在项英、陈毅的努力下，江西省形成了合作抗日的局面。国民党江西省当局释放了福建光泽县苏维埃主席蔡诗山，并通过蔡转达了与闽北游击队谈判的意愿。于是，中共闽赣省委书记、闽赣省军政委员会主席黄道于1937年9月20日以闽赣省军政委员会正副主席黄道、曾镜冰、曾昭铭的名义用“快邮代电”的形式，致函国民党江西省政府主席熊式辉并转南京国民政府，表达愿与当局合作抗日。并同江西省光泽县、福建省崇安县进行了接触、试探。

10月1日，中共闽赣省委先后派出黄知真、邱子明同国民党江西省当局派出的代表江西第7保安副司令周中诚、光泽县长高楚衡在光泽县大洲村举行谈判。通过一个星期的谈判，双方达成协议。国民党方面做到：停止内战，一致抗日；释放政治犯，划出江西省铅山县为红军游击队集结、驻防地点，负责集结期间红军游击队的粮秣，军需供应；保证红军游击队一负责同志前往党中央请示工作的安全等。红军游击队方面作到：停止打土豪、分田地，改为减租减息；停止建立苏维埃政权；闽北红军游击队改编为“赣闽边抗日义勇军”；其他听候中共中央指示。协议还指定吴仰山负责铅山防务的交接事宜。随后，闽赣省委领导下的建松政、邵顺建、资光贵等游击区，根据闽赣省委的指示，先后同各县国民党地方政府谈判，达成“停止内战、一致抗日”的协议。①

湘南游击队的改编谈判。湘南有三支游击队。

（1）湘粤赣边游击支队。1937年春夏间，国民党当局派人到湘粤赣边游击支队，转达收编意图，遭拒绝和斥责。9月，项英派人送来信件，传达了中共中央关于将南方游击队改编为抗日武装的指示，要求游击队下山同国民党地方当局谈判，求得停战合作抗日。游击队经派人去江西大余池江与中央分局取得联系，证实项英的信及内容均真实，于是决定派游世雄、顾星奎等下山与桂东县国民党代表、郴州保安司令部参谋谈判。然后又同国民党汝城县当局谈判。谈判达成协议：双方停止敌对行动，国民政府军撤离桂东沙田地区，以便红军游击队下山集中；红军游击队下山后，国民党方面提供给养；释放狱中共产党员、红军游击队员等。10月8日，游世雄率游击支队从东、西边山集中桂东县沙田，改番号为湘鄂赣边人民抗日义勇军。

（2）湘粤边赤色游击大队。游击大队直到1937年秋冬在国民党报纸上看到刊登的国共合作、红军游击队下山改编的消息，还认为是国民党想消灭红军玩的新花招。1938年1月，中共中央派原湘南特委书记王涛回到湘南，在广东乐昌坪石找到游击队领导人周礼、李林，介绍了国共合作的形势，传达了中共中央的新方针政策，说明受中共中央委托返回湘南的任务是把湘南红军游击队编入新四军。王涛作为共产党方面的代表，先后向国民党乐昌、宜章、郴县当局进行谈判。双方就湘粤边赤色游击大队下山改编等问题达成协议。2月，赤色游击大队改番号为湘南红军游击队第1大队。

① 阎景堂主编：《南方三年游击战争史》，解放军出版社1997年版，第323页。

（3）湘南赤色游击队第3大队。1938年初，湘南赤色游击队第3大队也独立地同国民党地方当局谈判合作抗日。2月初，中共湘赣省委派人来传达了国共合作、游击队编入新四军北上抗日的新精神。游击队派代表与国民党安仁县当局谈判，就双方停止敌对行动，游击队集中整训和参加抗日等问题达成协议。2月下旬，游击队代表又同国民党耒阳县当局举行谈判，使耒阳县当局释放了狱中政治犯，并就合作抗日的有关问题达成协议。

鄂豫边游击队的改编谈判。1937年9月，高敬亭派中共鄂东北道委书记胡继停到鄂豫边区，向中共鄂豫边省委委员周骏鸣等介绍了红28军同国民党当局达成停战协议的情况。9月下旬，鄂豫边红军游击队公开打出豫南人民抗日军独立团的旗帜，大力开展抗日救亡活动，引起了国民党当局的注意。10月，国民党河南省第9行政区公署专员武旭如，带着确山、信阳、桐柏、泌阳、罗山县的五位县长，到信阳县邢集找独立团谈判，同时暗中部署部队向邢集附近集中。中共鄂豫边省委警觉后要求改谈判地点，并派出团政治处副主任文敏生为代表同其谈判。这次谈判未成。11月下旬，国民党方面又到确山竹沟，再次要求与独立团谈判，并指名要与团长周骏鸣直接谈判。独立团派出营长张明河去谈判。谈判又不欢而散。稍后，中共鄂豫边省委派统战部长刘子厚同国民党信阳县等县长举行第三次谈判。

经反复协商，初步达成国民政府军队停止向独立团进攻，独立团改编问题同河南省政府谈判解决，独立团暂驻泌阳邓庄铺、信阳吴家尖山一带。12月初，刘子厚赴开封，同国民党河南省政府谈判，确定了“听编不听调，干部自己配，国民党方面负责供给独立团给养”的谈判原则。国民党方面的第一战区抗日预备军总司令张钫，接受了刘子厚提出的条件，并拨给军装1000套，现钞3000元，派专列运到确山县，派人到鄂豫边区点验部队。①

皖浙赣边区游击队的改编谈判。卢沟桥事变后，驻皖浙赣边的国民党正规军相继撤走，国民党地方当局张贴布告，招红军游击队下山接受

---

① 中国新四军和华中抗日根据地研究会：《新四军的组建与发展》，军事科学出版社2001年版，第56页。

收编。中共皖赣特委从各种渠道得知中共中央有国共合作的精神后，便于1937年10月下旬发表《告皖赣同胞书》，呼吁国民党当局派出代表与红军游击队谈判。10月底，国民党闽浙皖赣边绥靖公署派出代表张甫成上石灰山，同红军游击队接洽谈判事宜。11月初，游击队代表李步新、江天辉同国民党当局代表在到江西浮梁县瑶里谈判。谈判中，江天辉代表中共皖赣特委严正申明，国共合作应根据中共中央的统一规定，在未得到中共中央的指示之前，国民党方面必须承诺下列条件：（一）准许红军游击队通行，以便派人联络各地红军游击队；（二）停止向红军游击队的进攻，撤除根据地内驻军，解除“移民并村”政策，恢复群众生产自由；（三）释放一切“政治犯”；（四）红军游击队可以不打土豪，但国民党当局要负责给养。国民党方面则要求红军游击队尽快下山，集中改编。

经过反复谈判，11月上旬初步达成停战协议，国民党方面基本上接受了红军游击队提出的条件。谈判之后，中共皖赣特委派李步新、江天辉为代表赴南昌向项英、陈毅汇报请示工作。李步新、江天辉在国民党谈判代表张甫成陪同下从瑶里出发，途经婺源县城时，与国民党婺源县政府交涉释放了一批在押的“政治犯”。时驻婺源的国民政府军提出要李步新、江天辉写信调红军游击队下山整编，遭严词拒绝。李步新、江天辉在南昌听取了陈毅有关中共中央方针政策的解释。12月初，陈毅经景德镇、瑶里到达石灰山。在中共皖赣特委会上，陈毅传达了中央关于国共合作共同抗日的指示，部署红军游击队下山改编事宜。皖浙赣边红军游击队改编为江西抗日义勇军第1支队。

平型关战役中的合作

1937年8月下旬，中共中央政治局洛川会议确定八路军的基本任务是：

创建抗日根据地，钳制与消耗敌人，配合友军作战，保存和扩大自己。八路军的战略方针是：独立自主的山地游击战。八路军的作战地区为冀察晋绥四省交界地区。

8月22日，正当日军对华北展开多路进攻，国民政府军节节后退之时，中共中央军委未等八路军改编就绪，即命令第115师主力从陕西三原地区誓师出征。8月31日，第115师经韩城东渡黄河，至侯马乘火车沿同蒲路北上，挺进晋察冀交界地区。9月3日，八路军总部与第120师主力分别由陕西泾阳云阳镇和富平县庄里镇出发，跟随第115师之后，向华北抗日前线挺进。

9月中旬，由平绥路东段向西南进攻的日华北方面军第5师，在由大同向南进攻的察哈尔派遣兵团的配合下，迅速向内长城线逼近，企图突破平型关要隘，歼灭第二战区部队，从右翼配合华北方面军主力在平汉路的作战。

当时第二战区司令长官部制定的作战计划①是：

1. 敌情判断敌攻我晋北如下述两途：（子）以一部兵力由蔚县向灵广行佯攻，以主力沿平绥路西进夺取大同，以图切断我晋绥之连络线。（丑）以一部兵力向天镇行牵制攻击，以主力向广灵进攻，企图截断我雁门后路。

2. 我为打破敌人以上两种企图计，在灵邱、广灵、东井集、天镇各地区附近，配备强有力之部队，以阻绝其前进。以一部配备于大同附近，以大部控置于浑源、应县附近，以策应各方之战斗。

3. 如敌以主力进攻广灵时，该处守兵应固守待援，以总预备队主力应援该方面之战斗。此时东井集之部队应向广灵敌之侧背威胁，以使该方面之战斗容易成功。

4. 如敌以主力进攻天镇时，我天镇守军拼死待援。以大同附近之总预备队应机向天镇附近推进，以浑源附近兵力渡桑乾河，向天镇右翼实行侧面攻击，以图牵制敌人。俟其顿挫，由天镇两翼夹击之。

① 中国第二历史档案馆编：《中华民国史档案资料汇编·第五辑第二编军事（2）》，第403页。

5. 骑兵军以主力位置商都、尚义、化德等处，相机威胁敌之侧背，以一部守备大庙、百灵庙各据点。

6. 第18集团军到达后，应进出灵邱、蔚县附近，威胁敌之侧背，以使进攻之敌不敢孤军深入。在敌我决战时期，该军应向敌侧背实行猛扑，以期我军确获战捷。

至9月20日，日军第5师已占领晋东北的广灵、浑源和灵丘等地；察哈尔派遣兵团亦进逼晋北雁门关。在日军进攻下，中国第二战区司令长官决定在平型关—雁门关—神池内长城线组织防御，凭借长城天险阻止日军进入山西腹地。部署杨爱源所部第6集团军（辖第15、第17、第33军）担任右翼北楼口以东至平型关的防御；傅作义所部第7集团军（辖第34、第35、第19、第61军），担任左翼北楼口以西至神池沿线防御。其时第115五师前进至灵丘冉阶、上寨镇一带，第120师前进到忻县、原平一带。①

9月21日，日军第5师第21旅一部由灵丘向平型关进犯，其后续部队，亦有向平型关开进的模样。

9月22日晨，灵丘方面步炮联合之敌四五千，向平型关、蔡家峪孟（宪吉）旅第623团前进阵地进攻，守兵一连奋勇激战，伤亡过半，连长阵亡，阵地失而复得者数次。是夜，敌复以大部猛袭平型关阵地，守军奋勇拒敌，肉搏多次，将敌击退。

9月23日晨，敌约一师团，分两路进攻平型关及团城口，以坦克车数十辆沿汽车路进攻蔡家峪；同日拂晓，敌800余由小窝单、金峰店（平型关东北约60里），向守军第21师第125团阵地猛攻；同日，步骑联合之敌千余，向中国守军师福沟西北高地阵线猛攻。“日军以坂垣部队，并附有机械化特种部队，由灵邱西侵，向平型关进攻。这时平型关守军高桂滋部、刘奉滨师、章宇拯旅、孟宪吉旅，被公路两侧日军攻击甚急，9月23、24两日，我军从侧翼出击，敌势稍挫。推进至团城口附近的郭宗汾师陈光斗旅和陈长捷

---

① 中国第二历史档案馆编：《中华民国史档案资料汇编·第五辑第二编军事（2）》，第407页。

部，与敌遭遇于山隘内。敌优势火器，为地形所限，不易发挥作用，我军战士奋勇肉搏，团长程继贤率兵二百余人，突入敌阵，杀伤敌人甚多，终因后力不继，与敌同归于尽。守团城口高地掩护出击的蒋延龄连，阻敌数倍之众，完成任务后，全连殉难。这几次战斗对平型关的伟大胜利，起了一定的配合作用。”①第二战区司令长官决心集中四个师和两个旅的兵力，歼灭平型关之敌，并致电八路军总司令挥朱德称：“我决歼灭平型关之敌，增加八团兵力，明拂晓可到，希电林师夹击敌之侧背。”②

这时，八路军第115师正向平型关附近开进，朱德、彭德怀立刻电令：“115师应即向平型关、灵丘间出动，机动侧击向平型关进攻之敌，但须控制一部于灵丘以南，保障自己之右侧”；同时，电告毛泽东：“灵丘之敌于昨晚迫平型关附近，正在激战中。我115师今晚以3个团集结于冉庄，准备配合平型关部队侧击该敌。另以师直属队并一部及独立团出动于灵丘以北活动。”朱德还把第115师准备进攻和第120师开进的情况，也向蒋介石、阎锡山报告。③

9月24日深夜，八路军第115师主力根据总部命令，在黑夜中冒着倾盆大雨向平型关以东前进，拂晓前抢占了通向平型关的汽车路两侧高地，在此冒雨设伏。这里是日军开住平型关的必经之地，公路两侧的高地，居高临下，地形很好。25日拂晓，板垣师团第21旅团后续部队乘100余辆汽车，附辎重大车200余辆，沿灵丘—平型关公路由东向西开进。上午7时左右，该部全部进入该师伏击地。由于利用有利地形、采取伏击手段、发挥了战役的突然性和近战特点，日军的飞机和大炮也难以发挥威力。经过一天激战，共毙敌1000多人，缴获步枪1000余支和其他大量军用物资和日军的秘密文件，其中包括日军华北作战计划及目标的日文地图。

---

① 山西省政协文史资料研究委员会编：《阎锡山统治山西史实》，山西人民出版社1984年版，第217页。

② 中国第二历史档案馆编：《中华民国史档案资料汇编·第五辑第二编军事（2）》，第444页。

③ 中共中央文献研究室编：《朱德传》，第491—492页。

平型关战斗的战果，毛泽东曾在一封电报中概述说："除缴获汽车82辆，大炮1门，炮弹2000余发，步枪数百枝，打死敌人1000多人外，还包围了敌之高级司令部，缴获秘密文件甚多，其中有敌整个华北作战计划及标示目的之日文地图。"第二战区司令长官部编写的《平型关会战纪要》记载说："我十八集团军林师分三路向蔡家峪、小寨，主力向老爷庙进攻。73师394团两营，亦向敌左侧背挺进。9时，林师占领老爷庙、蔡家峪及18864高地，小寨村有敌兵站守护队约步兵一营，被我林师完全歼灭。并将平型关通灵邱之汽车路截断，敌机械化部队已不能退走。并获敌汽车50辆，焚毁敌军用品甚多。现已将平型关正面之敌千余人完全解决，团城口之敌包围于一深沟内，正解决中。惟高军出击不利，仍退回原阵地以西固守。上下之敌，系铃木兵团配合蒙古军。"①

平型关战斗结束后，八路军第115师发扬连续作战精神，向平型关正面东跑池日军逼进，按照与友军达成的协同作战计划，共同消灭该地区之敌。当日黄昏，八路军第115师第343旅两个团迅速抢占了东跑池周围的高地，并将日军包围在东跑池一带盆地。但是由于友军没有按计划出击，致使该日军未能被歼。

八路军第115师的平型战斗也得到了国民政府军第33军独立第8旅的有力配合。9月23日，八路军第115师师长林彪派联络高参同第33军独立第8旅旅长孟宪吉联系，说日军已被八路军包围在平型关山谷之内，你部所守的阵地是包围圈的一个口袋底，八路军将给敌人一个歼灭性的打击，你部可否配合战斗。孟宪吉当即同意。9月25日夜晚，八路军第115师的围歼战打响。孟宪吉回忆当时情景说："时杀声震天，敌人乱成了一团，探照灯、汽车灯，把周围照耀得如同白昼。我清楚地看到八路军居高临下，两面夹击。敌人措手不及，只好借助车辆、路沟隐蔽，进行顽抗。英勇的八路军，从山坡上挺身冲下山谷，敌人成了瓮中之鳖。此时，日军企图冲破我部防守的口

---

① 中国第二历史档案馆编：《中华民国史档案资料汇编·第五辑第二编军事（2）》，第446页。

袋底逃窜，因而对我部射击得更加猛烈。我部在八路军的配合下，立即投入战斗。通宵激战，彻夜未停。天刚蒙蒙亮，日军便以飞机、大炮助战，八路军化整为零，白天暂时隐蔽起来。我用望远镜向山谷公路一带看去，但见敌人尸横遍野，友我两军伤亡亦重，可见战事的激烈。敌人为了摆脱被包围的处境，我部阵地就成了敌人进攻的主要目标。为了加强防守力量，与敌人周旋，我部就把一线配备改为纵深配备，以便集中兵力，四面防守。敌人自恃装备优良，火力强大，虽然晚间挨了打，到了白天却更加疯狂。9月26日拂晓，又以一个大队（相当于营）的兵力，向我阵地冲锋。我也抽出一营兵力的刺杀队，出击迎敌，在山坡上展开了白刃战。敌人由于八路军在两侧袭击，很快地被刺杀队击退，伤亡惨重。此役我部还击毙敌军官一名，在其尸体上搜出图囊一个，内装军用地图及作战计划。这时，我们才知道敌人的番号是板垣师团，进攻的路线是取平型关，经石岭关夺取太原。后将图囊送阎锡山总部，并转告八路军第115师。敌人由于冲锋未得逞，便增强火力，以排炮向我轰击，又出动飞机约百架左右，第30架为一组，轮番轰炸，还出动了坦克。我部奋力抵抗，伤亡很大，3个团和一个补充营的5000多兵力，已损失了一个团。八路军第115师为了鼓舞我部，由联络高参用电话转嘱我竭力死守，……当晚，八路军再度围歼敌人，战斗大致与25日夜相同。敌人伤亡惨重，无力进攻，因而我部得以与敌在山头上对峙了一夜。9月27日白天，敌人又集中火力向我部阵地猛攻，但由于连日被八路军围歼殆尽，已成强弩之末。我部又增强了工事，因而伤亡很小。25至27日这3天，是战事激烈紧张的高潮。”①

日军被歼的惨象，日军后续拟投入战斗的龙泽中队看到的景象是：“9月28日，龙泽中队得到友军的支援后，勇气百倍再次继续前进中，此时遇到意外的情景，一刹那吓得停步不前。冷静下来看时，行进中的汽车联队似遭突袭全被歼灭，100余辆汽车惨遭毁灭，每隔20米倒着一辆汽车残骸。公路

---

① 孟宪吉：《在平型关与八路军配合作战》，载全国政协《晋绥抗战》编写组编：《晋绥抗战：原国民党将领抗日战争亲历记》，中国文史出版社1995年版，第71—73页。

上有新庄中佐等阵亡者，或被烧焦躺在驾驶室里的无数尸体。一片惨状，目不忍睹。用了长达3个小时，才把一辆辆烧焦的汽车拖到公路的一边。处理好阵亡者的尸体。公路勉强可以通行，龙泽中队开始前进。到达岭上。从岭上往峡谷一看，辎重车队不是也全部覆灭吗？公路不是被辎重车辆层层叠叠的尸体堵塞着了吗？……宛若地狱图画的悲惨情景。"①日军战报记述说："当面之敌几乎均为20岁以下少年兵，作战勇敢，远非以前所遇之敌可比"。②

八路军第115师师长林彪对平型关战斗的胜利总结了12条经验，其中有三条经验是关于同友军配合作战的。其一，利用敌人攻击友军时八路军在侧后发起攻击能取得很好的战斗效果："利用敌人攻击友军阵地时，袭击敌人侧后方，这是最好的战法，比在其行动中和刚到阵地而未站住脚时去袭击还要好些。这次就是利用敌以全副兵力注意对付友军时，突然在他们后方大打起来。"其二，友军在战斗中配合得差致使效果较差："友军在战斗中的配合，实在太差了。他们自定的出击计划，他们自己却未能遵守。你打，他旁观，他们时常说要决战，但却决而不战；或向敌人打，而又不坚决打。他们的部队本来既不充实，在一个出击中，却以区区的八团兵力分成三大路，还留了总预备队，而每路又相隔十多里或二十多里。这样不仅缺乏出击力，而且连被我们打败了而退下的敌人他们碰着了，竟不但不能消灭之，反而被这些突围的敌人冲垮了，他们的指挥太不灵活，特别不能真正了解与运用在战役上于决战的地点与时机集中绝对优于敌人的步兵，炮兵，飞机以猛攻敌人。"其三，建议友军改进战术战法："中央军队如果还是守着单纯防御战略，是很不适当的。他们对主要点应坚工固守，而不应到处守，应行决战防御与运动战，应集中优秀兵力，飞机，大炮于决战点。至于他们军官的调动，政治工作的建立和对群众关系的改善，

---

① 中国人民解放军历史资料丛书编审委员会编：《八路军·参考资料（2）》，解放军出版社1992年版，第69页。

② 中国人民解放军历史资料丛书编审委员会编：《八路军·参考资料（2）》，第64页。

都是他们很重要的问题。”①

平型关战斗是自全国抗战开始以来中国军队取得的第一个大胜利，有力地打击了日军的疯狂气焰，挫伤了日军的锐气，打破了日军不可战胜的神话，为忻口作战赢得了准备时间。同时，有效地钳制了日军第5师的行动，支援了平汉路友军的作战。平型关大捷的消息，立时传遍全国。举国上下，莫不欢欣鼓舞。全国各界给共产党和八路军发出的贺信、贺电，达百余件之多。蒋介石9月26日在给朱德、彭德怀的贺电中说：“25日一战，歼寇如麻，足证官兵用命，深堪嘉慰。”②

八路军取得的平型关大捷也使第二战区司令长官受到鼓舞。9月26日，阎锡山命令傅作义指挥第6集团军等部迅速击破平型关之敌，并令新组建的第61军速援平型关。第61军于27日到达平型关、团城口附近，解了第34军第71师之围。正当第35军准备东援平型关之时，西线日军已突破茹越口，直趋铁角岭南下，于29日夜占领繁峙城，切断了平型关正面第二战区部队的退路。于是，阎锡山下令内长城线上各军向五台山、三中山、芦茅山之线转移，集中主力于忻口地区组织防御。

忻口作战中的合作

1937年10月1日，日军突破茹越口、平型关一带之内长城防线，侵占大营镇、繁峙等地之后，日军参谋本部发出占领太原的作战命令。日军除板垣第5师团及东条察哈尔兵团之混成第2、第15旅团外，还有大泉支队、堤支队、萱岛支队等部，板垣征四郎为总指挥官，企图以中央突破的战术直袭太

① 林彪：《平型关战斗的经验》，载朱德等著：《我们怎样打退敌人》，新华日报馆1938年版，第26—28页。

② 中共中央文献研究室编：《朱德年谱（1886—1976）》中，第677页。

原。当忻口战役处于胶着状态时，敌华北方面军又调集第一军所辖之第20师团和第2军所辖之第109师团，直扑娘子关等地。

蒋介石和阎锡山，以第二战区副司令长官卫立煌为前敌总指挥，调集四个集团军首先组织忻口会战。中国守军的具体部署是：（一）以第18集团军（欠第120师）、第73师（附炮兵1营）、第101师（附炮兵1营）及新编第2师为右翼军，归朱德总司令指挥，在五台山、罗圈沟、军马场、翠岩峰、挂月峰迄峨口、峪口之线占领阵地。（二）以第14集团军第9军（欠第47师）、第15军、第17军、第19军及第196旅炮兵27团（欠第4、第6连）为中央军，归卫立煌总司令指挥。在蔡家岗、灵山、界河铺、南怀花、大自水至1482高地之线占领阵地，以另一部在中解村、阳明堡、虎头山、黑峪村之线占领阵地。（三）以第68师、第71师、第120师及独立第7旅、炮兵23团第3营、炮兵24团第3营、炮兵28团第3营为左翼军，归杨爱源总司令指挥，在黑峪村、迄阳方口之线占领阵地。（四）以第34军（欠第196旅）、第35军、第61军第66师及独立第1旅、独立第3旅为总预备军，归傅作义总司令指挥，位置于定襄、忻县一带，策应各方。①

周恩来参与了忻口会战作战计划的制定，提出应以忻口周围山地为固守阵地，诱敌至代县、忻口线，求得侧面出击消灭敌人。处于左右两翼地区的八路军主力部队同时向宁武南北、代县以东侧击敌人，协同友军作战，力争在忻口以北取得胜利。卫立煌、傅作义等表示同意。之后，周恩来还同阎锡山、黄绍竑、卫立煌、傅作义商定，统一指挥参加忻口会战的部队。为便于协调工作，经中共中央同意，周恩来携带电台随阎锡山一起行动，以便协调八路军的作战行动。

忻口会战的作战方针是“（一）本战区军以攻势防御之目的，以主力占领蔡家岗、灵山、界河铺、南怀花、大泉、卫家庄、1482高地、迄阳、方口既设阵地线，两翼依托五台及宁武各山脉，缩短战线，集中兵力，对侵入之敌

---

① 中国第二历史档案馆编：《中华民国史档案资料汇编·第五辑第二编军事（2）》，第451—452页。

乘其立足未稳，迅速击灭之。（二）以一部占领五台山、罗圈沟、峨口至峪口之线，另以主力之一部占领中解村、阳明堡、虎头山、黑峪村之线，竭力阻止敌之前进。不得已时，撤据崞县、原平、轩岗一带，逐次消灭敌之实力，以掩护大军之集中。”其作战指导要领是：“（四）在阳明堡、虎头山一带之部队，应竭力阻止敌之前进，以掩护后方部队之集中及主阵地之占领。（五）以十八集团军之林、贺各师，分由平型关及雁门关施行包抄，并截断敌后方连络线，以使主力之作战容易。并派有力之一部，由马兰口方面相机威胁敌之右侧背，形成优越之包围态势。（六）主阵地之部队，藉前方之掩护，竭力充实战斗诸准备。在战斗间竭力阻止敌之进展，相机出击，并协同林、贺各部包围敌人于原平以北地区，而歼灭之。”①

忻口会战刚开始时，周恩来根据实际情况，对阎锡山的作战计划提出了自己的修改意见：中央地区，以一小部钳制正面之敌，而以主力诱敌至代县、忻口一线，求得侧面出击；右翼地区，开展广泛的游击战争，牵制敌军；左翼地区兵力较弱，可向宁武南北游击，破坏和阻击敌军的前进计划。为配合忻口战场的战争，除由第二战区副司令长官黄绍竑率数万兵力在东线娘子关一带设防外，还要组织正太、同蒲两路职工和井陉、阳泉的矿工参加战争，破坏铁路与煤矿。此方案得到阎锡山、程潜、卫立煌、傅作义的一致赞同。阎锡山立即下令执行。10月5日，毛泽东复电也表示“完全同意周与程潜、阎锡山共同决定之作战计划”。②

10月1日，忻口战役拉开序幕。阎锡山为争取时间部署兵力，命王靖国第19军死守崞县十日，命姜玉贞第196旅坚守原平镇。王靖国军在崞县苦战了七日，伤亡甚重，遂擅自先期撤离，8日，崞县城失守。而姜玉贞旅与敌血刃苦战了11天，胜利完成了任务，迟滞了日军南下，使忻口守军从容布防。在这次战役中，姜玉贞旅长以下数千将士为国捐躯。11日，日军占领原平。

---

① 中国第二历史档案馆编：《中华民国史档案资料汇编·第五辑第二编军事（2）》，第450—451页。

② 转引自中共中央文献研究室编：《周恩来传（1898—1949）》下，中央文献出版社1998年版，第468页。

12日，忻口守军布防完毕，以忻口附近为阵地之轴心，展开于忻口以北龙王堂、南怀化、大白水、南峪一线，忻口战役正式打响。敌倾全力以飞机、重炮、战车为掩护，步兵猛烈向国民政府军阵地进攻。国民政府军则以空军、炮兵协同作战，步兵冲锋，与敌展开争夺。其中争夺南怀化、激战大白水、血战红沟等战斗，惊心动魄，撼天动地。南怀化高地争夺战，日军连续猛攻十天，均未奏效。中央兵团前敌副总指挥陈长捷在其《忻口战役追记》一文中记述说："敌寇乘势继续攻击，重点仍指向我右翼军，对已打开的南怀化缺口，锲而不舍，转移新加到永兴方面的一个旅团注入南怀化，再次向忻口发动进攻。敌机对红沟、南怀化间加重轰炸，配合着集中的炮火，从早到晚，时刻不休。我前线竟无高射武器以资抵抗，致红沟总指挥部的石窑洞被炸塌半段，守电话总机的通信兵全数伤亡。敌机非常猖獗，官村以南的阵地，从高地到谷地，处处受轰。我军乃以麻袋实土再垒成掩体，待敌步兵冲锋到壕前时，即以手榴弹轰击。这样的激战，一日里常是此起彼伏，几度反复，终将强攻之敌击退。"①

18日，战斗最为激烈，日军突破国民政府军前沿阵地后，企图拿下204高地（磨子头岭）。日军以集团式冲锋涌上高地，守军以强大反击迫敌退走。日军冲上去又退下来，守军退下来又冲上去。24小时中，双方易手达13次。国民党守军六失七得，阵地依然在握。敌我双方的10天恶战，尤其是204高地的争夺，达到了白热化程度。国民政府军的11个步兵团建制瘫痪，伤亡总数当在万人以上，中央兵团指挥郝梦龄、师长刘家麒、旅长郑廷珍牺牲，师长李仙洲、旅长董其武、于镇河负重伤。日军伤亡也在3000人以上。

大白水为国民政府军左翼兵团一个较为突出的重要据点。其以西又有从东向西愈来愈高的台地，与正面阵地互为犄角，再加上大白水侧面朦腾村阵地的配合，易守难攻。在李默庵指挥下，几次调整作战部署，与敌人肉搏激战，并不断派队夜袭敌营，进行局部反击。刘茂恩部连日与敌争夺东西荣花村及灵山一带据点，指战员伤亡达三分之二，东西荣华村、灵山防线

---

① 陈长捷：《忻口战役追记》，载中国人民政治协商会议全国委员会文史和学习委员会编：《文史资料选辑》第54辑，文史资料出版社1962年版，第24页。

失而复得。

红沟血战之后，到10月31日，将企图突击忻口、入红沟之敌，打退到仅局限于南怀化西麓一山丘上，形成敌我势力相平衡的对峙状态。

10月27日，国民政府军左、中、右防线各以一部出击，右正面滹沱河东岸的敌人被肃清了。

为了配合国民政府军正面战场作战，八路军各师部队配置一部在右翼军团的位置上，在朱德指挥下，积极展开于敌之侧翼和后方，有力地牵制了敌人。

八路军第115师一部于10月13日占领平型关，并将团城口和东河南间的公路破坏，14日在小寨村附近截获敌援军汽车数十辆，16日占领团城口。深入察南、冀西的独立团于10月10日收复涞源城，15日在冯家沟伏击敌人，消灭日军50余名，并乘胜收复广灵和紫荆关，18日一度克复易县城，23日克灵丘，26日收复蔚县。骑兵营于10月18日占曲阳城，24日复唐县。

八路军第120师宋（时轮）支队10月10日在怀仁、岱岳间的辛庄伏击敌汽车百余辆，消灭敌人200余人，截断怀仁至崞县的交通。第358旅向崞县发起进攻，10月12日占领崞县以北的十里铺，14日占南、北大常村，并攻击永兴村，毙敌100余人。第120师另一部于13日占宁武城，16日，为牵制日军对忻口阵地的进攻，向原平西北大牛店方向出击，随后进至崞县、雁门关地区截击敌人交通线，阻击敌人后续部队。10月18日，该师一部在雁门关以南的黑石头伏击敌人汽车队，激战三小时，消灭日军500余人，并占领雁门关和太和岭，截断敌人通往忻口的主要交通线。23日，该师又一部在阳明堡西南的王董堡伏击敌人运输队，消灭日军多人。24日，在原平以西和北岗村歼敌骑兵一个中队。

八路军第129师第385旅第769团刚由陕西东渡黄河进入晋北前线，正值日军在代县阳明堡飞机场调集大批飞机，轮番向忻口守军阵地出击，进行狂轰滥炸，遂决定于10月19日夜袭阳明堡飞机场。经一小时激战，焚毁敌机24架，歼敌百余名，使急欲突破忻口的日军丧失了空中突击力量和供给线。

至此，敌向忻口阵地正面多次进攻，终未成功，伤亡在2万余人以上；

其后方遭到八路军袭击，粮秣、汽油俱绝。日本华北方面军为挽救其忻口形势的危局，令第20师团和第109师团分别由石家庄沿正太路西进和由元氏经赞皇、九龙关朝昔阳西进，向榆次和太原迂回，以抵制中国忻口方向作战部队，相机与其晋北南下部队夺取太原。这使得晋东娘子关地区的形势顿趋紧张。中日两军经井陉、长生口、旧关、核桃园等阵地的多次争夺，至10月19日，国民党守军再次向旧关附近攻击，虽有进展，但在日军地面、空中优势力量反击下，伤亡严重。此后，日军后续部队陆续到达，全线转入反攻，国民党守军阵地多处被突破。曾万钟一部则被围困于旧关以南山地。在此危机情况下，八路军第129师向娘子关东南及以南敌之侧后挺进，于10月22日至28日短短七天中，先后取得了长生口、东石门、马山村、七亘村等战斗的胜利。11月2日，又取得了黄崖洞伏击战的胜利。11月4日，第115师主力在昔阳以西之广阳将西进之敌第109师团一部约4000人截成数段，给予猛烈的袭击，杀伤敌近千人，缴获骡马700余匹、步枪300余枝及炮弹和其他大量军用品。

由于日军左翼迂回部队屡遭打击，进展迟缓，使进攻娘子关之日军得不到策应，攻击未能奏效。黄绍竑见娘子关防线稳定，乃令第27军由娘子关转赴忻口作战，原防由第17师接替。不料日军乘中国军队换防间隙，全线发起猛攻，守军猝不及防，连失阵地，10月6日，娘子关失陷。

10月30日，敌占阳泉、平定。11月1日，阎锡山命令忻口作战部队放弃阵地，向太原城北青龙镇、天门关一线转移，协同防守太原。4日，阎锡山任命傅作义为太原守备司令，准备利用太原四周既设阵地，阻止敌人，保卫太原。

忻口战役坚持了23天之久，共毙伤日军2万余人。由于国共两方面军队的密切合作，给日军板垣师团等部以沉重的打击。并一度陷日军于被围困和被歼灭的境地，迟滞了日军的战略进攻。[①]

---

① 山西省史志研究院编：《山西通史·第8卷抗日战争卷》，山西人民出版社2001年版，第23—28页。

国民政府对八路军在保卫忻口战役中积极配合，并不断取得胜利非常满意。蒋介石在10月17日，一天连续发出两次电报，表示嘉奖。第一封电报是发给八路军总司令朱德的。电报说："接诵捷报，无任欣慰，着即传谕嘉奖。"第二封电报是发给总司令朱德和副总司令彭德怀的，电报说："贵部林师及张旅屡建奇功，强寇迭遭重创，深堪嘉慰。仍希继续努力，以竟全功为要。"①

娘子关作战中的合作

日军在1937年10月10日攻陷石家庄后，以一部继续沿平汉线南侵，而以第20师为主力，在第108师和第109师各一部的配合下，由川岸文三郎为指挥官，率部沿正太线西进，分左右两路沿正太路西犯，从东面包抄太原，配合其在忻口正面进攻的部队夺取太原。

此时，晋东之防务空虚，阎锡山调第2集团军总司令孙连仲，率第26路军、第27路军和第3军等，在八路军的第115师、第129师和第22集团军一部的协同下，由第二战区副司令长官黄绍竑指挥，沿正太路南北两侧设防，挺进娘子关一带山地，以图确保太原在晋东之门户。

10月5日，周恩来和卫立煌、傅作义等商谈忻口会战作战计划。周恩来提出应以忻口周围山地为固守阵地，诱敌至代县、忻口线，求得侧面出击消灭敌人。处于左右两翼地区的八路军主力部队同时向宁武南北、代县以东侧击敌人，协同友军作战，力争在忻口以北取得胜利。卫立煌、傅作义等表示同意。次日，周恩来和阎锡山、黄绍竑、卫立煌、傅作义商定，统一指挥参

---

① 《国民政府对八路军勇战平型关、痛歼日寇的嘉慰电（九封）》，载重庆市政协文史资料研究委员会等编：《抗战时期国共合作纪实》上卷，重庆出版社1992年版，第475页。

加忻口会战的部队，右翼晋军十个团归朱德、彭德怀指挥；中路归卫立煌指挥；左翼归杨爱源指挥；预备军归傅作义指挥守太原。

第二战区长官司令部制定的作战计划是："一、作战方针：为保固山西，将来收复华北失地容易，使我晋北作战军无后顾之忧起见，以第一战区由保定南移之部队，进占娘子关一带山地，确实保守之。并相机进袭石家庄，威胁由平汉路南进之敌军。二、指导要领：1. 在开战之初，应于雪花山前进阵地配备强有力之部队，以迟滞敌之前进，并掩护主力部队迅速占领阵地。2. 主力在北青掌、梁家垴、旧关、核桃园、乏驴岭、大台山之线占领阵地，总预备队分置于槐村铺、好汉地、娘子关附近，以应援各方之战斗。3. 为防遏敌人由我阵地右翼迂回攻击，在西回村、张家垴、南垴沟、神仙洞、娘子关之线，摘要构筑预备阵地。4. 如敌由核桃园方面进攻时，该处部队应竭力阻止其前进。娘子关之预备队由核桃园之右翼袭其侧背，以期击破其攻击能力。5. 为防万一计，在桥头村、城子岭、驷穰镇、东道沟、上董寨之线构筑阵地，准备尔后之作战。"①

1937年10月6日，毛泽东致电周恩来提出《关于作战问题的战略补充意见》，"程潜放弃石家庄，集中兵力守太行山山地是正确的。但敌占石家庄后，将向西面进攻，故龙泉关、娘子关两点须集结重兵，实行坚守，以使主力在太原以北取得胜利。""此战役之关键在于下列三点：（1）娘子关、龙泉关之坚守。（2）正面忻口地区之守备与出击（出击是主要的）。（3）敌后方之破坏。""为达上述目的：（1）要求南京速加派生力军三四个师位于娘子关。（2）要求卫军四个师担任正面出击兵团之主力，晋军以两个师协助出击，余任守备。（3）红军林、贺两师主力，担任从东西两方破坏敌之侧后纵深地区。另要求南京派生力军两个师从涞源、蔚县行动。""为此目的，我一一五师主力不但不应出河北，亦不宜位于龙泉关，似应第一步移至豆村、台怀之线，以便适时袭击大营、砂河、繁峙线，并准备于可能与必要时，

① 中国第二历史档案馆编：《中华民国史档案资料汇编·第五辑第二编军事（2）》，第472—473页。

北越长城出至浑源、应县，以此为中心，分为若干支队，采取夜间行动，袭击雁门大同钱、大同张家口线之铁路，袭击张家口、广灵线，广灵、代县线之汽车路。一一五师这一行动（如再加南京两个师更好）配合贺师主力在左云、右玉、平鲁、朔县之行动，将引起山西敌军正面攻击之停顿，甚至暂时部分的后退，并将引起平汉线敌军停止深入石家庄以南，而采取以一部守备北平、石家庄线，以另一部转向灵、涞、广、蔚地区对付我军。在一一五师本身，则因转移与作战频繁，要准备付出相当之代价，即应准备减员二千至二千五百，并因减员而不得不将枪支一小部分交与地方民众，武装他们。但在支持山西作战，即用以支持华北作战较为长久之战略目的上，却有很大意义。"①12日，周恩来回电毛泽东说：敌逼近娘子关，以太原为中心的内线作战缺少回旋余地，必须转向外线，因此游击战的配合更加重要。表示要向阎锡山、卫立煌说明：（1）必须转变作战方法，力争在忻口、石岭关等地区求得小胜利；（2）保卫太原战斗必须背靠山地，在野战中求胜利，不应以众多兵力守城或正面堵击；（三）开展游击战对保卫山西、支持华北抗战有重要作用，请阎放手武装民众，布置山西的持久战局。②"可否向蒋程阎提议任命黄绍竑为娘子关、龙泉关沿太行山脉以东各军（红军不在内）之总司令，以统一指挥确保娘子关。因娘子关不失则太原虽失仍可支持，如娘子关失守则华北战局立即变为局部战，失掉了全局意义。须知华北战局重点并不在太原，而在娘子关、龙泉关一带之太行山脉。"③

为了确保山西，10月6日，蒋介石令第2集团军总司令孙连仲率第26路军入晋增援，9日，又令冯钦哉率第27路军、第3军、第17师、第30师及第38军教导团，向娘子关方面既设阵地转移，以掩护第二战区之右侧。冯钦哉奉命后，于次日令所部在井陉南北一线布防：第17师赵寿山部布防于娘子关前的雪花山、荆蒲关迄曹泉之线；第3军曾万钟部布防于雪花山南的南障

---

① 中国人民解放军历史资料丛书编审委员会：《八路军·文献》，第58—59页。

② 中共中央文献研究室编：《周恩来年谱（1898—1949）》上册，中央文献出版社2007年版，第394页。

③ 中国人民解放军历史资料丛书编审委员会：《八路军·文献》，第69页。

城、测鱼镇迄九龙关之线；第30师张金照部、第169师武士敏部及教导团布防于曹泉至唐家会之间的滹沱河南岸；第42师柳彦彪部为预备队，置于北冶附近。①

娘子关作战十分惨烈。

1937年10月11日，日军第20师之右翼支队沿正太铁路向西突进，当日向井陉发起攻击。刚进入阵地的第17师顽强抗击敌之进攻。12日，日军以飞机支援，猛烈向守军第17师阵地攻击，相继占领井陉、长生口等地。此时，第二战区即令增援晋北的第26路军回援娘子关，该军之先头已到达太原，奉令后立即掉头东返娘子关，加强阵地防守。10月13日，日军继续西犯，占领旧关后向西北的关沟推进，逼近娘子关。守军退据旧关以西高地，继续抵抗，并以一部向长生口以南推进，断敌退路。为迟滞日军之进攻，当夜，第17师师长赵寿山率部向长生口之敌出击，不意井陉以西的雪花山阵地被日军攻占，该师立即增调部队反击雪花山之日军，激战至拂晓，部队伤亡已逾千人，不得不退守乏驴岭山峪一带。10月14日，守军第27师等部向旧关以北要点反击，曾一度占领核桃园及大小龙窝，歼敌一部。15日，第12师等部亦向旧关东南日军攻击。经两日激战，共毙伤日军500余名。同日，第二战区决定娘子关方面的作战指挥统由第26路军总司令孙连仲负责，并限定16日消灭旧关之日军。于是，第3军当夜袭占核桃园，第27师等部次日将关沟附近残余日军肃清。但旧关之日军仍控制高地顽抗，并在其飞机及炮火的掩护下不断反扑，攻击未能奏效，部队伤亡惨重。

10月17日至19日，中国军队再次向旧关附近要点攻击，虽有进展，但在日军地面、空中优势火力下实施反击，遭受严重伤亡，不得不撤回原地，此后，日军后续部队逐次到达，乃全线转入进攻，中国守军阵地多处被突破。日军以左纵队约步兵四个大队，由正太铁路之微水镇向西南的测鱼镇迂回，企图直插旧关、新关之侧后。10月22日，孙连仲急电军委会：本路军在

---

① 樊吉厚、李茂盛、杨建中撰：《华北抗日战争史》中卷，山西人民出版社2005年版，第168页。

娘子关一带血战八昼夜，损失甚重，实力不满6000人，布防于绵亘50余里之阵地，兵力单薄，后方又无控制部队，任何一点被突破，均感应付困难。山西为华北枢纽，娘子关若有疏失，关系大局，请速调生力军增援。①

正当娘子关告急时，八路军总部命令第129师火速向娘子关地区增援。该师于10月18日进抵平定以东，即向娘子关东南日军之侧后挺进，寻机歼敌。22日夜，第129师第386旅第772团袭击娘子关以东长生口之日军，毙伤其30余名。八路军第386旅第771团迎敌而进，袭击日军先头部队及翼侧，打击和迟滞敌人。10月23日，该团又在东石门村阻击敌人，毙伤日军200余名。24日，又在马山村、罗鼓寨袭击、伏击日军，毙伤其100余名。26日，八路军第386旅旅长陈赓亲率第772团在东石门以西之七亘村设伏。当日军第20师辎重部队800余人，在其200余步兵的掩护下进入伏击区时，伏击部队从大道南侧的高地以猛烈的火力袭击敌人，经两小时苦战，歼毙日军300余人。日军虽遭到打击，仍增加兵力继续西犯。10月28日，该团再次于七亘村设伏，当日军辎重部队在步骑兵掩护下西进时，伏击部队又毙敌100余名，缴获骡马数十匹。由于日军左翼屡遭打击，进展迟缓，进攻娘子关之日军得不到策应，攻击亦未奏效。

10月25日，第二战区副司令长官黄绍竑见娘子关防线稳定，令第二十七路军由娘子关转赴忻口作战，遗防由第十七师接替。日军乘娘子关守军兵力削弱，部队换防之际，全线发起猛攻。守军猝不及防，连失阵地。娘子关方面指挥首脑遂于10月26日下令，放弃娘子关南北一线要隘阵地，向西后撤。娘子关失陷，晋东战局急转直下。日军主力沿正太铁路及其南侧，分数路西进。10月30日，日军占领阳泉、平定后沿正太路及其南侧大道向太原、榆次继续进犯。晋东战局急转直下。

为了打击进犯之敌，阻止和迟滞日军的西进行动，八路军总部于10月28日率第115师师部及第343旅由五台地区南下，30日抵达平定西南地区，统一指挥第129师及第115师主力，向沿正大路西犯之敌展开了连续的作战。

---

① 罗焕章、支绍曾：《中华民族的抗日战争》，军事科学出版社1987年版，第65页。

11月2日，第129师之第386旅在师长刘伯承、旅长陈赓指挥下，于昔阳东南之黄崖底一带，伏击由东冶头向昔阳进犯之敌第109师第136团一个营，共毙伤日军300余人，毙战马300余匹。

11月4日，日军攻破寿阳，中国守城部队于晚间突围出城。在其他部队撤退的同时，八路军受命牵制敌人："第十八集团军主力牵制晋东敌之前进，并破坏正太铁路，断敌后方接济。"①日军第20师先头两个团通过广阳进至松塔镇，其辎重队及一个营进至广阳。八路军第343旅在旅长陈光指挥下，对敌辎重队发起猛烈攻击，经四小时激战，歼日军近1000人，缴获骡马700余匹、步枪300余支及大批军用物资，日军遭此打击后，不敢贸然西进，已进至松塔镇的两个团被迫回返广阳。11月7日，八路军第129师主力在第115师一部的配合下，又于广阳以东之户封村地区设伏，毙伤日军250余人。

八路军在黄崖底、广阳、户封村等地连续地伏击日军，予敌以沉重打击，从而迟滞其行动达一星期之久，掩护了沿正太路撤退的国民政府军。

组建新四军军部

叶挺是北伐时期的名将。卢沟桥事变后，叶挺从澳门回到上海，请缨杀敌。1937年8月接受周恩来的委托后，叶挺便请当时正在上海指挥作战的第3战区司令长官陈诚向蒋介石建议，将南方红军游击队改编为国民革命军陆军新编第四军（意在继承当年北伐时第四军的"铁军"传统），由他率领开赴抗日前线。由于陈诚的建议，蒋介石在未与共产党方面协商的情况下核准南京国民政府铨叙厅于1937年9月28日公布叶挺为新编第四军（以

① 中国第二历史档案馆编：《中华民国史档案资料汇编·第五辑第二编军事（2）》，第483页。

下简称新四军）军长。10月6日，蒋介石下令将南方红军游击队改编的部队交新四军军长叶挺“编遣调用”。10月12日，国民党江西省政府主席熊式辉转发蒋介石电令：“一、鄂豫皖高敬亭部；二、湘鄂赣边区傅秋涛部；三、粤赣边区项英部；四、浙闽边区刘英部；五、闽西张鼎丞部，以上各节统交新编第四军军长叶挺编遣调用”。①

对国民党单方面宣布叶挺为新四军军长的意图，中共中央持审慎的态度。1937年10月1日，中共中央书记处致电张云逸，警惕国民党利用抗日题目，经过叶挺拔去南方革命运动的战略支点。因此，必须弄清楚叶挺的政治态度，要求叶挺必须来延安，在他完全同意中共中央的政治、军事原则后，才可以去闽粤边（或闽浙边）指挥张鼎丞部（或刘英部）。②10月15日，张闻天、毛泽东致电潘汉年，要在不干涉红军游击队改编后内部人事等条件下，才能同意叶挺指挥张鼎丞部和何鸣部。③

叶挺领到新四军关防和开办费5万元后，并未急于呈报就职，而是在上海同潘汉年磋商，又很快到南京八路军办事处，与中共代表博古、叶剑英接洽，表示“完全接受党的领导”，愿意到延安面陈，是否就职由中共中央最后决定。11月3日，叶挺到达延安。11月8日，在欢迎会上，叶挺说：“今后，一定遵照党所指示的道路走，在党和毛主席正确领导下，坚持抗战到底。”④中共中央同意叶挺担任新四军军长。

叶挺在延安接受任务后，于11月12日到达武汉，第二天正式以新四军军长身份对记者发表谈话。接着，叶挺带着中共中央关于新四军改编的方案去南京，由叶剑英陪同于11月21日见蒋介石，商谈改编有关事宜。叶挺表示，如蒋不同意改编事宜就只好辞职。蒋介石既不同意中共中央的改编方案，也不同意叶挺辞职，只同意在经费上稍作让步。之后，叶挺返回武汉，

---

① 中国人民解放军历史资料丛书编审委员会编：《新四军·参考资料（2）》，第39页。

② 中国人民解放军历史资料丛书编审委员会编：《新四军·文献（1）》，第36—37页。

③ 中国人民解放军历史资料丛书编审委员会编：《新四军·文献（1）》，第51页。

④ 中共惠阳地委党史办公室、中共惠阳县委党史办公室编：《叶挺研究史料》，广东人民出版社1987年版，第713页。

遵照毛泽东关于“军暂驻武汉”的指示，在汉口大和街26号设立新四军筹备处，积极展开新四军的筹建工作。叶挺利用与国民党军政要人的老关系，争取经费、编制、军械物资。

中共中央还决定项英任中共中央长江局委员、中共中央东南分局书记、新四军军分会书记、新四军副军长，实际为新四军的政委，是共产党在新四军的最高领导人。项英到达武汉后，即参加中共中央代表团和长江局会议讨论新四军干部配备等问题。会议认为，根据抗战形势和国共合作的深入，应迅速集中南方各游击队开往前线。当晚，项英与叶挺交流了情况，向叶挺传达了中共中央关于新四军编组的原则，商量移驻南昌的时间和办法。12月25日，叶挺、项英召集已到武汉的新四军干部开会。这次会议也就成为新四军的正式成立大会。从此，新四军军部便正式开始活动。

1938年1月4日，项英率新四军军部离开武汉，于6日抵达南昌。叶挺暂留武汉处理与国民党当局有关事宜并筹款赴香港购买武器。1月8日，国民政府军事委员会参谋总长何应钦正式核准新四军编制：“经核准编为四个游击支队，以陈毅、张鼎丞、张云逸、高敬亭分任司令。所有该军经费、抚遣费、开拔费等，均已规定。并令归陈总司令诚指挥。此后集中，亦由陈总司令指示办理。”①4月5日，新四军军部由南昌移驻皖南歙县岩寺。

八路军新四军在各地设立办事处

红军改编为八路军和新四军后，分别同国民党各地方军政当局商谈，在各地设立办事机构。八路军设立的办事机构主要有：驻南京办事处、驻武汉办事处、驻重庆办事处、驻贵阳交通站、驻晋办事处、驻第二战区办

① 中国人民解放军历史资料丛书编审委员会编：《新四军·参考资料（2）》，第46页。

事处、驻洛阳办事处、驻豫北办事处、驻陕西办事处、驻甘肃办事处、驻新疆办事处、驻广州（韶关）办事处、驻衡阳办事处、驻桂林办事处、驻湘通讯处、驻第一战区联络处。

新四军设立的办事机构，在江西，有新四军驻赣（南昌）、景德镇、贵溪办事处等，新四军驻金溪贵、瑶里、黄岗、都昌、河口留守处，新四军驻思顺、石塘、慈溪通讯处；在湖北，有新四军驻通城、大畈通讯处，新四军驻七里坪留守处；在湖南，有新四军驻浏阳办事处，新四军驻平江通讯处和沙田留守处，新四军驻湘南、耒阳通讯处；在福建，有新四军驻福州办事处，新四军驻龙岩、崇安、宁德留守处；在浙江，有新四军驻温州采购办事处；在安徽，有新四军军属分兵站、新四军驻丽水办事处、新四军驻竹沟留守处，新四军驻涡阳联络站，八路军、新四军驻皖东北联合办事处；在上海，有新四军驻上海办事处，等等。此外，新四军驻武汉、衡阳、桂林、长沙、香港、重庆六个办事机构或代办单位与八路军驻武汉、衡阳、桂林、香港、重庆和驻湘办事机构合署办公。

八路军、新四军办事机构大体上分为三种类型：第一种类型是，设在国民党中央政府所在地，负责与国民党最高军政当局联络与交涉的，即八路军驻南京、武汉、重庆办事处。这些办事处在中共中央代表及中央分局的领导下，肩负着中共代表团或中共中央局办事机构的部分职能，并对其他办事机构负有指导和联络的责任。第二种类型是，设在国民党控制区的省会或战区机关所在地，主要负责与国民党当地政府和战区司令长官部联络和交涉。第三种类型是新四军各支队整编前后在原驻地设立的一些留守机构，主要负责与国民党行署以下的地方当局联络和交涉。（另外还有设在英属香港及敌占区上海的办事机构。）由于八路军、新四军各地办事机构担负的任务不同，所以它的编制、人数差别很大。大的办事处，一般设处长，下设科、股，人员分工较细；小的办事机构，人员少，由处长、主任负责，一般不设科。①

① 中国人民解放军历史资料丛书编审委员会编：《八路军新四军驻各地办事机构》（1），军事科学出版社2007年版，第6—27页。

这些办事机构为八路军、新四军的发展、物资供应、人员往来和情报沟通做了大量的工作，为发展当地的抗日民族统一战线、营救被捕的中共党员和红军人员、掩护中共党的组织及党组织活动的开展都发挥了重要的作用。

以下介绍一部分办事处的设立和发挥作用的基本情况。

八路军驻陕西办事处（简称驻陕办事处或驻西安办事处）。1935年10月，红军长征到达陕北后，医疗器械和药品极度缺乏，周恩来指派中共党员刘鼎在西安设立一处秘密交通站。刘鼎经过多方调查和了解，找到了德国牙医博士、德国共产党员冯海伯。当冯海伯接到邀请，知悉详情后，很快来到西安，出面租用了七贤庄一号院，并在一个月之内作为牙科诊所对外迅速开张了。表面上看，这里是一家外国人开的牙科诊所，其实是共产党的秘密交通站。秘密交通站建立后，开始为红军采买、转运医疗器械、药品和通讯器材。为了将设在陕北保安的“红色中华”的广播转播到全国各地。刘鼎请党的秘密工作人员涂作潮在七贤庄一号院地下室安装了一台100瓦的电台。

1936年12月西安事变后，周恩来通过何柱国向顾祝同提出，中共要求派代表参加潼关谈判。李克农到潼关后，经谈判顾祝同同意红军在西安设立联络处，以第十七路军为掩护。2月4日，周恩来和中共代表团人员从金家巷张学良将军公馆迁到七贤庄一号，设立红军联络处，对外称“第十七路军通讯训练班”，由叶剑英主持。2月9日，也就是顾祝同到达西安的第二天，周恩来同他开始举行会谈。11日和12日，双方继续会谈。会谈中，顾祝同再次表示同意红军在西安设办事处，保证不迫害民众团体。

1937年5月，国共谈判达成设立办事处的协议，七贤庄一号院改为“中国工农红军西北办事处”，成为一个半公开的红军机构。同年8月25日，红军改编为“国民革命军第八路军”，西安“红军联络处”改为“国民革命军第八路军驻陕西办事处”，不久，又改称“国民革命军第十八集团军驻陕西办事处”，对外正式公开。同年8月，叶剑英离开办事处，林伯渠、董必武先后负责办事处工作。办事处建立后主要有三项工作。第一项任务是，宣传共产党提出的抗日民族统一战线的方针政策，发动全民一致抗日。第二项任务是输送爱国青年和知识分子到延安，培养军事人才，壮大革命的力量。仅1937年到1938年，通过办事处介绍去延安的全国各地的爱国青年就有2万多人。第三项任务是：向前线及延安采购、领取抗战物资、支援前线抗战。八路军的第一支汽车队也在这里建立，当时共有22辆军车。

八路军驻晋办事处。1936年2月，中共华北联络局委托中华民族革命大同盟华北办事处主任朱蕴山到太原转达中国共产党联合阎锡山抗日的主张。5月，红军释放了东征中被俘的晋军团长郭登瀛，毛泽东托他带信给阎锡山，劝阎与共产党合作抗日。此后，中共中央又数次致函阎锡山，并请朱蕴山多次与阎锡山接触商谈，阎锡山终于同意与中共代表晤谈合作抗日问题。1936年11月10日，中共北方局负责山西工作的南汉宸到太原与阎锡山秘密会晤。几天后中共中央代表、北方局联络局书记彭雪枫（化名彭雨峰）抵达太原，由南汉宸陪同与阎锡山、梁化之晤谈，商定在太原建立中共和红军驻晋秘密联络站，阎方联络人为梁化之。1937年3月中旬，中共中央派罗若遐等四人，携带电台到太原，驻新满城30号院，对外称“彭公馆”。

1937年8月25日，红军正式改编为八路军后，红军驻晋秘密联络站正式改名为“国民革命军第八路军驻晋办事处”，在太原成成中学公开挂牌办公。彭雪枫为八路军总部参谋处处长兼办事处主任。11月初，太原失陷前夕，办事处迁至临汾城郊刘村。1938年2月，办事处暂时撤销。3月临汾失陷后，第二战区长官部迁至宜川秋林一带。

为继续保持与阎锡山的联络，1938年8月，八路军总部又先后在山西设立了吉县办事处和秋林办事处，中共中央北方局联络局副书记王世英和曹言行先后任办事处主任。办事处成立后，为促进国共合作，团结抗日进行了大量工作：（1）周密准备，迎送八路军开赴抗日前线；（2）协助中共中央和八路军领导人周恩来、朱德、刘少奇、彭德怀等同国民政府军第二战区负责人阎锡山、卫立煌、傅作义、黄绍竑等的谈判事宜；（3）向广大群众和中外各界人士公开宣传中国共产党的抗日主张，大力开展抗日民族统一战线工作；（4）以公开合法的地位，掩护中共中央北方局和中共山西省委大力开展工作，协助地方组织创建抗日武装和培养干部；（5）及时向中共中央反映情况，有效地配合了反顽斗争，以斗争求团结，防止阎锡山投降日本，坚持国共合作，坚持团结抗战。

八路军驻甘肃办事处（简称驻甘办事处或驻兰州办事处）。1936年9月22日，中共中央派彭雪枫为特使，携毛泽东给中国国民党甘肃省政府主席、东北军第51军军长于学忠的亲笔信，赴兰州联络。毛泽东在信中说："夙稔先生热诚有国，对日抗战早具同心，而西北停战议和，首先贵我两军停止自相残杀，实为刻不容缓。"①彭雪枫代表中共和红军，向于学忠申述了双方立即停战、联合救国的愿望，指出这不仅是两军之利，也是挽救国家民族之策，促使于学忠走上联共抗日道路。1937年2月周恩来在西安会见原中共甘宁青特委负责人之一的吴鸿宾时，提出在兰州设立红军办事处的问题。国民党政府迫于团结抗日的形势，同意中国共产党在兰州设立一个半公开的机构，进行对外联络和营救西路军工作。随即，中共中央调陕西云阳红军办事处主任彭加伦负责筹备工作。②1937年5月，国民党甘肃省党部主任委员贺耀祖接替于学忠担任甘肃省政府主席后，周恩来和叶剑英给贺耀祖写信，介绍张文彬和彭加伦到兰州筹建红军办事处。

5月27日，张文彬、彭加伦率领朱良才、况步才、黄文彬、王大成、刘富秀从西安出发，29日到达兰州。张文彬、彭加伦持周恩来、叶剑英的信同贺耀祖交涉。十天后在兰州南滩街54号建立了红军办事处。当时，红军办事处的名称还不能公开使用，因彭加伦是办事处负责人，办事处对外称作"彭公馆"。7月17日，中共中央决定派谢觉哉作为中共中央和毛泽东的代表到兰州工作。29日，谢觉哉到达兰州。因谢觉哉与贺耀祖是同乡、同学和国民革命战争时期的同事，当晚，谢觉哉便同贺耀祖会面，商谈合作抗日等问题，随后又多次交谈。8月13日，贺耀祖邀请各界要员，设宴欢迎谢觉哉，出席宴会的有国民党新一军军长邓宝珊、马愚忱、田昆山、戴槐生

① 《毛泽东书信选集》，第76页。

② 中共甘肃省委党史研究室：《中国共产党甘肃历史》第1卷，中共党史出版社2009年版，第373页。

等。席间，谢觉哉就国共合作抗日发表了具体意见，主要有：发动民众运动问题，整理军队问题，甘宁青新团结问题，打通国际线路问题等。与会者都同意谢觉哉的建议。贺耀祖在发言中认为："共产党是民众运动的祖宗，有丰富的经验，国民党因害怕民众，以致将民运视为畏途，结果民运就成了共产党的人，现在希望你们多贡献你们的经验。"①当时，贺耀祖对谢觉哉提出的主张和建议只是口头上赞同却很少行动，推说许多事情只有等中央政府下达命令方可实行。《中国共产党关于发表国共合作宣言》公开发表后，贺耀祖的态度发生了明显变化，在国共合作上迈出实际步伐。

红军改编为八路军后，1937年8月25日，红军办事处改称"国民革命军第八路军驻甘办事处"，正式挂牌，由半公开变为公开的组织。谢觉哉为党代表，彭加伦任办事处主任（为加强同设在兰州的苏联代表处的联系，1938年2月中共中央调派熟悉俄语的伍修权接替彭加伦任办事处主任）。八路军驻甘办事处帮助建立中共党的地方组织并协助开展工作，营救和收容西路军被俘和失散人员，利用国际交通线，接待和保护过境兰州的党的领导人和重要干部，保持与苏联的联系和物资转运等。

八路军驻南京办事处。1937年8月，蒋介石在南京召开国防会议，中共中央和红军代表周恩来、朱德、叶剑英应邀参加。国共双方经过多次谈判，达成了重新合作、共同抗日的协议，红军主力改编为国民革命军第八路军，并设立八路军总指挥部。为了加强国共两党的联系，经双方协商同意，中共中央在南京设立八路军办事处。周恩来等出席国防会议时，住在南京傅厚岗姚琮的公馆（姚琮当时是国民政府军事委员会办公厅的副主任，负责接待工作）。姚公馆的旁边是张伯苓公馆，张伯苓是南开大学的原校长，通过周恩来与其有师生这一层关系租他的公馆作为八路军驻京办事处。

1937年8月底，八路军驻南京办事处正式成立。博古（秦邦宪）作为驻

---

① 《彭加伦关于兰州工作报告》，载《甘肃党史资料》第2辑，甘肃人民出版社1985年版，第98页。

京办事处的中共中央代表，叶剑英以八路军参谋长身份兼驻京代表，李克农为办事处处长，钱之光负责军需、财务。八路军驻京办事处也是中共中央驻京办事处。主要任务有：继续同国民党谈判；宣传共产党的抗日救国纲领和八路军的战绩；发展和巩固抗日民族统一战线；营救被国民党关押的“政治犯”，接待、审查被释放的“政治犯”；接待失掉组织关系的中共党员和要求参加革命的爱国青年；恢复、建立长江流域和华南各地的党组织；向国民政府军事机关领取军饷、军械、医疗药品和其他军用物资；采购陕甘宁边区和八路军缺乏的物资；搜集抗日战争情报；筹集出版《新华日报》等。由于被营救出狱而留下工作的人员越来越多，办事处就在附近的地方租下高楼门29号（现高云岭29号），对外叫“处长公馆”。

1937年11月，上海沦陷、苏州失守后，国民政府决定分别迁往重庆、汉口、长沙三处办公。八路军驻京办事处也决定分批撤往武汉，叶剑英、李克农等人坚持到12月初才撤离南京。八路军驻京办事处虽然从成立到撤往武汉只有三个多月的时间，却做了大量的工作，营救和接待了1000多名身陷囹圄的共产党员和进步人士，其中重要的干部有黄文杰、刘顺元，李世农、王凯、陈农非、郑绍文、王鹤寿、陶铸、方毅、石磊、钱瑛、张琴秋、刘宁一、萧桂昌、喻屏、林理明、张恺帆、顾玉良、曹莎秋、彭康、邓垦等。

八路军驻第一战区联络处是抗日战争初期八路军在国民政府军第一战区司令长官部所在地——河南新乡设立的公开办事机构，全称第18集团军驻第一战区司令长官部联络处（简称第一战区联络处或新乡联络处）。1937年9月初，国民政府军第一战区司令长官部政训处处长李世璋请求当时在太原的中共中央军委副主席周恩来派员协助开展政治工作。周恩来遂派中共中央北方局军委书记朱瑞，以私人身份前往，任该部政训处上校主任秘书。朱瑞在随第一战区司令长官部由邢台撤至新乡后，为便于在豫北一带开展统一战线和抗日救亡等工作，以八路军正、副总司令朱德、彭德怀的名义与第一战区代司令长官程潜交涉，在新乡设立八路军驻第一战区联络处，得到同意。

1937年9月底，八路军驻第一战区联络处在新乡火车站附近的一家旅馆成立。主任朱瑞，副主任唐天际。其间，联络处曾随同第一战区司令长官部一度移驻获鹿县城东关。1938年1月，日军准备向新乡发动进攻，第一战区司令长官部南撤郑州，联络处留驻新乡，仍以八路军驻第一战区联络处的名义开展工作。不久，新乡形势危急，新乡联络处被迫移往山西晋城。2月16日，日军占领新乡后沿道（口）清（化）路继续西犯，晋豫边大部分城镇相继失陷，新乡联络处又从晋城移往阳城。3月中旬，新乡联络处主任朱瑞在对晋豫边地区的游击战争作了部署后，前往八路军总部参加高级将领会议，并在会后任中共北方局代表留住太行区指导工作，新乡联络处由唐天际负责。由于此时抗战形势的需要，新乡联络处成员大多分头组织建立抗日武装，开展游击战争，加之此时活动的区域多属国民政府军第二战区，1938年5月15日，朱瑞致电中共中央和中共北方局领导，联络处即撤销。

八路军驻武汉办事处。1937年8月中旬，中共代表团在南京与国民党当局谈判，商定在南京、武汉等地设立八路军办事处。8月下旬，中共中央洛川会议决定成立中共长江沿岸委员会，以加强对南方地区的领导，并确定武汉工作由中华苏维埃中央政府西北办事处代主席董必武负责。第一次国共合作期间，董必武曾任国民党湖北省党部执行委员，是湖北省革命运动的主要领导人。9月上旬，董必武作为中共中央代表偕原红军西安联络处秘书长李涛到武汉，筹建八路军武汉办事处，开展统一战线工作，整顿、恢复和发展鄂豫皖、湘赣地区的中共组织和抗日武装。董必武等到武汉后，即与各界爱国人士广泛接触，宣传中国共产党的抗战路线、方针和政策。经过与国民政府军事委员会武汉行营商谈，达成在武汉建立八路军武汉办事处的协议。

10月下旬，八路军武汉办事处在汉口府西一路安仁里一号成立。李涛任处长，由董必武直接领导。1937年12月初，南京形势危急，八路军参谋长叶剑英和八路军南京办事处处长李克农分别率南京办事处部分工作人员辗转到武汉，与武汉办事处合并，仍称武汉办事处。12月9日至14日召开的中共中央政治局会议决定：由周恩来、秦邦宪、项英、董必武在武汉组成中共中央长江局，统一领导中国南部各省党的工作；由周恩来、陈绍禹即王明、秦邦宪、叶剑英组成中共中央代表团驻武汉，负责与国民党的联系和谈判。12月18日，陈绍禹、周恩来、秦邦宪由延安抵武汉。

12月23日，中共中央代表团和中共中央长江局召开联席会议决定：这两个组织合并，对外称中共中央代表团，对内为长江局，陈绍禹任书记，周恩来为副书记；对武汉办事处的人员和机构进行调整，李涛调中共中央长江局参谋处任友军工作组负责人，钱之光任办事处处长，办公地点迁至汉口日本租界中街89号大石洋行（现汉口长江春街57号）。长江局机关也设在此处。周恩来及长江局参谋处参谋长叶剑英、副参谋长罗炳辉直接领导武汉办事处的工作。1938年1月，新四军军部从武汉迁至南昌，新四军在武汉事宜也委托八路军驻武汉办事处办理。武汉办事处既是八路军、新四军的代表机构，又是长江局直接领导下并为其服务的办事机构。1938年10月25日，周恩来、叶剑英率办事处人员撤离武汉，经湖南、广西、桂林，转抵重庆。

八路军驻广州（韶关）办事处。1937年5月，中共中央先后派中共中央革命军事委员会副总参谋长张云逸、红军大学政治部组织科科长云广英前往香港，联络两广地区国民党军政当局，开展抗日统一战线工作。9月，又派原红军驻兰州联络处负责人张文彬到香港，整顿中共广东组织和开展抗日工作。10月成立中共南方工作委员会，张文彬任书记。11月，张云逸经桂系首领、第五战区司令长官李宗仁介绍，在广州会见了广东地方实力派、第十二集团军总司令、广东绥靖公署主任余汉谋。余汉谋表示同意国共合作共同抗日，并同意在广州建立八路军办事处。12月7日，董必武、叶剑英在武汉致电中共中央，廖承志将于三日后去香港，负责两广情报及统一战线工作。12月底，张云逸、廖承志、云文英在香港研究八路军广州办事处成立及成立后的工作任务、方针等问题。随后，张云逸、云广英到广州着手筹建办事处。

1938年1月，八路军广州办事处成立，云广英任主任，张云逸直接领导办事处，办公地址先在广州德政北路七号，后搬到东山百子路十号廖仲恺故居。3月，张云逸调新四军工作后，广州办事处由中共广东省委委员、八路军香港办事处主要负责人廖承志领导，其上级机关是中共中央长江局、八路军武汉办事处和中共南方工作委员会（1938年4月改为中共广东省委）。10月中旬，长江局派组织部训练教育组负责人黄文杰为长江局代表到广州，指导中共广东省委工作。10月下旬，日军侵占广州，国民党广东省军政机关撤退到韶关，中共广东省委和八路军广州办事处经翁源县迁往韶关，并改称八路军韶关办事处，云广英仍任主任。其上级机关为中共中央南方局、八路军桂林办事处和中共广东省委。

新四军驻福州办事处。1938年2月间，新四军参谋长张云逸再次来到福州与国民党省主席陈仪，谈判成立新四军驻福州办事处，并要求释放政治犯，和追回“漳浦事件”中被国民政府军队缴获的人和枪，以便送往前线参加抗日。经过多方努力，这些要求基本上得到解决。新四军驻福州办事处于2月成立，王助任办事处主任。①当时，办事处对外是新四军的办事机构，对内是中共闽东特委在福州地区的工作机关，王助任闽东特委宣传部部长兼统战部部长。同年5月，东南分局决定将闽东特委与闽北特委合并成立福建省委，王助任省委委员、宣传部部长，范式人任省委委员、军事部部长（后改为组织部部长），省委分工王助和范式人为办事处负责人。

办事处进行的主要工作是：（1）开展抗日救亡宣传。同年6月，曾邀请爱国著名人士李公朴专程到福州作“唤起民众、不做亡国奴”的演讲。10月，由郁达夫、卢懋渠等组织纪念鲁迅逝世两周年的集会。还建立战地工作团，改组文化界抗敌协会，支持创办《战友》等刊物，教唱抗日歌曲。（2）输送抗战人员。动员进步青年参加革命，当年就输送近300名青年到抗日前线。（3）保护抗属红属。同国民党地方当局交涉，制止其迫害抗日军人家属、红军战士家属的活动，同时组织慰问。（4）进行敌后游击战争的准备。物色训练人员，筹集枪支，囤积粮食，为对付日军新的进犯作准备。（5）积极进行中共党组织的恢复和发展工作。到1938年底，福建全省579个党支部6000名党员中，75%是抗战后发展的。②办事处积极主动开

---

① 叶建忠：《抗日战争时期的福建国共和谈经过》，载《福建史志》1991年第3期。

② 四川省新四军史料征集研究会：《华中烽火》，天地出版社1995年版，第36—37页。

展联蒋抗日活动。在闽西、闽北、闽东等地聚集四个团5000多人的兵力，组成新四军四个团零一个连，开赴前线抗击入侵日军。1938年3月间，先后发生的“泉州事件”和“宁德事件”，办事处经过对国民党当局进行有理、有利、有节的斗争，得到社会舆论和各界爱国人士的支持，终于妥善解决问题。

新四军驻温州通讯处。1938年3月，经与国民党浙江省地方当局交涉，原设在温州城区九柏园头17号的国民革命军闽浙边抗日游击总队驻温州办事处改为新四军驻温州通讯处，主任周饮冰；下半年设新四军温州办事处，主任为杨建新（至1941年）。通讯处利用公开合法的身份，加强统一战线工作以及交涉处理有关新四军烈军属的具体事宜。主要任务还有输送干部、地下党员、进步青年和爱国人士去新四军皖南前线工作，中转各地支援皖南新四军的物资，掩护省委机关，担负着省委对外联络的任务。1938年5月，刘英率领临时省委机关由平阳秘密进入温州城区后，省委与各地的联络，多数通过通讯处联系处理，一些重要会议也在通讯处召开。

新四军驻浙江办事处。1938年3月11日，中共闽浙边临时省委书记刘英去南昌路过金华时，与国民党浙江省政府主席黄绍竑进行了会谈，黄绍竑同意在丽水设立新四军驻浙江办事处。3月中旬，新四军驻浙江办事处在丽水县城高井巷19号成立，主任吴毓。办事处成立后，开展抗日救亡和统战工作。10月，国民党查封新四军驻温州通讯处后、浙江省委决定关闭新四军驻浙江办事处。

八路军驻洛阳办事处。八路军驻洛阳办事处是1938年10月八路军在国民政府军第一战区司令长官部所在地洛阳设立的一个公开办事机构，全称“国民革命军第十八集团军驻洛阳办事处”，简称洛阳办事处。1938年7月，中共中央决定在洛阳设立八路军办事处。9月初，八路军原参谋处长、中共河南省委军事部部长彭雪枫赴洛阳会晤军第一战区司令长官程潜，在商谈到豫东发动群众开展抗日游击战争的同时，商谈了在洛阳建立八路军办事处的有关事宜。下旬，中共中央派军委统战部干部刘向三到洛阳负责建立办事处工作。毛泽东亲自向刘向三交代洛阳办事处的主要任务：一是做好日军入侵豫西后开展武装斗争的准备工作；二是开展统一战线活动，推动国民政府军抗日；三是为当地中共组织开展工作提供方便。刘少奇对建立洛阳办事处应注意的问题，也向刘向三作了重要指示。10月初，刘向三率50余人由延安出发，奔赴洛阳。10月下旬，刘向三向第一战区司令长官程潜正式递交了八路军总司令朱德、副总司令彭德怀签署的在洛阳设立办事处的公文及陕甘宁边区政府主席林伯渠致程潜的信，与程交涉建立办事处事宜。但程潜起初顾虑八路军在洛阳设立办事处对其不利，以八路军不属第一战区序列为由，婉言拒绝。经刘再三交涉，程潜始同意留少量人员在洛阳设立通讯处。

1938年10月下旬，国民革命军第18集团军驻洛阳通讯处在洛阳南关贴廓巷56号正式挂牌办公。通讯处有十余人，刘向三任处长。其余30多人由忽兆麟、许世奎率领到洛阳以西近百公里的渑池县城待命。他们到渑池县城后，看到这里既有陇海铁路通往西安、洛阳，又有黄河渡口可达太行山区，是设立兵站连接八路军前方总部与各方交通的理想地点，遂由刘向三请示八路军前总同意，按友军先例与国民党渑池县政府交涉，在县城东关建立了“第18分监部第三办事处”①（通称渑池兵站）。1939年2月，国民党当局借口渑池兵站搞“非法”活动下令撤销。3月兵站人员陆续撤回洛阳办事处，后转赴华中新四军工作。1939年1月，卫立煌接任第一战区司令长官后，经刘向三当面与卫立煌交涉，卫立煌同意将洛阳通讯处改为国民革命军第18集团军驻洛阳办事处。3月，刘向三奉命回延安汇报工作，并留延安马列学院学习。4月，中共豫西省委书记刘子久兼管洛阳办事处工作。

八路军驻桂林办事处。1938年八九月间，中共中央长江局负责人周恩来、董必武、叶剑英等分析当时的形势，估计不久武汉可能失守，决定在重庆、桂林建立八路军办事处，并派武汉八路军办事处副官刘恕偕党外友好人士熊子民到桂林进行筹备工作。刘恕等到桂林后，即租用桂北路138号黄

---

① 中国人民解放军历史资料丛书编审委员会编：《八路军新四军驻各地办事机构》(3)，解放军出版社1999年版，第378页。

旷达的万祥糟坊一幢楼房作为办事处的办公用房，在城北距市区七公里处的灵川县路莫村和金家村，租用几间农民房屋设立机要电台、仓库，接待过往人员和转运物资的驻地。1938年10月25日，周恩来率邱南章等撤离武汉的途中，和郭沫若以及陈诚、白崇禧同行。周恩来对白崇禧谈论了国共合作和抗日战争的战略战术问题。当谈到中共要在桂林设立八路军办事处，请白崇禧支持时，白当即表示同意。双方就此达成口头协议。11月中旬，李克农率钱瑛、夏之栩、王炳南、吴志坚、龙飞虎、刘九洲等抵达桂林。此前，白崇禧已派秘书谢和赓先期从南岳返回桂林，向广西省主席黄旭初转达他与周恩来商定的口头协议，使黄放下心来，对李克农以礼相待。口头协议的内容是：桂系同意中共在桂林设办事处；中共表示“不挖桂系墙脚”，即不在广西发展共产党，也不在桂系军队中发展共产党。谢和赓还特别强调了白崇禧的意见：广西当局要保证八路军办事处的安全。李克农在桂系民主派人士陈此生陪同下，主动到王城八桂厅拜会省主席黄旭初。宾主落座后，李克农落落大方地寒暄道：“久闻主席大名，今日亲见不胜荣幸。本办借贵方一块宝地，想为抗战尽些微薄之力，诚望主席多多关照。”黄旭初回答：“关于贵办之事，德邻（李宗仁）、健生（白崇禧）已有交待，如有难处卑职自当效力。国共合作、共同抗日嘛。”进一步交谈后，黄旭初说：“八路军在桂林设办事处，健生已向我通报了，欢迎你们支持广西团结抗战，卑职一定会在职权范围内向贵军提供方便，并保证你们的安全。”李克农从黄处回来后，在桂北路138号门口，公开挂出了“第十八集团军桂林办事处”的牌子。①

在此之前，中共长江局参谋处友军工作组成员吴奚如已先期来到桂林，以周恩来政治秘书的名义向国民党广西地方当局登记备案设立新四军桂林通讯处，吴奚如任处长。李克农率大批人员到达后，即统称八路军桂林办事处。对外称国民革命军第18集团军驻桂林办事处，又称第18集团军桂林通讯处。吴奚如任主任（1939年初调离，仍保留主任名义），李克农以

---

① 庚晋：《桂林八路军办事处创办始末》，载《海内与海外》2003年第10期，第56—57页。

八路军总部秘书长名义负总责，并领导邵阳、衡阳、韶关等处八路军办事机构。[①]1939年1月16日中共中央南方局致中央书记处电称："南方局设重庆，桂林设办事处，联络湘、赣、粤、桂及香港输运"，因此，对内它是中共中央南方局的一个派出机构。[②]

八路军驻贵阳交通站。1938年12月上旬，中共中央南方局书记周恩来、常委叶剑英在八路军桂林办事处研究决定在贵阳设立一个公开的办事机构，并定名为八路军贵阳交通站，由原八路军武汉办事处副官长袁超俊负责筹建。当时，贵州已成为至关重要的抗战大后方，许多工厂、企业、学校、军事院校纷纷迁到贵州，贵阳成为国民政府战时首都重庆的南大门。川黔、湘黔、滇黔、黔桂四条公路干线与邻省相通，是中共连接华南、华东、西南与延安的重要枢纽，也是内地通往境外（滇缅公路、滇越公路）的咽喉要地，大量的国际援华物资和人员都要经过贵阳进行转运。袁超俊接受建站任务后，于12月下旬与副官陈远绍、李泽纯等到贵阳，调查了贵阳的政治形势，分析了在贵阳建立交通站国民党贵州当局是否会进行阻挠的可行性。他们还到贵阳达德学校找到王若飞的舅舅、教育家黄齐生先生和校长曾俊侯，要求暂借使用部分校舍作为办公地点并获得许可。1938年底，袁超俊等人返回桂林向八路军桂林办事处主任李克农汇报了在贵阳调查的情况。

1939年1月1日，袁超俊率领陈远绍、李泽纯等十余人前往贵阳。3日，到达贵阳后，他们立即开始工作，"国民革命军第十八集团军贵阳交通站"（以下简称八路军贵阳交通站）正式建立，由袁超俊任主任（后改称站长）。为了取得合法地位，还备函向滇黔绥靖副主任公署进行了备案。八路军贵阳交通站建立后，主要开展了四个方面的工作。一是转运军需物资。二是接待、转送来往人员。先后接待的重要领导干部有张云逸、张鼎丞、

① 中国人民解放军历史资料丛书编审委员会编：《八路军新四军驻各地办事机构》（4），解放军出版社1999年版，第267页。

② 中共桂林市委员会党史办公室：《中共桂林市党史资料专题研究集（新民主主义革命时期）》，广西教育出版社1991年版，第33页。

叶挺、袁国平、饶漱石、叶剑英、李克农、李涛、夏之栩、徐特立、李达等。三是安置和照顾疏散到贵阳的领导同志及家属。四是完成上级党组织交办的秘密任务。为了充分利用八路军贵阳交通站这一公开机构的有利条件，保证地下党组织的安全，南方局把在贵阳活动的部分党组织及党员的组织关系，交由交通站站长袁超俊直接领导，不同贵州省工委发生横的关系。贵阳交通站还积极协助营救被捕的地下党员。①

八路军驻重庆办事处。早在1938年2月，八路军就在重庆机房街70号设立了通讯处，周怡任处长。武汉失守后，八路军驻重庆办事处于1939年1月正式成立，并报国民政府军事委员会备案，原通讯处即行撤销。②办事处由钱之光以少将军衔担任处长；周怡负责中共南方局的情报科工作，对外称办事处副处长。代表中共中央领导南方国民党区和沦陷区党的工作的中共中央南方局设在重庆办事处内。八路军驻重庆办事处同时兼新四军驻重庆办事处，在同国民政府军事委员会联系时，依情况分别使用八路军或新四军的名义。重庆办事处的处长钱之光在《回忆第十八集团军重庆办事处的战斗岁月》一文中说，重庆办事处“直接由中共中央南方局领导，是南方局机关的组成部分”。“办事处一方面直接同国民党当局打交道，办交涉，处理关于八路军和新四军的各项事务；另一方面也办理南方局交办的一切工作。”③

八路军、新四军驻重庆办事处对南方各地的八路军、新四军办事处、交通站、通讯处，不起领导作用，但因它地处重庆，又在南方局直接领导下工作，因此它所承担的任务比其他各办事机关更多更重，主要的有三大类：一是出面与国民政府军事委员会打交道，交涉和办理有关八路军、新四军的作战行动、军火、军饷供给等事项；二是承担中共中央军委、八路军总部、新四军军部与南方国民党控制区及海外联络往来枢纽的任务；三是

---

① 李朝贵：《八路军贵阳交通站》，载《红岩春秋》2009年第2期。

② 《钱之光传》编写组编著：《钱之光传》，中共党史出版社2011年版，第170页。

③ 转引自胡传章：《简述抗日民族统一战线中的八路军办事处》，载《江苏社会科学》1995年第6期。

掩护南方局并承办它所交办的工作。①

在同国民党最高军事当局联系交涉和办理合作抗战的有关事宜方面，重庆办事处发挥着重要的纽带作用。全国抗战初期，国共双方商定，由国民政府军委会每月发给八路军军饷60余万元（法币）和部分军需物资。重庆办事处每月到军委会有关部门领取军饷，按中共中央的规定分寄总部或有关单位。同时，经常将八路军前线急需的枪械、弹药、医药、通信器材等的补充要求报告国民政府军委会，尔后将领到的弹药、器材转发前方部队。1939年夏，国民政府军委会军需署拨给八路军十吨弹药。重庆办事处接到通知后，立即派吴宗汉、何崧山等会同八路军驻贵阳交通站的陈炼秋、李泽纯等，赶赴贵州黄平县军火库领出，经重庆运至延安。其后，国民政府将八路军、新四军的军饷、军需物资直拨到所属战区领取。后因国民党有关当局制造各种借口，减发或扣发八路军、新四军的军饷、物资。重庆办事处就经常到国民政府军委会去交涉。1939年10月，国民政府军委会停发八路军军饷。办事处负责人与国民政府军委会多次交涉，据理力争，国民政府军委会于1940年春补发了所欠军饷。1940年11月，国民政府军委会又一次停发八路军、新四军的军饷和军需物资，重庆办事处遵照周恩来、南方局的指示，坚持向国民政府索要军饷、军需物资，直到抗战胜利。

重庆办事处建立以后，由延安到重庆或经重庆到延安及抗日根据地的人员很多。当时国民政府军事当局规定，凡在重庆办事处停留的八路军、新四军人员必须申报登记；凡从重庆往延安或去前方的人员、物资，需持有国民政府军委会办公厅的通行护照。这些人员滞渝期间的居住手续、途中通行护照等均由重庆办事处派人去国民政府军委会办理。对一些由重庆去延安或抗日根据地的重要人员，重庆办事处负责护送他们安全到达目的地。这项工作手续繁杂，工作量很大。办事处先后护送过周恩来、董必武、

① 王明湘、刘立群、王泓编著：《中共中央南方局和八路军驻重庆办事处》，重庆出版社1995年版，第12页。

林伯渠、吴玉章、邓颖超、彭德怀、林彪、张云逸、叶挺等中央及其军队领导人去延安或抗日前线。也接送过南方局所属省委、特委和其他八路军办事处的负责人，如徐特立、廖承志、方方、张文彬、李克农、廖志高、郑伯克等。印度援华医务人员巴苏华、柯棣华等赴延安，也是由办事处接送的。还护送过越南革命领袖胡志明（化名胡光）到桂林办事处。

国共两党为了继续协同对日作战，需要就战局发展、作战计划、兵力配合、战斗情况以及掌握敌伪军情等不断进行联系、通报。因此，两党两军来往文电频繁。八路军、新四军的一般战斗情况，包括作战时间、地点、参战部队、作战经过、战绩、损失以及敌情等，除报告中共中央军委外，有些也经重庆办事处报国民政府军委会。其程序是：办事处收到八路军、新四军发来的战报后，交南方局军事组改用一般公文呈式拟稿，再由办事处分别送出。经常性的战报送国民政府军委会的何应钦、白崇禧、徐永昌等，重要战报则需分送蒋介石等要人。有些战报还要送其他有关党报负责人、盟国驻华使馆、新闻机关。

重庆办事处还负责向中共中央军委和国民政府军委会转呈国共双方的重要作战计划和协同作战的意见。对八路军、新四军历次重大军事行动，如八路军向山东、冀鲁豫、冀南、华中等地区进军的行动，1940年八路军百团大战战况等，都按规定向国民政府军委会报告。有时，国民政府军委会为便于作战，也将有关作战计划、行动，向八路军、新四军通报。这类文电多是通过重庆办事处转达的。

重庆办事处还按照国民政府军委会的要求，及时将八路军、新四军掌握的日军、伪军的番号、部署等情报向国民政府军委会通报。一般情况是每月综合报告一次，重要情况随时报告。国民政府军委会也把《敌伪广播》（日刊）和《敌情通报》（周刊）等材料发给重庆办事处。重庆办事处收到材料后，除及时送给中共中央代表、八路军代表和南方局军事组外，还要参与对材料的研究、整理，最后由电台转报中共中央军委、八路军前方总部、新四军军部及中共领导下的其他抗日部队。

皖南事变后，根据中共中央指示，重庆办事处停止了对国民党军政当局一切文电和战报的呈报，联络交涉工作也基本停止。到1941年12月底，由于形势稍有缓和，毛泽东、朱德电告周恩来，决定八路军总部继续发战报，并同意重庆办事处与国民政府军委会作必要往来。办事处又恢复了向国民政府军委会转呈战报的工作，但呈报的数量比以前少得多。①

相互派驻高级联络参谋

在国共两党谈判将陕北红军改编为国民革命军第八路军的过程中，国民党即提出国民政府军事委员会军令部要向八路军派遣高级参谋，中共谈判代表朱德、周恩来、叶剑英则表示“只接受联络参谋”。②“高级参谋”与“联络参谋”，有根本性的区别。顾名思义，“高级参谋”是要参与八路军的事务的，而“联络参谋”只不过是“联络”而已。1937年9月1日毛泽东致电周恩来等谈判代表，要求在与国民党方面谈判时，明确表明态度：“拒绝国民党向八路军派遣高级参谋”。③中共谈判代表9月2日向国民党方面表示：“八路军总部及各师高级参谋其任务仅司联络，务请认识清楚，以免发生误会。”④尽管改为“联络参谋”，中共中央实际上也不接受。10月19日，康泽在与博古、叶剑英的谈判中坚持“联络参谋必须到差”。⑤直到12月21日周恩来、王明、博古等同蒋介石会谈时，“联络参谋”仍是一个重要内

---

① 中国人民解放军历史资料丛书编审委员会编：《八路军新四军驻各地办事机构（1）》，第657—659页。

② 《朱、周、叶致中共中央电》（1937年8月13日），转引自重庆市政协文史资料研究委员会等编：《抗战时期国共合作纪实》下卷，重庆出版社1992年版，第865页。

③ 中共中央文献研究室编：《毛泽东年谱（1893—1949）》中卷，第17页。

④ 转引自重庆市政协文史资料研究委员会等编：《抗战时期国共合作纪实》下卷，第866页。

⑤ 转引自重庆市政协文史资料研究委员会等编：《抗战时期国共合作纪实》下卷，第869页。

容。但此时，两党达成成立国共两党关系委员会协议，中共也作了让步，同意军令部派出联络参谋。

派驻八路军总部与三个师的第一批四名联络参谋是由康泽提名的乔茂才（字树人）、萧御寰、李德、李克庭。康泽给他们规定的任务是："一、传达中央德意，使他们知所感奋；二、随时明了该军的行动，俾于发生异动时，能事前报告中央，设法制止；三、倘发生异动，而情况不明，未及时报告中央，是为渎职。"①

乔茂才等四人于1938年2月到职。乔茂才，字树人，四川北川县璇坪场人。1924年考入黄埔军校第三期，其间参加中国共产党。毕业后曾在该校政治部工作，在广州农民运动讲习所学习并参加北伐战争。蒋介石发起"清党"后，退出国民党，保留共产党党籍，后受组织派遣回四川从事军运，又参与刘伯承领导的泸顺起义。起义失败后，退出共产党，后重新加入国民党，去涪陵任游坪分县县佐，参加复兴社，考入国民党陆军大学。毕业后留国民政府军事委员会军令部任职。国共第二次合作实现后，1938年2月至6月被派驻八路军总部任高级联络参谋。其间，给八路军筹运过子弹。1993年在四川江油发现朱德给乔茂才的手札，其中一件是："树人同志：缴获日军对华北作战密本已译出，请兄校阅一次，以便付印。朱德"。②之后调任军令部补训署第31补训处少将处长、潼蓬师管区少将司令。其后历经磨难，1969年病故江油。

在乔茂才等联络参谋到职前，朱德、彭德怀于2月6日就如何对待联络参谋问题致电八路军各师首长并报毛泽东：为着巩固统一战线，武汉大本营乔茂才等四人到达后，要开大会欢迎，但待遇要适当。要在部队中进行保守秘密教育，一切人员、武器、党的组织等不准随便谈。机要室除特许人员外，不准任何人进入。一切机密文件应有专人保管。密译情报、党的电文

---

① 康泽：《我在国共第二次合作谈判中的一段经历》，载中国人民政治协商会议全国委员会文史资料研究委员会编：《文史资料选辑》第71辑，第22—23页。

② 中国人民政治协商会议北川县委员会文史资料委员会：《北川县文史资料选辑·第10辑人物资料专辑》，1994年版，第6页。

和一切机密之来往电文，统不能公开。一切来往译出后，要抄出传看，不准就原码传看。联络参谋不应完全驻到副官处，对联络参谋要表示诚恳，但不得泄漏机密。

中共方面认为，“联络参谋的正当任务应该是：加强国民党军事委员会与我军的联系，了解我军民在前方艰苦奋斗、英勇抗击敌人的实际情况和战斗经验，并随时将之上报军令部，同时，如实地反映我军的实际消耗和困难，使我军能得到应有的物资补充，如果他们能做到以上几点，则他们的工作就有利于国共长期合作、有利于消除可能发生的隔阂，增强团结战斗的力量。”①

其后几年中，先后调换到八路军任联络参谋的有陈宏谟、李克定、郭亚生、周励武、罗伯伦、郭仲容和徐佛观（后改名徐复观）等。这些联络参谋各有不同的经历，对民族、对人民、对两党合作所持态度也不尽相同，因此表现各异。

1938年10月，派驻八路军的联络参谋是陈宏谟、郭亚生、李克定，皆为上校衔。陈宏谟驻八路军第120师，李克定驻第115师，郭亚生驻第129师。当时，陕甘宁边区政府有一个专门接待访问延安宾客的接待单位——交际处。据延安交际处处长金城回忆：陈宏谟三人到延安后，中共方面表示热情欢迎，让他们住在新开的西北旅社。他们到后向金城出示国民革命军总司令部致八路军总部的证明文件，要求面交八路军参谋长滕代远（那时朱总司令在前方），并请示何时能让他们去前方到任。还要求在去前方之前，能晋见毛主席。陈宏谟对金城说明：“毛先生是贵党的领导人，也是我们（指郭李）所共同尊敬、久慕的人物，想请教他对团结抗日的意见。”

滕代远接见了陈宏谟等三人，表示欢迎，并设宴招待，告诉他们当尽快安排他们去前方。毛泽东也满足了他们的要求，亲予接见。见面时除对他们表示欢迎外，还向他们说明中共自“九一八”以来所奉行的联合全国各方军队，枪口一致向外，共同抗日，为争取在全国彻底实现孙中山先生的三

---

① 金城：《延安交际处回忆录》，中国青年出版社1986年版，第50页。

民主义而奋斗的主张。毛泽东说：现在国共两党已经合作，抗战形势在全国蓬勃发展，但是要取得抗战完全胜利，我国必须付出最大的民族牺牲，付出非常重大的代价，必须坚定采取持久战争的战略方针；只要国民党和全国人民能够在蒋委员长领导之下，把已经发动起来的抗日战争发展为全面全民族的抗战，依靠最广泛的人民群众，就能取得抗日战争的最后胜利。毛泽东着重指出，"亡国论"或"速胜论"都是十分危险的、有害的。毛泽东说：我们八路军除极少数留守后方维护河防和治安外，三个师都在前方，而且大部分都在敌后。在前方尤其在敌后，生活比大后方艰苦得多，想诸位来时对此已有精神准备。毛泽东最后勉励他们要为抗日战争、为国共两党两军合作作出贡献。陈宏谟等三人到延安后，交际处还赠送毛泽东的《论持久战》等著作给他们学习。

陈宏谟是四川人，在大革命前曾在叶剑英所部任过连长，后去欧洲留学，回国后在顾祝同处做过事，有较丰富的政治、军事方面的经验。他经常宣传蒋介石的"抗战远见"和军事战略上的"指导正确"等等。他遇事态度明朗，对中共有不同意见能当面提出。在等候贺龙准备一起去前方期间，陈宏谟读到一个名叫《团圆》的剧本。陈宏谟对剧本中揭露一些国民政府军将领的黑暗、可耻不满意，于是很坦率地提出意见，认为这个剧本描写一个国民党的负责人在战争危急时尚与汉奸打牌，"这是过于夸大国民党的弱点"，"自新生活运动开展以来，蒋委员长已禁止党员打牌了"。陈宏谟还批评说，"这剧里面好事都是共产党干的，坏事都是国民党干的；而且表现共产党一贯是对的，而国民党都是一步一步进步的。"因此陈宏谟的结论是：这样的剧本容易引起磨擦。金城等向他解释说，这剧本里反映的是实际情况，对抗战以来国民党的进步有充分的肯定，如剧中人某国民党负责人的表现是不错的，他能顾全大局，并领导剧中所有的人物共同抗战，这就是表现国民党人有进步、有好的地方。当然对他的错误、弱点，也有所批评，这也是必要的。况且一个剧本只能表现出抗战实际生活中的某一环，无法把蒋委员长领导海陆空军作战的全部情况一下了都描写出来，所以在你看来有缺点，这是难免的。

1938年11月间，陈宏谟随贺龙到了华北前线。金城回忆说：“据贺龙同志告我，陈在前方表现不错，与我们合作尚好。”1939年3月，陈宏谟从前线（河北饶阳）返回延安，准备赴重庆汇报工作。他在西北旅社向《新中华报》记者谈自己在前线的观感说：（1）第120师抗战以后便转战华北，在艰苦环境中英勇奋斗。干部、战士对抗战的意义有深刻了解，忠勇地执行命令，保证百分之百地完成上级的任务，不愧为坚持抗战到底的国军，这是全国任何人都不能否认的。（2）第120师最忠实地执行政府和最高统帅的命令，秉承上级的意志，机动、灵活、艰苦地与日军作战。（3）贺师长有30年战斗经验，能采取新旧战术之长，善于指挥、掌握部队，下决心特别快而且坚决。下级干部战斗的勇敢、指挥的灵活，使人敬佩。（4）官兵一体可谓家庭化，首长对士兵真如父兄对子弟，下级对上级是心悦诚服，又敬又亲，可为全国效法。（5）他们对友军互助互让，因而并没有过磨擦。凡是同八路军相处过的国军，都认为能同八路军相处很好。（6）八路军所以如此，首先是共产党领导的正确和教育的深入；同时由于共产党员在部队中的模范作用与干部们丰富的创造力。（7）缺点是无重兵器及防毒面具。

陈宏谟在谈完观感后向记者表示：“我这次赴重庆，一方面是任务已告完成，同时准备请示上级能对八路军的武器配备与困难有所接济、解决，附带要将八路军的优良传统作风贡献给其他军队，这是对整个抗战都有很大益处的。”陈宏谟回重庆后，果然为八路军第120师补充了20挺机关枪，运到前线。

所以，据当年在延安交际处负责接待这批联络参谋的金城回忆：“事实上，在国内形势发生重大变化和国共之间发生重大分歧时，我党中央及军事领导同志确曾通过他们向蒋介石、何应钦、陈诚等表明我们的立场和方针，希望联络参谋在沟通国共两党意见方面起积极的作用。”①

驻八路军总部联络参谋徐复观，原名徐秉常，又名徐佛观，其师熊十力替他改“佛”为复，自此即用徐复观名。徐复观生于1903年，湖北浠水县团

---

① 金城：《延安交际处回忆录》，第50—53页。

陂人，湖北省第一师范学校毕业。1928年，他得到鄂省政当局资助，东渡日本留学，一面学习日文，一面涉猎政治、经济、哲学各科名著。不久考入陆军士官学校，专攻军事。九一八事变后，他秘密从事抗日活动，被宪兵逮捕，退学归国，即历戎行。全面抗战初期，在黄绍竑部任参谋，转战太行山。在娘子关战役中，配合八路军重创日军。范长江在《西线风云》一书中记述徐接受记者采访并即席赋诗二首之事。①1941年间徐任湖北省荆宜师管区司令，不久提出退休。1943年被军令部派驻延安联络参谋，5个月后返重庆。徐复观在任联络参谋期间，每次回重庆述职时，皆有重要内容向蒋介石报告，包括延安共产党的整风运动情况和陕北党、政、军各方面的情况等，并提出自己的意见，受到了蒋介石的赞许。蒋介石因此将徐复观调入侍从室第六组，专门负责整理和研究有关共产党问题的材料。1944年，往重庆北碚金刚碑勉仁书院拜谒著名哲学家熊十力，遂为熊之门生。②

1939年，国民政府军事委员会军令部向新四军派出第一批联络参谋。当时被选定派驻新四军的联络参谋共五人，分别为驻军部少将联络参谋卢碧湖、驻第1支队上校联络参谋许建华、驻第2支队上校联络参谋杨凤举、驻第3支队中校联络参谋孟繁伦、驻第4支队中校联络参谋倪志操。他们各有一名尉级的副官和一名传令兵随行。他们于5月从重庆出发，到第三战区司令长官部所在地江西上饶已是9月。10月中旬才到安徽泾县云岭的新四军军部。派驻各支队的联络参谋则在10月底到职。

在他们到达上饶的第二天，新四军军长叶挺正好到第三战区司令长官部公干，立即接见他们，详细介绍了新四军的改编组成经过和挺进敌后情况。倪志操从军部去江北的第4支队，由新四军参谋处作战科长李志高带领警卫分队护送到长江边，又由江北指挥部派部队到北岸迎接。为接待好联络参谋，新四军还向八路军参谋长左权请教。左权向新四军副参谋长周昆介绍了八路军的接待办法："（一）在未到前，在部队中特别在直属队

① 范长江编著：《西线风云》，群言出版社2009年版，第164—165页。

② 中国人民政治协商会议浠水县委员会文史资料研究委员会：《浠水文史资料》第1辑，1987年版，第145—147页。

中进行保守秘密的动员，指定可靠的同志与之接待，其他人员不许来往。（二）到时予以欢迎。（三）一般情报电文经整理后另抄送，阅后并即将拿回。（四）部队困难问题，特别要求补充物资事项，多向其提出，促其打电报。（五）一般公开文件、书报多予读阅。（六）住地应离开一科、机要科与首长室。（七）公开会议吸收参加，首长人员及指定的参谋秘书等应经常与之接近谈话。（八）注意秘密文件之保存，严防偷窃。（九）严防特务工作，不能用自己电码代其发电。（十）他们的饮食可以听其自便。”①根据八路军的经验，联络参谋们在新四军期间，各级指挥员和参谋人员经常和他们交谈，回答他们的问题，听取他们的意见。作战部门每天提供敌我态势和战斗情况，供他们编写发往重庆和上饶的《战斗旬报》，如何编写则不予干涉。他们可以到任何一个营连去考察，可以与驻地各界人士结交。遇有磨擦事件，还请他们去实地调查，参与处理。②

及时地将新四军的情况报告给重庆当局是联络参谋的重要任务。下面是驻新四军军部的联络参谋孟繁纶编制呈报的1939年新四军江南部队游击战情况统计表，从中可以看出新四军真实而艰苦的战斗情况，也可以看出不少联络参谋对工作的认真态度。

孟繁纶编制呈报的新四军江南部队1939年游击战绩统计表如下：

“一、次数。战斗：一支队124，二支队166，三支队192，总计482次。

破坏：一支队19，二支队14，三支队20，总计53次。

二、缴获。步枪：一支队433，二支队136，三支队97，总计666支。驳壳：一支队14，二支队11，三支队1，总计26。轻机枪：一支队9，二支队4，三支队1，总计14挺。掷弹筒：一支队4，二支队1，总计5个。炸弹：二支队8，总计8个。步弹：一支队405，二支队500，三支队200，总计1105发。重机枪：一支队6，总计6挺。手枪：一支队12，总计12支。烟幕弹：一支队2，总计2个。毒弹：一支队2，总计2个。钢盔：一支队2，总计2顶。军用品：一支队5，二支队

---

① 军事科学院《左权军事文选》编辑组编：《左权军事文选》，军事科学出版社2005年版，第336页。

② 史嘉：《国民党派驻新四军“联络参谋”真相》，载《民国春秋》1988年第4期。

7，三支队4，总计16部。皮包：一支队1个，总计1个。日伪旗：一支队7，二支队3，总计10面。大刀：一支队7，二支队1，总计8把。小型无线电机：二支队1，总计1架。电线：一支队1084斤，二支队158斤51里，三支队1142斤13里，营属挺进154斤，总计2538斤64里。表：一支队2，总计2个。伪钞：二支队20，总计20元。脚踏车：三支队1，总计1辆。望远镜：三支队15，总计15件。工作器具：三支队15，总计15件。马匹：三支队5，总计5匹。

三、爆破。火车：二支队1，三支队1，营属挺进1，总计3列。汽车：一支队14，二支队2，营属挺进2，总计18辆。汽船：一支队1，二支队1，总计2艘。公路：一支队102里，二支队44里62段，三支队100里，营属挺进12里，总计62段又258里。铁道：一支队8里12段，三支队14里，营属挺进4里，总计12段又26里。桥梁：一支队10，二支队18，三支队3，营属挺进1，总计32座。电线：一支队264里，二支队145里又1段，三支队23斤又137里，总计28斤又546里。电杆：二支队62里，三支队103根，总计103根又62里。轻机枪：三支队8，总计8挺。马匹：三支队8，总计8匹。煤矿：二支队1，总计1个。

四、俘虏。日军士兵：二支队9，三支队3，总计12名。伪军军官：一支队5，二支队4，三支队1，总计10员。伪军士兵：二支队7，三支队14，总计21名。

五、敌方伤亡。伤军官：一支队4，三支队9，总计13员。伤士兵：一支队1745，二支队996，三支队1659，营属挺进140，总计4540名。亡军官：一支队3，二支队5，三支队35，营属挺进1，总计44员。亡士兵：一支队1048，二支队716，三支队814，营属挺进99，总计2677名。

六、我方伤亡。伤军官：二支队3，三支队13，总计16员。伤士兵：一支队576，二支队421，三支队473，营属挺进13，总计1483名。亡军官：一支队49，二支队4，三支队4，总计57员。亡士兵：一支队370，二支队413，三支队379，营属挺进9，总计1171名。

七、附记。本军系担任游击任务，其部队屡多深入敌后。有时因敌情紧张，为便于袭扰敌人，履行任务，甚至一营一连在游击区内均须分散行动，因此与后方通讯联络不如其他部队便捷。同时物质艰苦，交通工具缺乏，联络线往往无形中断。基于此种困难，故历次战斗仅凭电报扼要转达，内容诸多简略，多种数字亦止于概数而已。至月终统计报告皆赖徒步送达，每递送一次则须通过数道封锁线，辗转需月余。因之每月战斗统计仅能依据电报汇成，而此表则系根据各部队按月详报，统计数字与战况均确实，故与以往月报略有出入。特附说明。”①

可见，联络参谋对新四军英勇抗日的战绩能够比较客观地加以反映。后因皖南事变发生，驻新四军的联络参谋也就结束使命。

八路军、新四军也向国民政府军派驻高级联络参谋，如朱瑞、边章伍曾派作为八路军驻第一战区的高级联络参谋，解方（解沛然）是驻第五战区司令部的于学忠第51军的高级联络参谋，肖正岗是新四军派驻重庆的联络参谋。

国民政府对八路军的军需供给

西安事变和平解决后，中共中央要求蒋介石兑现停止“剿共”的承诺，由南京政府指定防地并发给经费，以便红军很好地准备抗日。②

西安事变前，红军主力一直驻在陕北。西安事变发生后，由于张、杨的请求，红军不仅进驻延安，而且一直挺进到西安附近的高平、三原等关中地区；陕南红军徐海东部则前进到雒南、商县、蓝田。关中和陕南地区，不但政治、军事地位重要，交通方便，而且是陕西最富裕地区。陕南对红军的扩军，出动到抗日前线，解决钱粮给养，都有重大意义。毛泽东致电潘汉年要求南京方面“同意红军一部驻陕南……红军主力则驻庆阳、合水、

① 中国人民解放军历史资料丛书编审委员会编：《新四军·参考资料（2）》，第175—177页。

② 转引自张友坤、钱进、李学群编著：《张学良年谱》，社会科学文献出版社2009年版，第966页。

正宁、宁县、西峰、旬邑、淳化、中部、洛川、富县、甘泉、肤施、清涧、宜川、瓦窑堡、安边、豫旺等县镇。”①随后，毛泽东又进一步提出：防地请再增金积、灵武、中宁、豫旺、安进、宁条梁、瓦窑堡、清涧、宜川等处。②但南京方面坚决反对红军留驻陕南，要求红军退回陕北。中共从大局出发，作出让步，表示放弃驻陕南的要求。第一步，红军由商县撤至醴泉，第二步撤至陇东的正宁、庆阳，但要求在陕北或宁夏增加红军的部分驻地。③另外，1937年2月4日起红军在西安设立联络处，对外称第17路军通讯训练班。④

在红军给养方面，周恩来同宋子文的谈判中对红军的给养已有协议。1937年1月（21日），“西安供给了一个月经费，因此红军停止了打土豪。”⑤“现有红军实数，即照过去一样仅发伙食费，每月也需五十余万元”。⑥中共中央多次指示潘汉年，要力争这方面有所成果。南京方面的意见是：如果红军留在陕南，给养资助无从谈起，若回陕北，在国民党五届三中全会之后，可依照中央军待遇，按人马实数解决。1月25日，毛泽东致电潘汉年：全部红军、地方武装和游击队，每月伙食费至少需100万元。如照国民革命军待遇，发给薪饷再加购买费，每月至少120万元。要求潘按此向南京政府交涉。⑦但是，蒋介石致电顾祝同：“姑且每月支付二三十万军费，由杨虎城间接颁发。”⑧

红军的给养得到改善。一位红军战士1937年4月30日给远在江西的父

---

① 中共中央文献研究室编：《毛泽东年谱（1893—1949）》上卷，人民出版社、中央文献出版社1993年版，第644页。

② 中共中央文献研究室编：《毛泽东年谱（1893—1949）》上卷，第650页。

③ 中央统战部、中央档案馆编：《中共中央抗日民族统一战线文件选编》中，档案出版社1985年版，第373页。

④ 黄修荣：《国共关系70年纪实》，重庆出版社1994年版，第424页。

⑤ 中央统战部、中央档案馆编：《中共中央抗日民族统一战线文件选编》中，第371页。

⑥ 转引自张友坤、钱进、李学群编著：《张学良年谱》，第966页。

⑦ 中共中央文献研究室编：《毛泽东年谱（1893—1949）》上卷，第646页。

⑧ 李勇著：《蒋介石年谱》，中共党史出版社1995年版，第244页。

亲报告说："已到达陕西栒邑县太峪镇驻防，衣食住行是很平安。"①

在红军改编为第八路军开赴前线抗日后，国民政府每月发给八路军的军饷是60万元法币，在西安的国民政府军事委员会后方勤务部江北统监部领取。另外，还发放一些犒劳费、河防工事费，枪支弹药、服装药品，每月面粉1万袋，大米3000包。②此外，各地八路军、新四军办事处与各地方、各战区国民党政府交涉，还可得到部分资助。董必武1937年10月29日在《给中央汇报信》中说："高敬亭部已领得棉衣1500套（有500套是自己做的），现又领到1000套，……傅（秋涛）部伙食从8月18日起在湖北省政府领去11000元。……10月伙食不够，湖南省府也拨给了2000元，现湖北省府又拨补5000元，伙食暂无问题；衣服也领1000套，军毯1000条。何成浚又为高部请准了军帽、军衣裤、绑腿、腰皮带各1000。"③又如，1938年4月经第二战区长官卫立煌批准，八路军兵站在西安领取了步枪子弹100万发、手榴弹25万枚、牛肉罐头180箱和三个师的夏服。④在华东粟裕部同顾祝同、刘建绪协商后，在新四军开赴皖南前线时发给500支枪、10万发子弹和1000套军服，并拨一笔钱款作为新四军开赴敌后开拓根据地的经费。1938年10月武汉沦陷前夕，朱德从前线飞抵汉口，参加蒋介石主持的军事会议，与周恩来一道晤见蒋介石，就八路军、新四军的军需供应、人员扩编等问题进一步协商。要求从10月起对八路军等共产党领导的部队，每月发给经费100万元，步枪子弹600万发和三个军半年的医药品、通讯器材等军用物资。后虽未完全兑现，但仍发给了一部分。⑤

1938年10月22日，八路军总司令朱德在周恩来的陪同下前往武汉，向

---

① 《国共合作一致抗日》（1937年4月30日），载中国人民抗日战争纪念馆、抢救民间家书项目组委会编：《抗战家书》，中国画报出版社2007年版，第22页。

② 星光、张杨主编：《抗日战争时期陕甘宁边区财政经济史稿》，西北大学出版社1988年版，第40页。

③ 中共湖北省委党史资料征集编研委员会、中共武汉市委党史资料征集编研委员会编：《抗战初期中共中央长江局》，湖北人民出版社1991年版，第101页。

④ 参见赵荣声：《回忆卫立煌先生》，文史资料出版社1985年版，第89—91页。

⑤ 王功安、毛磊主编：《国共两党关系通史》，武汉大学出版社1991年版，第634页。

蒋介石报告八路军一年多来的战线、抗日根据地发展的情形，并要求蒋介石按八路军的实际人数解决编制、核发经费。次日，朱德将这些问题梳理向蒋介石如次："一、八路军现有正规部队，除原有之3个师外，并组成有11个支队，每支队辖3个团，计全体人数已达12万。前曾蒙军政部核定，许以改师为军，请准以每军3个师，师各3个团，组成正规部队，便于长期作战。二、八路军总部现有山炮18门，已组成炮兵团，计9个连，有5个连在山西作战，4个连在洛川训练。请准予成立总部直辖炮兵团，并请发重炮若干门，以便训练与参加攻城战斗。三、现在晋冀察边区司令为115师副师长聂荣臻兼任，并受二战区委任。冀热辽方面游击战争已形成发展，武装部队达三万人，拟派120师副师长肖克前往指挥。津浦沿线作战部队现由129师副师长徐向前统率，其发展已达山东半岛。以上三方均请予以名义正式加委。四、陕北河防，现由八路军留守部队8个团计两万余人担任，防区有千余里之长，统由八路军留守主任肖劲光指挥，并受第二战区节制，请正式加委该员为河防司令或警备司令，以专责成。五、八路军现在所担作战及发展游击战争任务异常重大，区域异常辽阔，加以币价跌、物价贵、运输线长，过去核发之经费，每月经常费只50万元，米津10万元，河防米津14000元，实万分不够。现拟请按照核准之编制予以增加，在未核定前请先增加每月经常费至100万元。游击经费及河防费目前需要万急，请另行批发。六、八路军远留敌后作战，弹药资材最感缺乏。现平汉路断，交通运输更感困难，请准予一次发给步枪子弹600万万发，半年用的三个军卫生、通讯及炸药材料，以便坚留敌后持久抗战。"①

中共领导的八路军、新四军的经费等军需问题的解决，国民政府的供给仅仅其一部分。因为随着八路军、新四军的发展，国民政府所供给的部分是远远不够的，所以早在1937年11上旬，中共中央就已提出了"不靠国民党发饷，而自己筹集供给之"②的解决措施。

---

① 中国人民解放军历史资料丛书编审委员会编：《八路军·文献》，第245—246页。

② 中国人民解放军历史资料丛书编审委员会编：《八路军·文献》，第97页。

透过中国第二历史档案馆编辑发表的《军政部军需署编制之历年拨发第十八集团军及新编第四军经费服装数量表》①，可见1937年至1941年国民政府发给八路军、新四军的经费和其他部分军需物资情况。

民国二十六年至三十年发给18集团军及新编第四军经费统计表

年度	金额		合计	备考
	第18集团军	新编第四军		
二十六年	7972423150	773301100	8745724150	
二十七年	2845300100		2845300100	
二十八年	8051000100		8051000100	
二十九年	6478000100	945576151	7423576151	
三十年	269904100		269904100	
总计	25616627150	1718877151	27335505101	
附注：二十七年度数因会计年度改历年制实际仅半年年度。				

民国二十六年至民国三十年历年发给18集团军服装数量表

年度	二十六年	二十七年	二十八年	二十九年	三十年	合计
草黄单军衣裤（套）	60000	90000	90000（内11000套代金）	90000代金	45000	375000
草黄军帽（顶）	45000	45000	45000	45000代金	45000	225000
草黄绑腿（双）	45000	45000	45000	45000代金	90000	270000
草黄衬衣裤（套）	45000	45000	45000（内34000套代金）	45000代金	90000	270000
灰棉军衣裤（套）	44000	25000	22500代金	18000代金		109500

① 中国第二历史档案馆编：《军政部军需署编制之历年拨发第十八集团军及新编第四军经费服装数量表》，载《民国档案》2002年第2期。

续表

年度	二十六年	二十七年	二十八年	二十九年	三十年	合计
灰布军帽（顶）	42000	15000	45000代金	45000代金		147000
灰布绑腿（双）	42000	15000	45000代金	45000代金		147000
白衬衣裤（套）	45000	45000	45000代金	45000代金		180000
棉大衣（件）	21000	15000	22500代金	13500代金		72000
棉背心（件）	13500	26500	22500代金	13500代金		76000
军毯（床）	62000（内35000床代金）		13500	13500		89000
干粮袋（个）	30000		20000	35000代金		85000
炒米袋（条）			20000			20000
水壶（个）	30000			30000代金		60000
皮衣（件）	30000代金		2000			32000
皮帽（顶）	30000代金					30000
军鞋（双）	30000代金					30000

说明：(1)二十七年棉背心内有三千件系捐献杂色背心换发。(2)二十九年冬服先发代金160200元，尾欠数未发。(3)三十年夏服已配一部拨发，随后电知停发。(4)二十六年军毯军鞋代金共294090元，皮衣皮帽代金共285000元。(5)二十八年单服衬衣代金共67047元，冬服代金共487305元。(6)二十九年夏服代金共762772.5元，干粮袋代金123350元，水壶代金63600元。(7)二十八年额外加发棉衣裤大衣费15万元。

陕北出产不丰，尤其是缺少食粮，国民政府从外地调运粮食予以补充。1937年5月受陕西省政府和财政厅之命前往陕北考察的续约斋观察到：在耀县南门外西安通往耀县铁道的尽头处，“在铁道的两旁，堆着许许多多的麻袋，里面装的多是大米，堆起来如同小山一样。一位荷枪实弹的红军在这里监守着。这全是运给红军的军粮，由火车从南方运到西安，再由这条轻便铁道运至陕北。当我们出了三原在汽车上遥遥望见，沿途三三两两的工人推着这些载粮的车斗，铁道轨往北行进。运抵这里以后，再由汽车转动延安，供给红军食用。这条轻便铁道现在几乎是红军的交通线了。”“早晨7时，我们就乘着红军的汽车离开耀县了。偕行一共5辆汽车，全是顾祝同主任拨给红军运粮用的。”在延安的生活情况，续约斋在日记中记述说：“‘你们现在的生活情形怎么样？’这是我见了第一个红军同志的第一句问话。他们异口同声地答道：‘现在改善了。’不错，他们的生活的确改善多了。一个某部的供给部长告我说，他们每个战士以前所领的是：每天1斤小米，4分菜钱，每月4毛钱的鞋袜费。而现在是：每天1斤4两大米，5分菜钱，和每月1元钱的津贴。这个数目是自上而下一样的，但在中央部门工作的人员，还要更少些，每人只能领3分钱的菜钱。”①

时任国民政府交通兵团汽车第8连连长的曹艺回忆说：“西安事变之后，第二次国共合作，蒋介石同意定期运送一些物资给边区政府和红军，以补偿、缓和边区经济的困顿。这些物资主要是被服、粮食、生活用品，还运去过以50万元为一批的‘法币’，但没有运过枪枝弹药。有时也带人去陕北，是由红军联络处批准的。不管运的是什么，总其名曰‘协粮运输’，是国民党协助共产党运送粮秣的意思。此项运输任务，由南京军方驻西安的兵站，指派国民党交通兵团的汽车连队承运。驻西安兵站总监部根据军委会的指示，命令交通兵团汽车第3营第8连到红军联络处报到，接受‘协粮运输’任务。”②

---

① 续约斋：《延安纪事》，载中国人民政治协商会议全国委员会文史资料研究委员会编：《革命史资料》（6），文史资料出版社1982年版，第188、189、210页。

② 中国共产党解放军历史资料丛书编审委员会：《八路军·参考资料（1）》，解放军出版社1992年版，第751页。

周恩来出任国民政府军事委员会政治部副部长

1938年初，国民党中央决定进一步调整党政机构：（一）行政院院长蒋介石辞职，专任军事委员会委员长，孔祥熙继任行政院院长，张群任副院长；（二）海军部归并海军司令部；交通、铁道两部合并为交通部，实业部改经济部。（三）特任陈立夫、张嘉璈、翁文灏分任教育、交通、经济三部部长。1938年1月3日，国民政府公布《修正军事委员会组织大纲》，规定：国民政府为战时统辖全国军民作战便利起见，特设军事委员会，直隶国民政府，设委员长一人，委员七至九人，由中央政治委员会选定，国民政府特任之。委员长蒋介石统率全国陆海空军，并指挥全民，负国防之责。1月10日，国防最高会议常务会议通过，特任何应钦兼军委会参谋总长，白崇禧兼副参谋总长；军委会机构精减为军政、军令、军训、政治、后方勤务五个部，分别以何应钦、徐永昌、白崇禧、陈诚、俞飞鹏任各部长。

随即，蒋介石即通过陈诚邀请周恩来出任政治部副部长。此后，陈诚多次登门请周恩来出任。1月11日，中共中央代表团致电中央书记处："国民政府军委会改组，蒋以陈诚任政治部长，要周恩来任副部长，周曾再三推辞。请中央考虑具体意见。"①

同时，行政院院长孔祥熙也表示要请周恩来到行政院任职，并由行政院副院长张群出面相邀。周恩来也是婉言推辞。

1月21日，中共代表团电告中共中央："蒋、陈提及政治部副部长仍要周做"，周再三推辞，说做副部长可能引起两党磨擦，恐不妥。蒋仍要周做，并表示：不要怕磨擦，可以避免磨擦；政治工作方针是加强部队，发动民众；副部长职权可明确规定，能负其责；编制人事还未定，都可商量；康泽可以共事，不致捣乱；新政治部2月1日开始工作。中共代表团又致电中共

① 中共中央文献研究室编：《周恩来年谱（1898—1949）》，第399页。

中央说：我们认为，孔祥熙为主和者，行政院方面应谢绝；政治部属军事范围，为推动政治工作，改造部队，坚持抗战，扩大共产党的影响，可以去担任此职务。如果屡推不干，会使蒋介石、陈诚认为共产党无意相助，使反对合作者的意见得到加强。①经过中共中央同意，周恩来出任国民政府军事委员会政治部副部长。

2月6日，军委会政治部成立，政治部部长由国民政府军第九战区司令长官兼湖北省政府主席陈诚兼任，中共的周恩来和第三党即中华民族解放行动委员会负责人、北伐战争后期曾任国民革命军第四军军长的黄琪翔任副部长，秘书长是国民党人张厉生。政治部下设第一、第二、第三厅。第一厅主管军队的政治工作，厅长贺衷寒；第二厅负责民众运动，厅长康泽；第三厅从事抗日宣传，厅长郭沫若，副厅长范扬、范寿康。

为使新成立的军委会政治部能有效运作，周恩来起草了政治工作纲领。周恩来曾致信离沫若说，须得蒋介石批准这个能“统一思想、言论、行动”的工作纲领后，才能出任副主任职。②周恩来起草的《抗战政治工作纲领》参考苏联红军的政治工作经验，阐述和规定了国民革命军“战时政治工作的地位”和“战时政治工作的任务和内容”：“战争不是开玩笑，抗日战争更不是开玩笑。它是一种严重的战争。因此，在抗日战争中要取得每个战斗的胜利，必须要有战时政治工作为保证。”政治工作就是“使每个战士有高度的政治觉悟（民族觉悟）”，“使每个战士澈底了解民族利益高于一切”。“抗战中一般政治工作的基本任务，是巩固与提高抗日军队的战斗力，以争取抗战胜利。”“政治工作的基本内容，自然是整个社会经济问题及政治问题所演绎出来的。在目前抗战阶段中，应该以革命的三民主义和抗日统一战线做基本内容。”“战时对本军的政治工作”一节中规定：“首先须从政治上使每个战士澈底了解抗日战争中国际国内政治形势，日本帝

① 中共中央文献研究室编：《周恩来传（1898—1949）》下，第486页。

② 《周恩来关于须待政治工作纲领批定后始能就职致郭沫若信》（1938年2月17日），载中共湖北省委党史资料征集编研委员会、中共武汉市委党史资料征集编研委员会编：《抗战初期中共中央长江局》，第168页。

国主义国家之政治经济设施，侵略中国的原因及内部之矛盾，阶级斗争情形，更广扬的宣传中国民族的危机，敌人的凶残，及我们所负挽救中国危亡的重大使命。提高对敌人仇恨的心理。同时，正确的指出我们的弱点，并纠正弱点的具体办法。”“革命军队的指挥统一，意志统一，是战胜敌人的保证。政治工作须使每个战士明瞭服从作战的指挥，迅速执行作战命令，遵守战场纪律，是争取抗战胜利有力的保证。要反对各自为战，不听指挥，不服从作战命令，观望不前，自由退却或自由下火线等坏现象。必要时给以纪律的制裁，但这不是重要的手段，重要的还是政治上启发战士们的自觉程度。”此外还规定了“战时对居民的政治工作”和“战时对敌军的政治工作”方面的工作内容。①

政治部成立后，蒋介石安排刘健群任第三厅副厅长，遭到郭沫若反对，并拒绝出任厅长，远避长沙。周恩来对郭沫若进行耐心的说服工作，又多次同陈诚等谈话，排除了郭沫若就职的困难，郭沫若才同意出任第三厅厅长。1938年2月17日，周恩来致信在长沙的郭沫若，支持郭沫若的原则立场，并要求郭沫动员说服田汉、胡愈之到武汉工作。

2月19日，政治部举行第一次部务会议，周恩来和郭沫若都没有出席。陈诚在会上报告说：在第三厅尚未组织成立以前，所有宣传事宜暂由秘书处代为办理。政治部召开的12次部务会议，周恩来和郭沫若都没有出席。

1938年2月24日，周恩来再次致信郭沫若，告知就职的条件基本成熟，并要求郭沫若“速将宣传纲领起草好，以便依此作第三厅工作方针”。②3月1日，郭沫若回到武汉，向陈诚提出三项条件：一、工作计划由我们提出，在抗战第一的原则下，应该不受限制；二、人事问题应有相对的自由；三、事业费要确定，预算由我们提出。陈诚表示：件件依从。③

① 周恩来：《抗战政治工作纲领》，明明书局1938年版，第14、16、17、20页。

② 《周恩来关于速拟宣传纲领致郭沫若信》（1938年2月24日），载中共湖北省委党史资料征集编研委员会、中共武汉市委党史资料征集编研委员会编：《抗战初期中共中央长江局》，第173页。

③ 参见中共中央文献研究室编：《周恩来传（1898—1949）》下，第497页。

周恩来和郭沫若在3月28日才第一次出席政治部部务会议。郭沫若在会上报告说：第三厅正在加紧筹备，决定4月1日开始办公；关于第三厅主管业务，现正草拟整个方案及计划。

曾在政治部第三厅工作过的陈乃昌回忆说："1938年在武汉时期，周副主席白天在武昌的政治部办公，经常主持部务。晚上才过江回汉口的八路军办事处处理党内工作。"①陈乃昌还记述了1938年5月所参加过的一次周恩来主持军事委员会政治部汇报会的详细情况。"在会议开始前，将军们和周副主席娓娓而谈，真正是一团祥和的氛围，看出这不是'巧言令色'，而是发自内心的对周副主席的尊重。汇报会已经开始，个别的将军迟到了，一进会场，只听他的马靴咔嚓一声响，立正行军礼，十分庄重地向周副部长表示迟到的歉意。各厅将军们的汇报，也是句斟字酌，让周副主席了解他们的工作成绩。周副主席静静地、全神贯注地听着，将军们鸦雀无声。显然是周副主席主持会议的极端认真的态度，促使将军们和所有在场的秘书随员不敢交头接耳，这是无声的教育，表率与模范的教育。……将军们汇报完毕了，周副主席对某厅主管的民众组织提了问题，汇报的少将副厅长支吾其词，面红耳赤，他只好转而询问秘书随员，他们更是瞠目结舌，手足无措。那窘态，凡是到会的都不会忘记，可是周副主席反而启发性地反复指出问题、矛盾、症结和可能解决的途径，说得这位少将副厅长心领神会，豁然开朗，笑了。所有到会的将军们频频点首之余，突然响起一阵鼓掌声。"②

政治部第三厅鼓舞士气的工作

中国抗战时期在文化宣传、鼓舞士气方面发挥了重要影响和作用的国

① 陈乃昌：《追随周恩来的岁月（1938—1945）》，中共中央党校出版社1995年版，第18页。
② 陈乃昌：《追随周恩来的岁月（1938—1945）》，第22页。

民政府军事委员会政治部第三厅，于1938年4月1日在武昌正式成立。厅长郭沫若，副厅长范寿康、范扬，阳翰笙任主任秘书。

第三厅设第五、第六、第七处三个处，每处下面设三个科。第五处处长胡愈之，主管动员工作。所设三个科，第一科科长徐寿轩，负责文字编辑工作；第二科科长张志让，负责民众动员工作；第三科科长尹伯休，负责印刷、发行总务工作。第六处处长田汉，主管艺术宣传。第一科科长洪深，负责戏剧宣传工作；第二科科长郑用之，负责电影工作；第三科科长徐悲鸿，负责美术工作。第七处处长由范寿康兼任，主管对外宣传和对敌宣传。第一科科长杜国庠，负责设计和日文翻译；第二科科长董维健，负责国际宣传；第三科科长冯乃超，负责对日文件起草，协助鹿地亘的“日本人民反战同盟”工作。

第三厅还附属十个抗敌演剧队、四个抗敌宣传队、三个电影放映队、一个漫画宣传队，还有“孩子剧团”“新安旅行团”“战地文化服务处”“全国慰劳战士委员会”“寒衣委员会”。

当时的第三厅人才荟萃，除上述各处、科领导机构的著名专家、艺术家外，金山、郑君里、应卫东、史东山、程步高、石凌鹤、赵丹、冼星海、任光、张曙、张乐平、李可染、叶浅予、傅抱石、倪贻德、罗工柳、力群、沈同衡、沙梅……近2000位文化名人，都在第三厅工作。

第三厅虽然隶属于国民政府军事委员会政治部，但实际上是中国共产党在起着主要的作用。第三厅的领导成员中，有中共的特别小组，由周恩来直接领导，成员有郭沫若、阳翰笙、杜国庠、冯乃超、田汉、董维健。在基层的中共党员也成立了中共特别支部，由冯乃超任书记，刘季平任组织委员，张光年任宣传委员。中共特别支部成立时，冯乃超传达周恩来的意见，大意是说：国共两党有个协定，互相不在对方军队内部发展党员，这并非我们害怕国民党打入到八路军新四军里面，而是他们害怕共产党在国民政府军队里发展组织。因此决定公开冯乃超、刘季平和张文光这三位共产党员的名单，国民党有事情可以找这三个共产党员交涉。第三厅中的其他共产党员一律不公开，处于秘密状态。①

在周恩来、郭沫若的领导下，第三厅成功地开展了一系列抗日救亡的宣传教育运动。

第三厅成立后的第一件大事，是举行抗战扩大宣传周。为搞好这次宣传周，周恩来多次与这个厅的领导商量研究，并指示：这次宣传，一要扩大宣传对象，二要扩大宣传范围，三要运用人民喜闻乐见的形式，这就是要深入到劳动阶层中去，要到工厂、农村、前线去；为此，文字宣传要力求具体、通俗和生动，口头宣传要力求普及、通俗扼要，艺术宣传要深刻感人，无论标语、漫画、电影、演剧，都要使人看了、听了印象深刻，矢志报仇。陈诚对此次宣传也非常关心，曾批了一万元作为活动经费。为了取得最好的宣传效果，第三厅决定宣传周采用不同的宣传形式：第一日为文字宣传日，第二日为口头宣传日，第三日为歌咏日，第四日为美术日，第五日为戏剧日，第六日为电影日，最后一天为游行示威日。中共中央长江局"青委"领导的"青年救国团""民先""蚁社""工人抗敌总会"等群众团体，积极配合了这次扩大宣传周的活动。

扩大宣传周于1938年4月7日至12日在武汉举行。周恩来在开幕式上发表演说，号召抗战宣传第一要深入，要把武汉的扩大宣传周扩大到全国去，武汉要做全国宣传工作的模范。同天，他为《新华日报》写了题为《怎样进行二期抗战宣传周工作》的专论。这天，正值台儿庄大捷的胜利消息传到武汉，第三厅临时决定当晚举行火炬游行。几十个演剧队和几百个口头宣传队深入武汉三镇大街小巷、工厂、码头、郊区农村进行抗日宣传。郭沫若曾有过一段生动的描写："参加火炬游行的，通合武汉三镇，怕有四五十万人。特别是在武昌的黄鹤楼下，被人众拥挤得水泄不通，轮渡的乘客无法下船，火炬照红了长江两岸。唱歌声、爆竹声、高呼口号声，仿佛要把整个空间炸破。武汉三镇的确是复活了！谁能说人民是死了呢？谁能说

① 张光年：《回忆第三厅中共特支工作》，载中共湖北省委党史资料征集编研委员会、中共武汉市委党史资料征集编研委员会编：《抗战初期中共中央长江局》，第577页。

铁血的镇压可以使人民永远窒息呢？那是有绝对弹性的气球，只要压力一松，它不仅立即恢复了原状，而且超过了原状。”①

歌咏日在武汉中山公园体育场举行了广场歌咏大会。大会开始时，郭沫若作了“来它个四面倭歌”的演讲。他说，歌咏是最能打动人的，能把人们的感情意志融成一片，化为行动。汉高祖的谋臣张良曾经利用歌咏的力量来涣散楚霸王的兵士。楚霸王尽管有拔山盖世之勇，也终于敌不过歌咏的声音。现在，尽管我们的敌人十分强暴，尽管他们有大量的飞机大炮，但我们也要准备着用歌咏的力量来摧毁它。张良给了西楚霸王一个“四面楚歌”，我们现在就给日本帝国主义者一个“四面倭歌”！紧接着，《义勇军进行曲》《牺牲已到最后关头》《大刀进行曲》《救国军歌》《中华民族不会亡》和《救亡进行曲》的歌声此起彼伏地响起来。整个会场震荡着爱国抗日的激情，许多群众眼含热泪引吭高歌，歌咏大会之后，又举行了歌咏游行。

国民革命军第42军第122师师长王铭章1938年3月17日在台儿庄战役的前哨战滕县战役中壮烈牺牲。5月，武汉为王铭章举行隆重的追悼会，其宣传工作由第三厅负责。5月7日，在汉口大智车站迎柩，第三厅发动6000余名群众来迎接王铭章这位著名的抗战英烈的亡灵。5月15日送柩时，各界群众更达3万人之多。在追悼活动中，郭沫若在电台发表了演讲，第三厅还特制了挽歌，电影摄制组还拍了影集。

7月7日，是抗战一周年纪念日，“万人空巷，水陆并重”的大规模抗日宣传活动又在武汉三镇再现。在这次纪念活动中，第三厅根据周恩来、郭沫若的建议，开展了一次声势浩大的献金运动。陈诚开始对此深抱怀疑，他怕献金搞不起来反而会产生不良影响。他没有想到，在第三厅的广泛宣传鼓动和周密组织下，献金盛况空前，感人肺腑。献金原定三天，后不得不延长二天。从7日至11日，各献金台周围人山人海，挤得水泄不通。献金的有工人、农民、船民、店员、人力车夫、小贩、难民，甚至连乞丐教养所的乞丐，也节食一天，捐献了省下来的伙食钱。五天中，献金人数达50万人以上，所

① 郭沫若：《洪波曲》，人民文学出版社1979年版，第206页。

献金额超过100万元法币。

周恩来和中共代表团、八路军办事处全体成员组成“中共献金团”，到汉口江汉关献金台前参加献金。周恩来将他任政治部副部长的当月薪金240元全部献出。毛泽东从延安打来电报，献出他的国民参政员的月薪。远在华北前线的八路军将士把他们在七七那天节食素餐省下的1000元菜金，交中共代表团献出。

为使这笔钱可靠地用于慰劳前方将士和赈济难民，第三厅派中共秘密党员罗髫渔等筹建了全国慰劳总会和全国寒衣委员会。这两个组织用这笔钱以及向政府申请的其他资助，到香港购买了10大卡车的药品和医疗器械，又为前方将士赶制了20万套暑衣、40万套棉衣。其中5万套寒衣给了八路军。陈诚心服了，他十分赞叹第三厅在发动群众方面的高超水平。第三厅曾使用献金30万元采办了药品和医疗器材，分送给各战区和八路军。同时，还分送给第五、第九战区各5万元现金，以慰劳直接参加武汉会战的将士们。献金运动促进了国共抗日民族统一战线的巩固和发展，在“中国民族解放斗争史的篇幅上，放一新的异彩”。①

第三厅还在武汉发动大规模的写慰问信活动，号召各界群众给在前线奋战的官兵写信。一时间，上百万封感人至深的慰问信和慰问袋，有如潮水般涌进第三厅。1938年7月，第三厅成立“战地文化服务处”以及在长沙、宜昌、桂林、上饶、西安等地的分处和各县的“战地文化服务站”，负责向前方输送各种宣传品、慰问品。8月，第三厅还领导成立了“武汉各界慰劳前线抗战将士总委员会”，发起一个月内征集30万封慰劳信（慰劳袋）活动，并组织慰劳团赴前线慰劳，唤起人民群众的爱国热情，鼓舞前方将士的抗战士气。

第三厅成立后，还建立了十个抗敌演剧队和四个抗敌宣传队，准备分赴各个战区的前线。它的成员主要是从上海地下党组织的12个救亡演剧队和被国民党强迫解散的“民族解放先锋队”“青年救国团”等很有影响的

---

① 《民众献金运动》（社论），载《新华日报》1938年7月12日。

救亡团体中选拔组成的。在抗敌演剧队的成立大会上，周恩来鼓励全体队员："宣传方法和形式要合民众的口味。你们要入乡随俗，老百姓才能喜闻乐见，才能收到宣传的预期效果。你们是演剧队、工作队，也是战斗队，除了演戏，还要做许多工作。"①

第三厅对敌宣传工作也十分出色。为了做好对敌宣传，第七处的工作人员每日监听日本电台的广播，研究从香港转来的日本报纸、杂志和记录日军战俘的口供，以便及时了解日本的政治、经济、文化、军事状况。所得情报，及时抄送国民政府军事委员会各部门及八路军办事处。他们还定期出版《敌情研究》简报，印发《伪满真相》《十年来朝鲜的反日运动》《日寇暴行录》等研究资料。第七处印制的日文标语、传单、漫画、小册子、歌曲、各种"投降通行证"共6000万份。这些宣传品，发给航空委员会及各个战区，由他们送往前线的敌军阵地，有时还用飞机运到东京上空散发。第七处除坚持每周的对日反战广播外，还组织前线喊话，日本著名反战作家鹿地亘也亲临前方阵地向日军宣传，号召他们起来反对侵略战争。第七处除用日语广播外，还用英语、俄语、法语、世界语广播。他们编的世界语刊物《中国导报》半月刊，寄发50多个国家。第七处还经常召开记者招待会，向各国记者提供《新华日报》的英文资料，向海外侨胞选送各种抗战木刻、照片、图片。

1938年10月下旬，武汉沦陷前夕，第三厅工作人员全部撤离。1940年秋，第三厅在重庆解散，另组建文化工作委员会。

徐州会战中的合作

日军夺取华北和沪、宁后，把主要攻击目标转移到华中。其企图是：

---

① 中共中央文献研究室编：《周恩来传（1898—1949）》下，第502页。

第一步夺取徐州，打通津浦路，连贯南北战场；尔后，全力会攻武汉，一举歼灭中国军队主力，以求迅速解决“中国事变”。为实现上述战略企图，敌华中方面军在津浦路南段以第13师进驻长江滁县、来安、六合、全椒地区，随时准备北犯；敌华北方面军第2军在津浦路北段，以第10师集结德州，随时准备南进作进攻武汉心脏地区的准备，因而把夺取徐州作为其首要目标。

从1937年12月至1938年5月，中国军队和日本侵略军在以徐州为中心的津浦路南北广阔地域上，展开了一场大规模的会战。徐州会战历时五个月零六天，敌军投入兵力40万左右，中国参战军队不下60万人。整个会战可分为津浦路沿线初期保卫战、台儿庄作战和徐州突围三个阶段。其中台儿庄作战取得了歼敌第10师大部及第5师一部1万余人的大胜利。

鉴于徐州重要的战略地位，蒋介石于1938年1月亲临津浦前线归德（今商丘）督战并召开军事会议，会上拘捕了弃守山东失地千里的著名逃将韩复榘，并立即在武昌枪决。2月，蒋介石在武汉布置保卫徐州的战役，他任命第五战区司令长官兼安徽省主席李宗仁驻节徐州，具体指挥这次会战。

1938年2月下旬，日军第5师团进攻临沂。驻守临沂的国民党第3军团庞炳勋部与敌苦战数周，渐感不支，连连告急。张自忠率第59军星夜增援。两军内外夹攻，迫使日军退入莒县城。日军第10师团于3月14日拂晓自邹县发起进攻，15日晚围困滕县城。日军炮火猛轰滕县城，同时以飞机进行扫射、轰炸，复以十多辆坦克掩护步兵冲锋。中国守军拼死抵抗，师长王铭章亲临城中心十字路口指挥战斗。守城将士与敌反复肉搏，死伤惨重。师长王铭章在指挥战斗中不幸中弹牺牲。守城将士在主帅阵亡的情况下仍然继续坚持战斗，直到3月18日中午，滕县城落入敌手。中国守城官兵全部殉难。

日军占领滕县后，直赴台儿庄。3月24日凌晨，日军以猛烈的炮火轰击台儿庄防御工事，随后以坦克为前导，冲进城内。台儿庄一带宅室多为石头建筑，故每一房屋皆为一堡垒。守军据房为垒，与敌巷战。战斗持续到4月3日，中国守城将士伤亡惨重，三分之二的阵地已为日军占领。台儿庄守军仍据守南关一隅，拼死不退。日军再次调集重炮、坦克猛轰、猛冲。李宗仁一面下令坚守，一面急令汤恩伯军团火速南下增援。4月4日黎明时分，台儿庄北面炮声隆隆，汤恩伯军于日军背后出现，日军撤退不及，陷入重围。台儿庄守军全线出击，日军狼狈突围逃窜。台儿庄一役连同徐州南北各战场共歼灭日军1万余人，中国军民取得了抗战以来国民党正面战场一次最重大的胜利。

进攻台儿庄受挫，日本侵略者东京大本营大为震惊，被迫重新调整攻打徐州的军事部署。4月中旬起，日军从平、津、晋、绥、苏、皖各战场增调13个师团，30余万人，分5路向徐州进行大包抄，企图一举歼灭第五战区的40万中国军队。国民政府军事当局也从各战场调集大批军队，连同原五战区部队约60万人集中于徐州地区。

1938年4月，中国军事当局制定了《国军作战指导方案》，确定的指导方针是："国军以确保徐州之目的，应对沿津浦铁道及沂河南下之敌切实阻止，并以有力部队威胁敌之侧背，俟迂回部队达到临沂、费县、滕县线上并集结相当兵力于徐州附近后，然后以主力由南面转取攻势，歼灭敌军。至万不得已时则用逐次抵抗，退守洪泽湖至微山湖中间地区。第二、三战区除以一部直接或间接支援徐州方面之作战外，主力应积极进攻当面之敌，使敌不得放阻转用其兵力于津浦北段。"相应地要求："第五战区之部队，应以主力固守郯城以南经邳县至韩庄二线，并以四师以上之兵力，由济宁至东平间地区突入敌后方，对峄县、郯城之敌攻击，并以集结之兵力加入南北夹击，以收歼灭当面之敌之效。至不得已时，我南面部队须利用逐次抵抗退守洪泽湖、微山湖中间地区，待机转移攻势。迂回部队则专任敌后方之游击。""第一战区部队，主力积极向济南方向活动，破坏津浦铁路北段交通，并向敌军后方发展游击战，一部攻击当面之敌。第二战区部队应积极攻击当面之敌，牵制当面敌军之转移，并抽调一部向徐州附近集结。""第三战区应抽调一部控置于相当地点，作战略预备队，主力努力攻击当面之敌。""即以现在控置于后方之部队，向徐州附近集结，准备将来之攻势转移。"①5月1日，中国军事当局判断："敌当集中兵力打通津浦线，

① 《国军作战指导方案》（1938年4月），载中国第二历史档案馆编：《抗日战争正面战场》，江苏古籍出版社1987年版，第556—557页。

并求击破我军主力，以达速战速决之目的。”因而制定的对敌作战方针是：“国军以阻止敌打通津浦路之目的，在鲁南集结相当限度的兵力，行攻势防御。但敌如由国内大举增援至兵力较我绝对优势时，则应避免决战，逐次抵抗，以消耗敌之战力。同时在武汉及郑州以西集结兵力，准备诱敌深入与之决战。”①

台儿庄战役后，“敌方遂自平、津、晋、绥、苏、皖一带增调13个师团，共30余万人分六路向徐州进行大包围，企图歼灭我五战区的野战军。敌军这次所抽调的，均为其中国派遣军中最精锐的部队，配备有各种重武器。全军按计划构成数个包围圈，逐渐向徐州轴心缩小包围圈，以期将我徐州野战军一网打尽。”②

4月中旬，津浦路北段之敌在土肥原等指挥之下，开始自濮阳、寿张分两路强渡黄河，进入鲁西，分别陷我郓城、菏泽、金乡、鱼台，自西北方面向徐州推进；东北方面之敌，则由海道自连云港登陆占海州、郯城，与进占台儿庄和峄县之敌相呼应，自东北方向徐州进迫。5月，日军逐渐形成对徐州四面合围之势。在日军大军压境的情况下，为保存有生力量，国民政府军事委员会经汉口最高会议商讨决定放弃徐州。徐州会战以中国军队的总退却结束。

李宗仁回忆说：“此次徐州会战，我方参战的不下60万人，敌军总数也在40万人左右，敌方参谋部显欲将我野战军主力吸引到徐州附近，自四面重重包围，渐次将包围圈缩小，然后一举将我数十万大军悉数歼灭。敌人再也没有想到，他以狮子搏兔之力于5月19日窜入徐州时，我军连影子也不见了。”“在徐州会战的最后阶段，敌军捕捉我主力的计划是何等周密，其来势是何等凶猛，但是鏖战月余，敌方不特没有击溃我军的主力。甚至连我方一个上尉也没有捉到。这种情形，在双方百万大军的会战史上也可说是个奇迹。彻底毁灭了敌人捕捉我军主力、速战速决的侵略迷梦。”“溯自

① 《国军队作战指导方案》（1938年5月1日），载中国第二历史档案馆编：《抗日战争正面战场》，第558页。

② 李宗仁口述、唐德刚撰写：《李宗仁回忆录》，广西人民出版社1988年版，第520页。

民国26年12月13日南京失守时起，到民国27年5月19日我军自动放弃徐州时止，我军与南北两路双管齐下的敌军精锐，竟周旋了五个月零六天。使其无法打通津浦路，充分地发挥了以空间争取时间的战略计划。使我大后方有充分时间来部署次一阶段的武汉大会战。到了津浦路保卫战最高潮时，我在台儿庄还打了一个举世闻名的胜仗，把京沪战后敌军的一团骄气，打得烟消火灭，同时也冲淡了我方在南京失守后的悲观气氛。”①

1938年2月，蒋介石在武汉部署徐州会战时，在汉口曾询问八路军副总指挥彭德怀：“是否可以在青纱帐起派队袭击津浦线，声援徐州会战？”彭德怀慨然应允，“为了配合徐州会战，不待青纱帐起即当派队前往！”②3月，徐州会战爆发，国民革命军副总参谋长白崇禧前往徐州协助李宗仁指挥作战。临行前，白崇禧请周恩来和叶剑英商讨徐州会战的对敌作战方针。周恩来说：“在津浦线南段，由李品仙、廖磊两个集团军在张云逸率部配合下，采取以运动战为主、游击战为辅的联合行动，运动于淮河流域，威胁日军，使之不敢贸然北上支援由华北南下日军。同时，在徐州以北必须采取阵地战与运动战相结合的方针，守点打援，以达到各个击破的目的。”③白崇禧基本上接受了这个建议。接着，周恩来派张爱萍以八路军代表身份到徐州见李宗仁，建议他按上述方针在济南以南、徐州以北组织战役，李也接受了此建议。

中共还为第五战区制定徐州会战作战计划提供了重要情报。战前，中共中央北方局成立了一个专门收集日本军事情报的秘密机构，在这个机构工作的谢甫生，几经艰险，获得了有关日军第10师的兵力、编制、各级军官名单、武器装备、军事布置等绝密情报。谢甫生根据上级指示，设法将这些情报送给了李宗仁。台儿庄大捷后，李宗仁特致电谢甫生，称赞这些情报为台儿庄的胜利提供了极大帮助。

---

① 李宗仁口述，唐德刚撰写：《李宗仁回忆录》，第525—526页。

② 《坚持河北抗战与巩固团结：彭副总司令对新华日报记者克寒的谈话》，载《群众周刊》第3卷第8、9期合刊，第246页。

③ 中共中央文献研究室编：《周恩来年谱（1898—1949）》，第406页。

八路军总部为配合国民政府军队进行徐州会战，朱德和彭德怀于1938年2月5日致电刘伯承、徐向前、邓小平：敌集中主力由津浦线南北夹攻徐州，为策应第五战区，我军主力除在晋积极动作外，应派出得力支队出平汉线以东向津浦线袭扰。八路军第129师应即准备一个团或两个营的兵力，由宋任穷（如可能时陈再道亦可同去）率领，配足干部和通讯器材，在一个星期前后，等阎锡山、卫立煌所派部队到达平汉路以西活动时，乘隙东出沧州、石家庄路以南邢台、德州间活动，其任务是在上述地区发动民众抗日斗争，组织武装游击队；收买枪支；以小部向德州袭击，破坏铁道，声援徐州友军。①2月12日，朱德、彭德怀电示聂荣臻："平汉线以东之吕（正操）部，应附骑兵1个连，应即乘胜东进，扩大胜利声威，肃清津浦、平汉两线间之伪组织，求得最近在津浦之沧（州）、天（津）、德（州）线之小胜利，响应徐州南北战局。"②

3月9日，朱德、彭德怀致电聂荣臻，刘伯承、徐向前、邓小平："津浦南北段仍在苦战中。目前日军已遭受严重抗击，积极配合津浦线作战使之持久，对华北形势极为有利。敌夺取徐州，有迅速转移主力来华北，首先进攻我军的可能，将使华北形势增加困难。你们以前派出之东进部队，应令其向沧（县）、德（州）线积极动作，以配合津浦北段作战。"③

3月13日，朱德、彭德怀通过叶剑英转告蒋介石，已遵令派出八路军第129师副师长徐向前率该师所属一个旅东出津浦线，配合鲁南主要作战线作战。现该部已逾南宫，东进津浦线行动。④以后这支部队在南宫一带与中共冀南特委相配合，建立起以南宫为中心的抗日根据地。台儿庄战役开始后，鲁南抗日武装多次破坏临（城）枣（庄）间的铁路、公路，冀鲁边区部队破坏津浦线北段，并攻克庆云、乐陵等县城。4月下旬，八路军第129师副师长徐向前率第129师、第115师各一部，东出平汉线，在开辟冀南区的同

① 中央文献研究室编：《朱德年谱（1886—1976）》中，第741页。
② 中央文献研究室编：《朱德年谱（1886—1976）》中，第743页。
③ 中央文献研究室编：《朱德年谱（1886—1976）》中，第771页。
④ 中央文献研究室编：《朱德年谱（1886—1976）》中，第773页。

时，驰援津浦路作战。第129师在晋察冀奇袭平汉线，一夜之间攻克新乐、定县、望都三城，歼敌千人，毁路数百里；在山东，八路军炸毁临城以北官桥的铁桥，破坏台潍路与台枣路线的交通，使敌运输中断，有力地配合了友军作战，直接为台儿庄的胜利作出贡献。彭德怀在5月20日向记者介绍八路军配合徐州会战情况时说：我从武汉“以后回到总部，我和总司令朱德同志商可，立刻派遣强有力的支队向河北与鲁北挺进，不断袭击津浦北端，大小经历娄百战，把津浦路破坏得不能通车，且坚决打击盘据河北平原与鲁北的敌伪，收复广大土地，创造起河北平原与鲁北带的抗日根据地，牵制了敌人大量兵力，使其不能集中全部兵力适用于徐州会战。”①据统计，为配合徐州会战，八路军在华北进行了400多次战斗，歼敌共2万余人，缴获机枪百余挺，步枪3000支，毁敌汽车500余辆。②

根据八路军总部指示，晋察冀军区部队向平汉、正太、平绥铁路和同蒲铁路北段敌占城镇三次出击，钳制日军南下，并乘机扩大抗日根据地。第一次，向平汉铁路北段出击。1938年2月9日，第三军分区部队在游击队、自卫队配合下，袭击望都、定县、新乐三县城和方顺桥、清风店等车站，歼敌370余人，争取伪军100余人反正，缴枪100余支，破坏数十公里公路，使平汉铁路一度不通车。为了配合第三军分区部队向平汉铁路出击，第四军分区部队袭击驻井陉的日军，歼敌一部，破坏正太铁路数公里，使其交通一时中断。第二军分区部队袭击崞县、原平、忻口等县城，毙伤日军50余人。第一军分区部队攻克九宫口、北口（蔚县城南）、王庄（浑源县境）等日、伪军据点，袭入浑源城，歼敌一部。在平汉铁路以东的人民自卫军、河北游击军部队也连克永清、霸县城和新镇（文安城北）、牛驼（永清城南）等敌人据点。

日军为维护其交通运输，3月4日，由石家庄，保定、新城等地出动1.2万余人，分三路进攻冀西。日军所到之处，烧杀抢掠，无恶不作。晋察冀军区

① 《坚持河北抗战与巩固团结：彭副总司令对新华日报记者克寒的谈话》，载《群众周刊》第3卷第8、9期合刊，第246页。

② 参见《抗战二年来八路军的英勇战绩》，载中国人民解放军政治学院党史教研室编：《中共党史参考资料》第8册，第380、382页。

第一、第三军分区部队积极予敌打击，毙伤日军230余人。广大自卫队到处袭击敌人，迫使敌人于3月10日从阜平城撤退。第三军分区追歼日军200余人。3月中旬，日军一个联队由易县进攻涞源。第一军分区两个团偷袭敌人，歼其400多人。3月26日，日军2300余人进占涞源城。第一军分区部队积极打击敌人，先后在浮图峪、二道河，佟川毙伤敌300余人。在八路军打击下，4月11日，日军从涞源城逃走，分割抗日根据地的企图被粉碎。第二次，向平汉铁路北段出击。4月下旬，第1军分区第1团攻占涞水城，争取伪军1600余人反正，接着攻入涿县城和卢沟桥，争取伪军800余人反正。第3军分区部队从4月28日至5月5日，两次袭击保定城，攻占南关，并袭入于家庄、清风店、定县等车站。冀中部队攻克容城、安次、永清、霸县等城。平西部队攻克昌平城和阳坊（北平城西北）。同时，破坏铁路80余公里，使平汉铁路三天不通车。第三次，向津浦、平汉、平绥铁路线敌据点出击。7月6日，第1军分区部队攻克易县城，接着攻占王庄（徐水城东），袭入新乐城、定县车站，毙伤俘敌400余人，破坏保定至新乐段铁路。

活动在恒山地区的八路军第120师第359旅和第1军分区部队配合，攻克西合营、桃花堡、北水泉，暖泉（均在蔚县境）等敌人据点，歼敌一部，在花盆村全歼伪军一个营。第3军分区部队破坏石家庄至正定段铁路，袭入平山城，毙伤日军130余人。第1军分区平西部队袭入石景山，破坏了发电厂设备，另一部袭击香山。三次出击，计毙伤日、伪军1450余人，俘伪军130余人，缴获机关枪四挺，长短枪300多支，破坏敌机车三辆、铁甲车一列、汽车32辆、铁路50余公里、桥梁两座。既配合了国民政府军的作战，又配合了冀东人民抗日大起义。在八路军强大攻势的威胁下，望都伪警防队100多人反正，编为独立支队；保定、徐水、满城伪警防队1500余人于8月25日、26日起义，编为晋察冀军区游击军。①

八路军冀中部队为配合正面战场台儿庄战役，在晋察冀军区统一部署

---

① 张廷贵、袁伟、陈浩良：《中共抗日部队发展史略》，解放军出版社1990年版，第306—308页。

下，从3月9日至14日进攻保定和望都、定县、新乐等县城，除进攻保定的部队因途中受到清苑联庄的阻碍，未能按计划出击外，其他部队攻入望都县城一次，攻入定县城三次，攻入新乐县城一次，并发动冀中人民群众配合破坏铁路和电杆电线，使日军交通受阻；最出色的一次是破坏定县东不落岗附近一段铁路，使敌整列火车倾倒在路旁，平汉铁路多日不能通车。这次出击作战中，活动在新城县一带的河北游击军第13路江东升部袭击了平汉铁路高碑店火车站，该部挑选了精干人员200多人，由副总指挥左清臣率领，一举烧毁了高碑店火车站的站房，破坏了一段铁路，并俘虏了一个日本人和三个随军的朝鲜女人。随后伏击前来报复的日军，使日军四辆汽车落入陷坑，给予猛烈打击，打得日军弃车而逃。

1938年春末，冀中八路军第3纵队的部队为配合国民政府军在徐州地区的会战，奉晋察冀军区命令，向日军控制的平汉、津浦铁路附近逼近，积极破坏两线交通，以抑留日军之兵力于华北。这次作战时间较长，一直持续到5月下旬。冀中军区部队，袭击了保定城，曾三次占领南关及东关；一度包围定县，两度攻入定县城内，毁敌大批粮草和弹药；多次破坏徐水至新乐间的铁路30余处，收割电线万余斤，焚毁电线杆甚多，先后使敌列车脱轨达13次，其中在徐水以南炸毁敌运粮车一列，多节车厢出轨。破击津浦铁路的部队，袭击了泊头、交河县城等地，给日、伪军以一定的打击。①

1938年2月，八路军山东抗日游击第4支队从徂徕山转至新泰刘杜后，国民党临沂专员兼保安司令张里元正准备打新泰城。黎玉、赵杰与张里元在临沂会谈合作，商定由张部攻打新泰城，四支队在外围予以配合，张答应支援四支队几十箱子弹、20余箱手榴弹、20多个大地雷。2月18日，封振武等率4支队一部，在新泰城西泰安至新泰公路上的四槐树公路桥头埋设地雷，炸毁日军汽车二辆，炸死炸伤日军40余人（内有大佐一人），打了一个

① 冀中人民抗日斗争史资料研究会、中共河北省委党史研究室编：《冀中抗日根据地斗争史》，中共党史出版社1997年版，第65—66页。

漂亮的伏击战。3月底，山东西区人民抗敌自卫团在津浦路北集坡车站附近黑虎泉（泰安以南）拆下夹板，拔掉道钉，颠覆并袭击敌人军车，使日军军事一星期不能通车。日军修建临时便道，并在泰安以南加强对铁路的警戒后，自卫团又在泰安以北展开破路斗争。国民政府军第81师展书堂部给自卫团18箱炸药、5000多发子弹，并派二名工兵支援炸毁万德车站附近铁路大桥，再次切断敌人运输。日军从泰安、万德两路出兵合击自卫团。自卫团与敌激战于道朗，政治部主任远静沧牺牲。4月初，张光中领导的沛县抗日义勇队与李明扬部配合袭击临城车站，并在宋庄、卜楼一带动员群众数百人，将临城以南津浦路一段破坏。继1月夜袭长山城和陶塘口伏击日军汽艇之后，清河的山东人民抗日救国军第五军一部于3月13日攻克淄川城，接着又于4月初破袭胶济铁路和张店至博山支线，破坏铁路10多里，炸毁敌人机车八台、车厢100余节。①

1938年春，国民政府军郭勋祺部第50军担任皖南青阳、南陵、繁昌和铜陵一带江防。设在泾县云岭的新四军军部与郭部相距仅数十里。善于游击战的新四军，经常活动于芜湖、当涂和南京附近，扰乱敌人后方，牵制日军行动，掩护第50军的右侧背，大大有利于第50军固守江防，护卫皖南战区。徐州会战时，郭勋祺亲自指挥第144师正面攻击芜湖以南的日军重要据点湾沚，并引诱芜湖之敌出击；郭勋祺通知第四军第3支队，配合作战，伏击芜湖出击之敌。战斗打响后，两军紧密协作，奋勇杀敌，取得了重大胜利。第144师缴获了一批机枪、步枪、子弹、军用地图、战刀及其他军用物资。新四军第3支队在卡子口南北伏击日军的战斗中，还俘获了两名日军。湾沚之战，牵制了芜湖日军116师团不能北上，配合了第5战区的战略行动。②

---

① 申春生：《山东抗日根据地史》，山东大学出版社1993年版，第80—81页。

② 中国人民解放军历史资料丛书编审委员会编：《新四军·参考资料（2）》，第715页；李峰整理：《我党对郭勋祺的统战工作》，载《四川统战工作史料》1988年第3期。

反攻太原中的合作

1938年1月15日，蒋介石在洛阳召集第一战区和第二战区师长以上军官开会，旨在“动员各方力量，布署作战计划，应付侵略战争的严重局面”①。朱德率彭德怀、林彪、刘伯承、贺龙参加了会议。蒋介石宣布：中国还要和日本打下去，虽然上海、太原、南京都失陷了，但是中国政府不议和、不屈服、要继续抗战，把日本侵略者赶出中国去。蒋介石“还在这次会议上发布命令，宣布了战斗序列、人事命令和军事部署等，要求各位将领依令而行进入各自的防线，痛歼日寇。”②蒋介石为保卫武汉，准备在津浦路南段与日军会战。为此，要求一、二两战区部队保留在黄河以北，做反攻太原的准备。1月29日，国民政府军事委员会电示第二战区向太原石家庄等处迅速出击，以策应徐州方面作战。

第二战区司令长官阎锡山据上述指示于2月13日拟定了反攻太原的作战计划，决定以主力保卫晋城、陵川、东阳关、韩信岭、汾阳、吴城镇，及绥西后套地区，相机推进；一部向平汉、正太、同蒲、平绥各路出击，破坏交通，并扫荡残敌，伺机归复石家庄、太原各要点。③

在2月17日的临汾土门镇召开军事会议，制定了三军对敌作战计划，决定以一部沿同蒲路发动攻势，先将太谷以南之敌歼灭，乘势攻略榆次、太原，进出娘子关、石岭关地区。具体部署是：

“右翼军总司令朱德，指挥第18集团军、第3军（军长曾万钟）、第47军

---

① 聂良才：《七七卢沟桥事变后蒋介石在洛阳召开高级将领会议之我见》，载中国人民政治协商会议河南省宜阳县委员会文史资料研究委员会编：《宜阳文史资料》第1辑，1985年版，第16页。

② 聂良才：《七七卢沟桥事变后蒋介石在洛阳召开高级将领会议之我见》，载中国人民政治协商会议河南省宜阳县委员会文史资料研究委员会编：《宜阳文史资料》第1辑，1985年版，第17页。

③ 马仲廉编著：《卢沟桥事变与华北抗战》，北京燕山出版社1987年版，第240页。

（军长李家钰）、第17师（师长赵寿山）、第94师（师长朱怀冰）、及第117师之第529旅（旅长杨觉天），以一部固守晋城、陵川、东阳一带；主力袭击榆次、太谷及同蒲路北段之敌，更须彻底破坏交通，阻绝敌军向同蒲路南段增援。中央军总司令卫立煌，指挥第9军（军长郭寄峤）、第14军（军长李默庵）、第15军（军长刘茂恩）、第17军（军长高桂滋）、第19军（军长王靖国）、第85师，及骑兵第1师，俟左右两翼军将正太、同蒲两路阻绝后，主力转移攻势，先将太谷、交城之敌歼灭，乘势攻略榆次、太原。左翼军总司令傅作义，指挥第35军（军长傅作义兼）、第71师（师长郭宗汾）、新编第6旅及骑兵第1军（军长赵承绶）（欠骑兵第1师），以一部进出太原以南，破坏交通。扫荡残敌，并阻绝敌之增援与撤退；主力适时向交城、文水之敌进攻，协助中央军之作战。总预备队指挥官陈长捷，指挥第61军（军长陈长捷）及第66师（师长杜春沂）在汾西临汾地区集结，随中央军推进。骑兵第2军（军长何柱国）、骑兵第6军、挺进军，及绥西各部队，分向归绥、包头之敌袭击，并破坏交通，以牵制敌军南下增援。”

2月18日，朱德和彭德怀关于向正太、同蒲路进攻的部署致电林彪、聂荣臻、贺龙、肖克、关向应、刘伯承、徐向前、邓小平等并呈报毛泽东：“（甲）东阳关似已于昨日失守，况九峪、汾阳有被敌占领说，但敌均在1000余左右，惟进攻东阳关之敌，系东北伪军，现我47军正向该地增援，企图恢复之。（乙）中央及左翼军、右翼军之一部于21日开始向太谷、祁县、介休及文水、交城以南地区总攻击，左翼军一部向阳曲以南，确实截断敌之联络。（丙）本路军主力，于20日开始向正太、同蒲路进攻，确实截断两路敌之联络，部署如次：（子）120师应确实占领石岭关、忻口之线，截断敌之联络，集结主力于铁道以西山地，打击敌之增援队。小部向朔〈县〉之敌袭扰，并〈与〉阳曲以南之傅〈作义〉集团联络。宋〈时轮〉支队应积极向雁门关以北大同之线活动。（丑）129师主力及115师徐〈海东〉旅统归刘〈伯承〉、徐〈向前〉、邓〈小平〉指挥，应向平定以东，井陉以西，南北夹击，相机袭占娘子关、旧关。129师对昔阳，徐旅对盂县之敌均须派出侦〈察〉队配〈合〉地方武装袭扰。曾〈国华〉支队及周〈建屏〉刘〈道生〉支队归徐〈海东〉、黄〈克诚〉等统一指挥。(寅)聂〈荣臻〉司令应以主力仍向保定、石家庄之线袭扰,相机占〈领〉一二段,继续毁路。赵尔陆部须配合120师,向繁峙、代县、忻县之线袭扰,并设法截断繁峙与浑源公路。杨〈成武〉支队一部应照前令向北出动,至迟不得超过25日,并多带炸药,经过南口时,尽量炸毁平绥路。"①

2月21日,朱德率八路军总部到达安泽县县城岳阳镇,根据敌情变化,部署离日军较近的友军第3军曾万钟部和第47军李家钰部赶到屯留附近阻击日军。朱德致电刘伯承、徐向前、邓小平、徐海东、黄克诚:长治20日失守。正在袭击正太路的八路军第129师应迅速经和顺南迁辽县以南地区,参加晋东南对敌作战。第115师344旅转移到正太线,协同第129师行动。当日,朱德和彭德怀致电右翼军各部领导人,并转告阎锡山、卫立煌及毛泽东,对右翼军作如下部署:(1)129师主力攻击旧关,无论得手与否,应即经和顺、辽县至黎城以南适当地点,准备打击由东阳关向长治继进之敌,或尾长站南进之敌而歼灭之。(2)徐海东旅主力即转移到正太铁道以南昔阳、平定之线以东,以打击九龙关西进向正太路运动之敌,并彻底破坏铁道,特别桥梁、水塔。(3)周建屏、刘道生支队及曾国华支队应积极向平山、获鹿、井陉、寿阳、榆次之线活动,力求消灭敌之少数守备队及打击运动之敌。(4)120师除同意贺龙等的部署外,应以小部夜间向太原佯动;宋支队仍向大同、怀仁线袭扰敌人,破坏交通。(5)陈光旅尾由大麦郊南进之敌而歼灭之后,准备转移至安泽以东之府城附近。(6)聂荣臻部,除出冀东和津沧线两支队外,主力仍应进击深县、定县南北。(7)武士敏师及朱怀冰师应相机消灭子洪镇之敌。(8)赵寿山师两个团已有令在高平附近布置,待曾万钟军到达,协同歼灭进入长治之敌。②

2月24日朱德率八路军总部抵达安泽县古县镇以东的府城镇(今安泽县县城)附近同日军先头部队接触。友军未能及时赶到。朱德和左权指挥警卫

① 中国人民解放军历史资料丛书编审委员会编:《八路军·文献》,第145—146页。

② 袁伟、吴殿尧主编:《朱德军事活动纪事(1886—1976)》,解放军出版社1996年版,第425—426页。

部队节节抗击敌人。当日傍晚，曾万钟部已接近屯留，朱德命令他截断屯留、良马之间的大道，李家钰一个团也向府城急进，准备与曾部夹击日军。另外，阎锡山准备抽一个团，卫立煌抽调一个师星夜来援，情况才有所缓和。因此，朱德致电彭德怀及各部并报毛泽东等人，说明：准备以手中现有的两个连尽量迟滞敌军，以待援军赶到而消灭此敌。总部明日仍在古县指挥。

2月25日府城战场局势更加严重，友军未能阻止日军西进，毛泽东连连致电朱德、彭德怀（彭此时不在总部驻地），提出御敌对策，指出：必须使用全力歼灭府城西进之敌。但请预告阎、卫："即使该敌冲入临汾，亦决不可动摇整个战局。该敌甚少，可用一部包围之，其余全军均应决心在敌后打不要后路之运动战，如此必能最后制敌。"日军探知在正面阻击他们的是八路军总司令朱德指挥的警卫通讯部队，于是出动十几架飞机轰炸，企图炸平古县镇。晚7时日军攻占古县镇。

朱德率总部转移到临屯公路以南的刘垣村，并致电彭德怀，请他迅速向总部靠拢。这时，从临汾来了五个营援兵，布置在尧店一带。朱德身边的两个连拟同尧店友军夹击日军，两个连从侧面袭击日军取得成功，缴获两门炮和几挺机枪。但正面的友军不但没有出击，反而被日军突破了防线。日军继续向临汾追进。2月27日，总部特务团第2营赶到，这是新扩建的部队，除班长以上人员外，全部是徒手新兵，每人只有一颗手榴弹。朱德决定由这支部队袭击日军的后续辎重部队。这些新兵"以手榴弹突然猛袭，很勇敢的一致冲入，完全获胜。计缴获步枪3支，军毡200余床，大衣、食品甚多，文件数捆，新式通讯灯1，烟幕筒1，65弹千余发"，又一次打击了西进的日军。但临汾终于在2月28日失陷。朱德以少数兵力迟滞敌人一个旅团达三天之久，为临汾军民的安全转移赢得了时间。①

2月27日，朱德率八路军总部向沁县小东岭转移，并致电毛泽东、彭德怀、各师和晋察冀军区，提出各部队的配置和作战方针。指示八路军第115师143旅与120师取得配合，在山西省汾西、隰县以北地区，截击敌之后尾，

① 袁伟、吴殿尧主编：《朱德军事活动纪事（1886—1976）》，第427—428页。

配合友军机动作战；第129师除东进纵队外，其余部队与第115师344旅迅速南移辽县、榆社地区，与友军第3军相机截击和消灭西进之敌；晋察冀军区应乘河北日军全部进入山西时，照前布置积极活动。并指出，今后作战方针，务求机动敏捷，积极主动地消灭深入山地行动中之敌，以影响和帮助友军在山西积极作战，共同消灭敌人。

2月28日，朱德致电国民革命军第3军军长曾万钟、第47军军长李家钰、第17师师长赵寿山、第169师师长武士敏、第94师师长朱怀冰、第529旅旅长杨觉天，指出：敌人进攻的目的，是占领临汾、风陵渡，驱逐我军出山西。我军当前的任务是积极消灭分散深进之敌，建立华北抗战的坚强堡垒，并配合保卫武汉的作战，为此，必须加强部队的政治思想工作，坚持民主，提高部队的爱国热忱和艰苦奋斗的精神，注意官兵团结和军民团结，组织民众开展游击战争，并进行瓦解敌伪军的工作。①

在八路军前线总指挥部的指挥下，晋察部队在石家庄以北破击平汉路。北岳区部队发动了九路出击，以三分区部队向平汉线望都、新乐段进攻；一分区部队除1个营袭击顺桥外，另三个团向浑源、广灵、九宫口，北口一线进攻，军区骑兵营主力袭击保定。战斗自2月9日开始，向敌全线进攻，一夜之间，即攻克新乐、望都、定县城及清风店、方顺桥车站，摧毁新乐、清风店、望都、保定、满城一带的伪政权，歼敌224人，缴获步枪105支，子弹50箱，并动员组织群众2000余人，破坏了望都南北及定县、新乐间电线30余里，破坏铁路100余里，炸毁火车一列，又将新、望、定、清、方顺桥等车站全部烧毁，使平汉线一度陷于瘫痪状态。

八路军129师在决死队第1纵队的配合下，也于2月中旬向正太路东段井陉地区的日军进击。2月21日夜，八路军第386旅第771团、第772团设埋伏于井陉、旧关间的长生口附近。22日拂晓，八路军第385旅第769团一部袭入旧关，将日军碉堡包围。井陉日军闻讯，出动200余人乘汽车八辆来援，经五小时激战，将敌大部歼灭，击毙敌警备队长荒井丰吉少佐以下130余人，

① 袁伟、吴殿尧主编：《朱德军事活动纪事（1886—1976）》，第429—430页。

击毁汽车五辆，缴获追击炮三门、步枪50余支。长生口战斗后，根据集总命令，为打击和削弱侵入晋东南和占领长治的敌人，并策应晋西南115师主力和晋西北的120师作战，以牵制日军向黄河沿线进攻，我方部队立即向南转移，寻找战机歼灭敌人。经过半个月的作战，不仅打破敌人以“分进合击”战术向我晋东南发动的围攻，而且还歼敌4000余人，收复沁县、武乡、屯留、沁源、安泽、壶关，榆社、长治、高平、晋城、沁水等县城18座。

为配合阎锡山反攻太原，决死队第1纵队在临（汾）屯（留）公路和祁（县）太（谷）地区进行了多次出击。2月下旬，由东阳关进入晋东南的敌军沿白晋路北上时，决死队第1纵队一部在襄垣厢亭镇进行了阻击。当得知这股约有几百人的敌军要在夏店休息时，又对该部进行了突然袭击，毙伤五六十人。当部队转移至临屯公路活动时，首先在安泽草峪岭阻击来犯之敌，继而又一度攻克了良马、府城日军新设的重点据点，并不断的袭击敌之运输车辆。这时，决死3纵队也在洪洞、安泽一带活动，曾在洪洞古罗与千余敌军激战整日。活动在晋西南的决死2纵队，当日军发动临汾战役向晋西南进军时，首先破袭了汾（阳）隰（县）公路，使敌补给发生了严重困难。当部队转移到同蒲路作战时，又提出了三项任务：一、小股出扰之敌，造成敌之后方不安；二、打垮维持会，摧毁伪组织，恢复和巩固抗日政权；三、扩大决死队和地方武装。与此同时，地处晋西北的决死4纵队和其他新军，也都积极地开展了抗击日军的各种活动，并都取得了较好的战果。

阎锡山发出反攻太原的命令之后，牺盟总会便于2月中旬向各地牺盟会发出了“巩固政权，扩大武力，加强组织”的号召，并给第二战区司令长官阎锡山，副司令长官卫立煌发急电云：“晋南战役以来，二战区转入敌人后方，我军已取主动地位。鲁南大捷后，敌军主力调往津浦后，在晋之敌已陷入空虚状态，转取守势。值此徐州吃紧，豫东告急之际，望我二战区全体将领振师奋起，一致歼敌，勿失良机。牺牲救国同盟会百万会员誓为后盾，协助抗战，并愿全力为英勇部队动员补充”。①

① 石宾：《从牺盟会看山西民众运动》，黄河出版社1939年版，第70、77页。

为了响应牺盟总会号召，各地牺盟组织在牺盟总会的统一安排下，在各战区，立即部署了以下几项紧急措施：一、为了各部队在军事行动中能得到真实的情报，便于及时准确地打击敌人，各地务必加强敌区工作，通过已有的群众基础和秘密工作人员，把秘密情报工作的网点和人员都要作出整顿和具体安排；二、为了扩大军事力量，号召广大青年掀起参军高潮，以补充各军人力之不足；三、把凡是在牺盟会组织领导下的自卫队（脱产的）、游击队，都配备了强有力的领导，就近配合正规军参战和开展游击战；四、发动民工，组织担架队、运输队，保证公粮、伤员，弹药的运送工作不贻误军需；五、发动各村自卫队、儿童团、妇救会做好站岗放哨、盘查行人捉拿敌探、汉奸，保证内地安全和做好对各抗战部队和伤员的慰劳工作；六、发动群众全力做好春耕准备工作，对抗战军人家属和支前民工的春耕春播等工作，都要派专人包种包工，不因参军和支前受到任何影响。

牺盟会为了配合正规军反攻太原和在晋南、晋东南，晋西北等地打击来犯之敌的整个战斗，在支前和发动游击队开展游击战和做好后方的破路、拆毁城墙、安定社会抗日情绪等方面做了大量工作。①

根据第二战区临汾土门军事会议制定的作战部署，2月下旬，贺龙师长即亲率八路军第120师主力在新军决死4纵队等部队的配合下进到同蒲线北段，一连打了十几天，占领了平社、高村、原平等车站，把车站上的敌人全部歼灭，破坏了五六十里铁路和19座桥梁，动员了数千群众把铁轨搬到西边山上。另外又派部队袭击太原飞机场，占领了太原附近的东山。②3月，大同敌第26师团（即后宫师团）以万余之众，乘机向晋西北进犯，占领宁武等七城，八路军第120师星夜赶回，激战一旬，收复七城，歼敌1500余人，缴获山炮一门、汽车14辆、步枪200多支，将残敌驱至朔县、大同附近，反扫荡斗争取得了重大胜利。③

1938年2月16日，卫立煌总部移往霍县，准备对付敌人新的行动。这

---

① 王生甫、任惠媛：《牺盟会史》，山西人民出版社1987年版，第368—371页。

② 李凡夫：《李凡夫文集》，广东人民出版社1993年版，第89页。

③ 杨世源主编：《晋绥革命根据地货币史》，中国金融出版社2001年版，第8页。

时，侵华日军由太原南下，企图一举攻下山西南部。卫立煌认为敌人的战略是速战速决，中国军队采用持久战，则是对日军的有效打击手段。中国军队应主动阻击其由北南下的师团，争取时间，让兄弟部队转入太行、吕梁、中条山脉和敌后。于是，卫立煌与阎锡山、朱德研究确定，将阻击点选择在太行山区临汾北面的韩信岭。2月17日，卫立煌指挥所属部队在韩信岭一带展开，构筑工事，采取阵地战的办法，进行了继忻口之后的第二次阻击战。卫立煌率部在韩信岭与日军恶战至26日，寸土不让。日军未能从正面突破，乃以第20师团主力向韩信岭阵地猛攻，并分兵一部向隰县前进，企图从左翼实施包抄。卫立煌当即命令守军全线反击，展开更加猛烈的战斗。27日，卫立煌打电话给阎锡山，要他乘日军离开太原向韩信岭进犯之机，迅速夺回太原。晋军开始行动后，因汉奸通敌，暴露了行动企图，日军急将其第109师团全力回撤，反攻太原的意图未能实现。

在战役中八路军积极配合友军作战。当韩信岭战况紧急时，卫立煌自己留在霍县坚持指挥，一直待到从同蒲路南北两处来敌在霍县会师之时，才仓惶撤出，渡过汾河，进入吕梁山区。这时，卫立煌身边只留下第9军独立第5旅高增级所带的一个团担任前敌总指挥部的警卫，部队和指挥部被日军占领的铁路线分割，汾河的桥梁也被日军破坏。卫立煌经过大宁、隰县东进，遭到敌人阻拦。正当危难之时，八路军第115师第685团第2营主动出击，在白儿岭与敌2000余人激战。敌军以飞机大炮猛烈轰炸，八路军坚守阵地顽强抵抗，有力地掩护了卫立煌将军安全转移。时任第9军参谋处少校参谋的王绳武回忆说："日军没有从正面突破，却从侧面迂回而来，逼得我军不得不自己退却。此役，虽然没有取得较大的胜利，但两军的合作更加紧密了，指挥官的意志更加统一了，双方将领之间情感更加融洽了。"①

在实施反攻计划中，由左右两翼向太原包抄，傅作义指挥左翼军对进犯汾（阳）军（渡）公路的日军山冈第109师团，进行英勇的反击战。

就在阎锡山开始实施反攻计划的时候，侵华日军华北最高司令香月清

① 中国人民解放军历史资料丛书编审委员会编：《八路军·参考资料（1）》，第691页。

司集中了第108、第20、第109、第14、第16师团各一部10万余人的兵力，发动了新的进攻，分南、北、东三路直扑临汾。面对日军的突然进攻，阎锡山急命逼近太原的傅作义部回援交城、文水；总预备队指挥官陈长捷率第61军驰援隰县方面的第19军。在敌人的猛攻下，阎锡山的王牌部队王靖国之第19军不能抵挡，相继丢失既设之川口、高庙山、石口诸阵地。2月26日隰县城失陷。西北锁钥隰县既失，临汾不保，1938年2月28日被敌第108师团攻占。①

朱德指挥东路军粉碎日军的九路围攻

1938年1月16日，蒋介石在洛阳召集第一、第二战区将领会议。朱德、彭德怀、林彪、贺龙、刘伯承出席。会议期间，蒋介石还分别会见了朱德、彭德怀、林彪、贺龙、刘伯承。洛阳会议决定了要反攻太原。按照反攻计划，八路军担负着截断同蒲铁路北段及正太铁路、切断日军后方交通的任务。

为了加强对平汉铁路和津浦铁路袭扰的力量，卫立煌从他的部下抽调六个团交给朱德指挥。朱德把其中两个团配属给第120师，四个团配属给第129师。朱德命令第129师在这四个团到达指定地点后，由宋任穷率领一个支队，乘平汉路、津浦路敌军空虚的机会，深入到冀南活动。朱德还要求第120师和第129师正确地使用拨归他们指挥的友军部队，给他们以必要的照顾和帮助：（一）对卫立煌交八路军指挥的六个团部队的使用及指挥方法，我军应帮助其侦察、警戒，勿使其受到意外敌袭；勿使用于过分艰苦、复杂的环境；多采取商量态度，使之真能深刻地了解情形及任务和完成任务之办法。（二）每个指挥员应以热烈、虚心、诚恳的态度对待友军，切戒骄傲

① 雒春普：《阎锡山传》，山西人民出版社2004年版，第300页。

自大，看不起友军；用一切方法帮助友军进步和解决某些行动中的困难；应提高自己的警觉性，防止他们用吃得好和钱多来引诱我军；要使每个战士了解抗战中我们的模范作用，如和气、友爱、纪律、礼节与群众亲密的关系，特别是作战的勇敢。（三）作战基本原则：隐蔽集中于昔阳东南及以南半日行程（40里以上）地区，以少数围攻昔阳或东冶头，调动敌人增援，打击增援队，或在有利的时机与地形袭击正太、平汉路上敌人小部队，或运动中部分消灭敌人。总之，要以打胜仗、勿打败仗为基本原则。（四）对群众工作：要动员当地群众慰问他们，沿途欢迎、欢送及准备茶水；组织救护队；帮助解决粮食；如遇有纪律不好者，群众应取谅解态度。①

2月17日，朱德同阎锡山、卫立煌等在临汾附近的土门镇会商下一步的作战计划。土门会议确定组织右翼军、中央军和左翼军，实施反攻太原。

2月28日，临汾失守，山西南半部沦陷。阎锡山将右翼军改为东路军，将左翼军改为北路军，将中央军改为南路军，分别转入山西九个专区建立根据地从事敌后抗日战争。3月1日，彭德怀路经沁水、高平县的北陈、东山底和沁水县的梅沟，完成了联络友军的工作后，与朱德会合于浮山县的山交村。

1938年3月2日，朱德、彭德怀就任东路军总副指挥，除指挥129师、115师一部外，还指挥山西新军青年决死队第1、第3纵队以及停留在晋东南地区的南路军曾万钟第3军、李默庵第14军、高桂滋第17军、赵寿山第17师、朱怀冰第94师、武士敏第169师、王奇峰骑4师等部。②

3月3日，朱德和彭德怀电令刘伯承、徐向前、邓小平：在襄垣无敌的情况下，八路军第129师师部应进驻襄垣，其主力位于襄垣东南之适当地点，其任务如次：（一）配合曾万钟军两个师，准备随时由北向南侧击由东阳关向潞城、长治前进之敌及其辎重部队；（二）继续开展这一地区之游击战争，彻底破坏东阳关至长治公路；（三）与曾万钟部密取联络，帮助其军事、

① 中共中央文献研究室编：《朱德年谱（1886—1976）》中，第739—740页。
② 侯伍杰主编：《山西历代纪事本末》，商务印书馆1999年版，第1021页。

政治、民众等工作，帮助其解决粮食问题。刘伯承应与曾万钟及其各级干部见面，帮助其战术的改造；（四）派出极小的兵力，向平顺、陵川地域开展游击战争，并与在林县附近之孙殿英部联络。还指示：在和顺以北地区之游击队，应继续向正太路及平汉线积极活动，破坏道路，打击小的敌人。①

3月4日，朱德和彭德怀致电各师领导人，发布关于游击战术原则的指示，指出：正当华北敌人配合东线战场以争夺徐州，主力已南犯，先头部队已抵黄河北岸与东岸作战。整个华北战局已转人大规模的游击战与运动战之新阶段。敌人仍只占领点和线，民众仍与敌对立，而且日益严重。民众抗日运动与游击战已有相当的发展，这是给我军于华北以大规模的游击战与运动战中取得胜利的有利条件。游击战与运动战是允许大踏步的进退，在广大地区内以灵活机动去求得胜利，并望研讨战术以下诸原则：

（一）一切正规军与游击队，应以最积极的进攻敌人，而不应呆板的防御某一地域或城镇，并以最高的抗日热忱克服所遇到的困难。（二）在一切活动中应力求与保持主动地位，不为敌人所吸引而陷于不利地位。（三）游击队与正规军应有密切的配合，游击队应以灵活的动作迷惑分散疲惫敌人，造成正规军各个打击消灭敌人的有利条件。游击队与正规军应有计划的协同与配合作战为原则。（四）在一切战斗动作中应以最高度的突然性，利用黑夜秘密接近敌人，迅速的投入战斗，迅速干脆的解决战斗。而迅速秘密坚决是争取战斗胜利的主要手段。（五）袭击敌人弱点及暴露翼侧或向敌侧后实施机动，而优良的机动是突然袭击敌人的行军纵队并多注意伏击、急袭。（六）一切战斗前应有周密的计划，注意选择突击地段与时机及集中绝对优势兵力用突击点以期必胜。对次要方面，只须以少数兵力钳制敌人；（七）战斗一经发起，应以最坚决最迅速的动作连续冲锋，投入白刃拼搏，确实已无胜利把握，应迅速退出战斗，迅速转移兵力，寻求新的机动。（八）前线指挥官应有很好的战斗指挥，敏锐正确的判断，以迅速下定决心，并能在上级作战意图下发扬机断专行。（九）在组织

---

① 中共中央文献研究室编：《朱德年谱（1886—1976）》中，第764页。

与发动民众的斗争，特别是游击队、自卫军应加强抗日戒备的组织，捕捉敌探、汉奸、托匪，须慎重认清真伪，封锁消息，以保持我军秘密和安全。严格建立侦察队及通讯联络，以便能及时发现和传达敌情而利于我军的机动。①

3月6日，朱德和彭德怀就关于在华北坚持配合友军作战及目前作战方针致电张闻天、毛泽东、王明、周恩来、博古、任弼时：蒋介石严令华北各军一兵一卒不许过黄河，该等兵力约20万人，八路军9万人，组织三路军，朱德、彭德怀任东路军指挥，卫立煌兼南路军指挥，傅作义任北路军指挥。“在友军不过河以前，我应坚决而积极地在华北配合友军作战”。“总部准备移沁县召集东路军少将以上的军事会议，求得战略方针大体一致”。“目前作战方针〈应〉乘敌主力尚未转入华北时，以积极动作保卫陕北、潼关。因此拟议贺师主力配合傅之一部，进攻朔县、集宁，威胁大同归绥，以曾万钟部刘师及徐旅进攻涉县、武安，折断平汉线。以李默庵、高桂滋部，进攻灵石、霍县、赵城之线，均相机进逼主力，保持机动打击之增援队。赵寿山师及杨旅向阳城、晋城活动，南路相机收复翼城、临汾，朱、武两师相机使用。邓华支队积极破坏南口，东进两支队破坏沧石路及津浦路北段，聂区继续破坏平汉路及正太路。陈光旅目前向隰县及离石之敌袭扰，起到战术上迟滞敌进作用，如敌将主力转移华北时，津浦路济南，浦口、江南京沪路相机反攻。”②

3月7日，朱德和彭德怀致电张闻天、毛泽东等：总部准备移沁县，召集东路军少将以上的军事会议，讨论以下问题：作战方针；建立根据地，主要的在发动群众，准备持久；军事政治工作；敌伪工作。报告目前作战方针及军事部署：在敌主力尚未转入华北时，以积极动作保卫陕北、潼关。拟议贺龙师主力配合傅作义之一部进攻朔县、武安，截断平汉路。以李默庵（第33军团军团长）、高桂滋（第17军军长）部进攻灵石等地，均以相机进攻，主

---

① 袁伟、吴殿尧主编：《朱德军事活动纪事（1886—1976）》，第431—432页。

② 中共中央文献研究室编：《朱德年谱（1886—1976）》中，第766—767页。

力保持机动，打击敌之增援队。赵寿山（第17师师长）部及杨旅向阳城、晋城活动，南路相机收复翼城、临汾。朱怀冰、武士敏两师相机使用。邓华支队积极破坏南口。东进两支队破坏沧石路及津浦路北段。聂荣臻部继续破坏平汉路及正太路。陈光旅目前向隰县及离石之敌袭扰，取得战术上迟滞敌进作用。①3月9日，毛泽东致电朱德、彭德怀并各师首长：在目前阶段，八路军在不被日军根本隔断条件下，应在敌后配合友军坚决作战，有效地消灭与削弱敌人。②

1938年3月15日，朱、彭率八路军总部移驻沁县的小东岭村。

为协调各部行动，朱德于3月24日至28日在沁县县城东南约15里小东岭八路军总部主持召开东路军将领会议，曾万钟、李家钰、朱怀冰、赵寿山等30多名友军将领参加这次会议。由于交朱德指挥的南路军卫立煌部的几位将领同时参加会议，所以，人们有时也把这次会议称作东、南两军将领会议。沁县是山西决死队第1纵队纵队部和山西第三行政公署的驻地，该纵队政委、公署主任薄一波也参加了会议。会议的议程是：(一)报告、讨论目前战争形势与任务；(二)改善部队政治工作与健全组织；(三)确定与统一民运工作方针及敌军工作方针；(四)确定作战方针，建立根据地，武装民众；(五)由东路军开办地方工作、敌军工作与部队政治工作训练班。

3月24日，会议由彭德怀作《第二期抗战与我们的任务》报告。彭德怀指出：敌第二期作战的总企图是占领武汉及其北方要镇，以封锁我内陆。坚持华北抗战，就会增加敌军深入及对点、线占领的困难与危险。华北人口众多，可广泛开展游击战；农产丰富，给养不难解决；地势有利，可随时截断平汉、平绥、正太、同蒲以至北宁路，威胁平津。我在华北在作战原则是：战略上的防御战，战术上的进攻战；战略上的持久战与消耗战，战术上的速决战与歼灭战；充分运用运动战，消灭敌人的有生力量；继续发展游击战，造成我基干军队在运动战中大量消灭敌人的机会。③彭德怀还谈道：

---

① 中共中央文献研究室编：《朱德年谱（1886—1976）》中，第768页。

② 中共中央文献研究室编：《毛泽东年谱（1893—1949）》中卷，第54页。

③ 王焰主编：《彭德怀年谱》，人民出版社1998年版，第198—199页。

必须改造旧政权，实行民主政治；军队要实行战时的政治工作：要武装民众，发展游击战争。另外，对俘虏政策和对汉奸的政策，也作了详细说明。

朱德在会上讲话，着重分析了敌我形势，介绍八路军粉碎日军进攻和坚持敌后战争的战略战术，鼓励国民政府军队将领为抗日做出贡献。朱德还与参加会议的国民政府军将领个别谈话，指出抗战初期战事失败的原因，是没有抗日民主，没有发动群众，没有搞好军民关系。单纯军队抵抗是打不好的。要他们开展抗日民主，搞好群众关系，把旧军队改造成新型的军队，废除旧军官对士兵的统治，改善官兵关系，训练政工人员，建立政治工作。今后要组织短小精悍、政治坚强的指挥机构，率领队伍深入敌后，开展游击战争。①

这五天的会议，对坚定敌后抗战信心、稳定友军情绪，起了很大作用。②3月30日，朱德、彭德怀、左权还致电中共中央，报告："友军对于打通后方联络线至为迫切，在东南两路军会议上，就后方联络方法商定，由沁源经灵石到永和渡河，由一一五师护送；沿太岳山脉打通垣曲与陇海路相接，由国民党第十四军负责；不得已时经陕北到晋绕五台过正太路南下"。同日，朱德等还电告周恩来、叶剑英等东、南两路军后方联络方法，并请周恩来、叶剑英速商何应钦、白崇禧，用飞机送各军、师经费及晋冀豫五万分之一地图来沁县县城附近投掷，并先约定联络记号。3月31日又致电周恩来、叶剑英，请迅速补充前方极端缺乏的药品，并因交通不易，不宜按月而改为半年或一年作一次发送。③

小东岭会议快要结束时，八路军第129师计划在河北涉县和山西东阳关之间的响堂铺打一次伏击战。响堂铺的地形独特，一侧是悬崖峭壁，不易攀登，一侧是起伏高地，便于隐蔽和出击，是邯长公路上理想的打伏击

---

① 中共中央文献研究室编：《朱德年谱（1886—1976）》中，第776页。

② "这一会议，大大提高了军民心情，稳定了晋东南各方的抗日情绪，坚定了坚持敌后抗战的信心。这一会议对于不久以后晋东南粉碎敌之九路围攻，以及坚持整个华北的抗战，都具有极重大的意义。"见《左权军事文选》，第352页。

③ 中共中央文献研究室编：《朱德年谱（1886—1976）》中，第778—779页。

战的好地方。朱德批准了八路军第129师的作战计划，由徐向前担任这次战斗的前线总指挥。为了加深友军将领对八路军游击战术的认识，朱德邀请会议参加者到战场附近的高地上，实地参观这次战斗。3月31日上午，当日军第14师所属的两个汽车中队进入伏击圈后，战斗立刻打响了，在两个小时内干脆利索地全部解决战斗。接着，八路军又打退日军的增援部队。这次战斗，把日军两个汽车中队共约180辆汽车全部焚毁，护车队的日军官兵170多人大部分被击毙，缴获迫击炮四门、各种枪几百支。通过这次观战，大大增强了友军将领对八路军游击战术的认识和抗战的信心。

4月13日，八路军总部举办东路军政治工作干部训练队，培训友军的青年军官。朱德在训练队开学典礼上讲话，论述目前战争的形势，坚持抗日民族统一战线的重要性，以及成立这个训练队的意义和任务。

从1938年4月初开始，日军以第108师为主力，调集3万以上兵力对晋东南抗日根据地发动规模空前的九路围攻。它的主要目的是企图把八路军总部逼到辽县、榆社、武乡、襄垣地区加以消灭。对日军准备发动九路围攻，八路军总部在3月底就有觉察，后来在八路军第129师缴获的日军文件中，又发现一张日军九路围攻晋东南的作战计划图。因此，当日军发起攻击前，朱德已筹划了对策："以一部兵力箝制日军其他各路，集中主力相机击破其一路。"①参加这次反围攻的部队，有八路军第129师和配合该师在这一地区活动的第115师344旅，还有决死第1、第3纵队以及属于东路军序列的各友军部队。

朱德把刘伯承、邓小平、徐向前率领的八路军第129师作为粉碎日军九路围攻的主力，命令他们转入外线（山西麻田至河北涉县一带），隐蔽集结，寻机歼敌。同时，发动群众，坚壁清野，由地方游击队和自卫军不断袭扰敌军，破坏道路，捉拿敌探，配合作战。由于事前已有准备，晋东南军民对日军的这次大规模围攻便能沉着应付。各部已遵照总部命令作好了迎击准备。

① 李达：《抗日战争中的八路军一二九师》，人民出版社1985年版，第87页。

4月8日，朱德和彭德怀综合各方敌情判断，敌第一步向辽县、榆社布置围攻，已就预定位置。如敌完成其计划，第二步必向太岳山脉围攻，以巩固白晋路、平汉线交通。于是做出关于粉碎九路围攻的具体部署："A、各兵团以机动、坚决、勇敢，乘敌分进之际集结优势兵力，从敌侧背给敌以各个打击与歼灭，以粉碎敌之围攻部署：一、曾（万钟）军主力应隐蔽集结于东田镇、西营镇、上北漳地区，待敌进至襄垣以北侧击之，一部仍在虒亭、夏店、甘村、五阳去积极迟滞敌进，如日军猛攻时节节抗攻击。二、刘（伯承）师以协助曾军及适时打击由涉县向辽县（今左权县）前进之敌，应即集结西井镇附近机动位置。三、徐（海东）旅及决死第一纵或打击或消灭由沁源东进之敌后，准备转至屯留以北，配合曾军、刘师作战。四、朱（怀冰）师长原属之两师主力，仍应集结马陵关、白壁及其以西地区，待机以小部配合游击队，积极向祁县、太谷、寿阳之线活动，扰敌、毁路。五、曾（国华）支队、陈锡联旅，积极向石家庄、娘子关及平汉线袭扰。B、第129师政治部应尽一切努力，动员群众参战。综合各方敌情：一、敌108师团步兵两联队及工兵、炮兵各一联队及辎重联队多部，集结长治、潞城地域，一部1000余人于8月12日向虒亭前进，至黄昏时进抵虒亭，仍与我曾军一部对战中。虒敌主力仍在长治以北地区，有经襄垣向武乡前进可能，一部沿虒亭公路进占沁县与沁源之敌会合。二、由安泽东进之敌，于8日晨占沁源，有东进模样。三、平遥、祁县、太谷之线，近日向南集结约4000余人，可能向分水岭前进。四、据刘师报，涉县日前由平汉线增2000余，共约3000人，似十六师团之一部，该敌有向辽县前进可能。五、邢台、沙河5日前到敌，十六师团为主力，近日情况不明。"①

4月10日，南路日军先头部队发动进攻。八路军总部从沁县小东岭移驻武乡马牧村。这一天，朱德和彭德怀给第二战区将领曾万钟、朱怀冰、武士敏发出《粉碎日寇围攻战役战术的指示》：根据敌情判断，似日军即日围攻我太行山脉之东路军，"我东路军、八路军为抑留敌人于华北，应乘其进

① 袁伟、吴殿尧主编：《朱德军事活动纪事1886—1976》，第438—439页。

攻我军时，采取灵活的运动的游击战术”，在敌未进入我利害循环变换线时，“采内线作战方式，以优势兵力各个击破其一路”；如敌已进入我利害循环变换线内，“则应由间隙中转入外线，袭击侧后，仍以各个击破之。”敌之任何一股前进时，我军应以小部，以一连或一营为单位，采取运动防御之姿势，配合本地自卫军、游击队，昼夜袭击，疲劳敌人，分散敌人，迷惑敌人主力，出敌不意，突然袭击，而消灭其一部。各路前线指挥官应发动当地自卫军，并统一指挥而配合作用。各军、师应加紧部队政治动员，提高战斗力。供给应随时携带一部，临时就地补充，不宜囤积一地，切忌资粮与敌，伤病员严防被敌屠杀，应分散在偏僻地区，并临时转移。①同日，发布《粉碎日军大举进攻之部队政治工作纲领》，号召东路军各部队做好战斗准备，动员民众实行空室清野。

由于八路军的坚决阻击，九路日军已有六路被阻，只有第108师团分三路侵入晋东南根据地腹地。但该日军连续作战，已相当疲惫，并且孤立突出。在此情况下，朱德即令刘伯承、邓小平、徐向前率领第129师主力，迅速由外线转入内线，进至武乡以北地区，伺机歼灭进入腹地的日军。同时，发动群众，坚壁清野，由地方游击队和自卫军不断袭扰敌军，破坏道路，捉拿敌探，肃清汉奸，并帮助八路军和友军搬运伤兵，进行联络、筹粮、运输，配合作战。

4月11日，南路日军北进至下良镇。这一路日军是这次围攻的主力，由骄横的苫米地旅团长指挥。朱德早已判断这路日军有经沁县、武乡进攻榆社的可能。他们在进占沁县后果然向武乡进攻，于4月13日占领武乡县城。朱德准备在武乡、榆社间夹击消灭这股敌军。

在武乡、榆社附近的东路军友军部队有曾万钟的第3军、朱怀冰的第94师和武士敏的第169师。朱德命令朱怀冰部集结在榆社、武乡一线两侧的云簇镇附近；武士敏部除在驻地阻击敌军外，以一部向沁县方向游击；曾万钟部以一部向武乡以北边战边退，而将主力隐蔽集结于附近山地，待日

① 中共中央文献研究室编：《朱德年谱（1886—1976）》中，第784页。

军通过武乡后，立刻猛烈尾攻，同朱怀冰部夹击日军。同时，命令八路军第129师主力及第344旅一部迅速赶到战地参战。武士敏将军根据作战部署，坚决听从第18集团军朱德总司令与彭德怀副司令的指挥，率领第169师与八路军密切协作，共御外侮，坚守子洪口要隘，同进犯的日军第109师团血战数昼夜。①但由于有的友军没有按照朱德的指示行动，这次夹击计划没有实现。苫米地部日军进抵榆社后，因为群众空舍清野，破坏道路，又退回武乡。

4月14日，朱德、彭德怀致电按总部计划跳出日军合击线外隐蔽待机的第129师及第344旅负责人，命令他们迅速向武乡靠近，寻机打一个歼灭战。第129师主力及第344旅的第689团，接到总部命令后，在刘伯承、邓小平、徐向前率领下，在4月15日傍晚飞速赶到武乡县城西北，原来在武乡的日军刚从这里带了辎重骡马弃城沿浊漳河向襄垣方向退去。刘伯承下令分左、右两个纵队迅猛追击。第二天拂晓，左、右两路纵队超越日军并把他们夹击在武乡以东的长乐村地区。日军被截为几段，困在狭窄的河谷里无法展开。已通过长乐村的日军回头救援，又遭到八路军顽强堵击。激战到当天黄昏，共歼灭日军下元熊弥（第108）师的柏崎联队和苫米地（第104）旅的工藤联队及炮、骑、工、辎各一部，共2200余人，击毙战马500多匹，并缴获一部枪支和其他军用品。第129师第386旅第772团团长叶成焕的在这次长乐村战斗中负重伤后牺牲，这是八路军的重大损失。

长乐村战斗是粉碎日军九路围攻中有决定意义的一战。南路日军遭受严重打击后，其他各路日军纷纷退却。这样，在不到半个月时间内，日军九路围攻晋东南的计划便以伤亡4000人的代价而宣告破产。到4月26日，八路军和友军连克榆社、辽县、武乡、沁县、沁源、壶关、安泽、屯留、黎城、潞城、长子、阳城、沁水、长治、高平，晋城及河北涉县等10余座县城，巩固并扩大了以太行山为依托的晋东南即晋冀豫抗日根据地。

---

① 党德信、杨玉文主编：《国民党抗战骁将：炎黄忠魂录》，解放军出版社1994年版，第58页。

4月23日朱德、彭德怀将4日开始的反九路围攻情况汇总报告毛泽东、周恩来、叶剑英并转蒋介石。①报告称："本月4日，敌各路部队到达进攻出发地，我各路部队已开始了反围攻的战斗。北进之敌于14日，进陷榆社、辽县芹泉镇之线，同时由昔阳南进之敌，到达辽县芹泉镇。祁（县）、太（谷）之敌，被94师，169师坚决抗阻于盘陀镇东、西团城地域。进陷沁源之敌五六百人被我1、3决死纵队等围困于沁源城。深入之敌，遭我连日堵截、袭击，不断打击与部分消灭，及民众的清野空舍，虽进入目的地，但无法立足，尤以删日武乡以东战斗，我129师及徐（海东）旅一部给敌严重打击，歼敌1500人，将围攻主力苫米地旅团击溃，而成为此次粉碎大举围攻之决定性战斗。如能协同动作，该敌可全部消灭。敌遭此次打击后，纷纷脱逃，我各路亦乘机截击、追击敌人。截止本日止，敌之大举围攻已完全粉碎。计历时16日，大小战斗不下数十次，其中如129师、115师344旅一部在武乡以东马庄附近5次战斗。94师、169师在东、西团城、盘陀镇数昼夜之抵抗，该敌始终未深入。1、3决死纵队在沁源附近之战斗。83师、47师，在和川镇及其以西之战斗。344旅及特务团在沁县附近及追击沁县退却敌之战斗。曾（国华）、汪（乃贵）两支队在松烟镇之战斗。秦（基伟）赖（际发）支队在和顺、昔阳间之战斗。汪、曾两支队围攻辽县之战斗。17师收复屯留城。骑4师在麻田镇以南之战斗。总计敌之伤亡在4000以上，毙敌联队长一，资材消耗尤多。我各部伤亡约2500余人，129师阵亡团长叶成焕一员，负伤团长陈希廉一员。84师被飞机炸亡团长吕晓韬一员，消耗弹药待查。""在此次战役中，除个别部队不能应命坚决作战外，其余各部均能坚决、勇敢、积极为完成自己任务而奋斗。"②

在其后，朱德指挥部队继续扩大战果，4月30日，朱德和彭德怀致电毛泽东、滕代远等转蒋介石、何应钦等报告说：东路军粉碎日军九路围攻后，残敌在我猛烈追击下，于25日开始南撤。在徐海东旅及赵寿山师第529旅

---

① 中共中央文献研究室编：《朱德年谱（1886—1976）》中，第792页。

② 中国人民解放军历史资料丛书编审委员会编：《八路军·文献》，第180—181页。

等部截击下，敌伤亡千人以上。截至本日止，侵入晋东、晋东南之敌已全部被我扫荡，失地全部收复。“此系粉碎敌九路围攻后战果的扩张与胜利的继续。”①

为配合晋东南地区的反围攻战斗，晋军赵承绶部与八路军第120师向晋北日军的交通线和据点发起了猛烈攻击，接连在长治、高平、晋城等地重创日军，并于5月1日收复了晋城。与此同时，傅作义、何柱国及门炳岳的骑兵军也在晋北偏关与日军展开了拉锯战，经过几番苦战，终于在6月7日攻占了偏关。从5月4日开始，中国军队向入侵晋南的日军发起反攻，相继收复了平陆、芮城、风陵渡、永济、虞乡、解县、荣河、稷河、禹门等要地，到6月中旬基本将日军赶出了晋西南地区。②

合作取得“晋南大捷”的胜利

粉碎日军九路围攻后，国共军队又合作取得了“晋南大捷”的胜利。据查，这次战役的情况，除了克寒撰写的长篇通讯《晋南大捷战之始末》③一文外，尚无其他比较完整系统的记述，甚至连个战役名称都没有。对这次战役，为了不同“中条山战役”（又称“中条山会战”“晋南战役”“晋南会战”）混淆，姑且参照“万家岭大捷”④的命名方式，称之为“晋南大

① 中共中央文献研究室编：《朱德年谱（1886—1976）》中，第794页

② 欧阳植梁、陈芳国主编：《武汉抗战史》，湖北人民出版社1995年版，第54页。

③ 原载《新华日报》1938年8月27日和28日。

④ 参见中国第二历史档案馆《中国抗日战争大辞典》编写组编：《中国抗日战争大辞典》，湖北教育出版社1995年版，第27页；郑文翰主编：《军事大辞典》，上海辞书出版社1992年版，第1013页。危仁晸、刘勉玉、刘受初主编：《江西现代革命史辞典》，华东师范大学出版社1993年版，第268页。中国人民解放军广州军区司令部编：《中国军事百科全书·中国近代战争史分册》，军事科学出版社1994年版，第181页。

捷”。“晋南大捷”历时约一个月，由“町店战斗”“东坞岭战斗”“封门口战斗”“邵源战斗”“西阳河战斗”等战斗所组成。共产党领导的八路军第115师第344旅、决死第3纵队、晋豫边抗日游击支队参加了该战役。以下内容录自《晋南大捷战之始末》并参考其他资料用笺注方式将其省略的部分予以补充，补充部分加方括号。

一、“穷途末路”之新阴谋

日军九路大举围攻为中国军队粉碎后之晋南残敌，在中国军队重重围攻之下，实已成惊弓之鸟，日唯保守同蒲路上几个据点，苟延残喘，以俟大江主力战之迅速解决，返回之力，以解其围。但因中国军队丝毫不放松的积极进击，连续收拾其据点，使其虽欲保守亦不可能，花费极大代价所获得之同蒲南段，行将被逼放弃。两个月来的晋南残敌，其苦闷状态，即是局外人亦不难臆测。

为解晋南之围，以保同蒲，同时更想“扫荡”在晋南之中国大军，并企图渡河以威胁洛阳，控制陇海，敌人遂于6月底开始，分三路向垣曲的中国军队进攻。一路由豫北新乡出发，沿道清路向西推进，一路由沁阳向北推进。这两路在道清路之博爱汇合，再分兵两路，一向正西经济源、邵源，直奔垣曲；一向正北经天井关，而又转西攻阳城、沁水。同时，第三路，同蒲路残敌第14师团之一部，则由曲沃、翼城、闻喜等处由西向东来迎，遂发生连续一月余之晋南空前大会战，敌4万余人全部为中国军队击溃，歼敌数千，伤亡共达万人，缴获汽车400余辆，敌渡河阴谋被整个的粉碎。道清路与同蒲路之敌仍然不能联接，中国晋南交通线依然保持，而晋南被围之敌，给养困难，情形自更狼狈不堪。

二、沁水东西之浴血战

西向沁水之敌，于7月1日即占领晋城天井关，其先头步骑炮共千余人，当时奉令应战的是八路军第115师第344旅（旅长徐海东）。当第344旅由长治地方[1]调移兵力到高平北之张店（属长子县）时，敌人已占领晋城，其先头且已于7月3日进抵阳城西之河头。汽车继续向沁水推进，其时第344旅即由高平西之下玉井插下，尾后追击，始终未能赶上，直到7月6日追到沁水（又称沁河）西之义城、町店，始逼近敌人。

由阳城到沁水县城，实际上是一条山沟公路曲折蜿蜒于水流中，义城、町店即在两山间之沟道上，北依山岭，南即河沟。其日，敌于上午到达町店后，即在町店休息，埋锅煮饭，准备饱餐一顿，俟烈日偏西后继续行军。敌军骄纵异常，当时并未向东西两面派出警戒，又因天气炎热，士兵几悉数下河沟洗澡，让90余辆汽车静静地躺在公路道上。担任追击任务的八路军第344旅，自接近敌人后，便衣队即徘徊于敌军四周，未离敌人一步。此时敌人在町店休息，其一行一动，自不能逃过我便衣侦探之耳目。徐海东旅长得到详细报告后，立即到町店北面山岭上，撒开所部全旅，派一营向阳城之河头来路；一营向沁水方面担任警戒，以备敌由东西两路增援，伏击增援之敌；另外侧由山岭上分四支兵力袭击町店休息之敌。

布置就绪，上午11时，四支兵力即由岭上冲下，不鸣一枪，直冲至町店，而以手榴弹刺刀向敌猛扑。敌人当时尚如睡在梦中，猛然惊觉，疑为飞将军由天而降，仓惶应战，死伤已达一半。适才彼等悠闲沐浴之河沟，已注满若辈殷殷鲜血。其后，急以町店南面，背河沟之一所破屋与两间独立屋为据点顽抗。中国军队与敌进行肉搏，反复达十余次。至于汽车则完全为我所控制。我一面卸下其车上之军用品，一面则击毁30余辆。如此白刃浴血，直战至黄昏。敌果由两面来增援，东由阳城之河头，开来后续部队500余

---

① 李光元回忆说："第344旅（欠689团）……6月30日奉命由长治、长子经高平急行军百余公里，于7月1日进至阳城北之町店附近"。见李少元著：《硝烟征程》，白山出版社1999年版，第182页。王鸿计回忆说："八路军115师344旅旅长徐海东率所属部队和由新兵营组成的加强团，7月1日从长治方面出发绕过晋城赶到了町店北面山上的梁山扎营，与当地党组织很快取得联系，展开布防工作。"见王鸿计口述、凌国强整理：《忆町店战斗》，载中共晋城市委老干部局编：《晋城抗战忆事》，山西人民出版社2006年版，第36页。

人，中我警戒部队之埋伏，全部为我击溃，残敌向原路回窜。西由翼城驶来增援之敌约千余人，在其重武器掩护之下，侥幸进入町店战场，参加战斗。故自黄昏开始，战斗更见激烈，酿成一种大混战局面。入夜9时许，敌终于不支，残敌由其援兵掩护之下，退出战斗，向沁水抱头狂窜。

其时八路军第115师第344旅当即分兵两路，一路东下追击海头之敌，于7月30日收复晋城，直追出天井关。一路西上追击向沁水逃窜之敌。西窜之敌沿路中我埋伏，被数次伏击，死伤遍野。又因新庄河、夫妻岭、富店等处道路与两顶险要的桥梁为我民众破坏，再因河沟涨水，敌未能顺利通过，直至28日，始裹创逃入沁水城。

敌军入沁水城后，中国军队即在沁水城外将其包围，昼夜攻城，敌闻风丧胆，闭门不纳，惶恐万状，勉强支持至29日，步骑炮1500人突出西门向翼城逃窜。中国军队对此早有布置，一面收复沁水，断敌归路，一面则派部队在路上堵击。向翼城西窜之敌，行抵东郇岭，即中第10师（师长彭杰如）与决死第3纵队之埋伏。10师与决死第3纵队乘其不备，突将其包围，一鼓歼其千余人，毁汽车200余辆，使敌全军覆灭。①

① 王绳武回忆说：“1938年7月下旬，日军为解晋南之围，确保同蒲铁路交通安全，进而达到觊觎黄河威胁豫陕之目的，遂于河南沁阳、新乡分两路调兵侵入晋南。其中一路直奔垣曲，另一路则经博爱到晋城、阳城直取沁水。其中，向沁水方向进发之敌，为日军兵站汽车第38中队（中队长武田中尉，将校6名，下士官兵186名）和兵站汽车第35中队主力（将校4名，下士官兵111名），步兵第105联队第4中队第1小队（将校1名，下士官兵42名）及汽车100余辆。这个情况被八路军侦察到后，立即通知卫立煌派部队伏击。卫立煌部第10师师长彭杰如奉命组织部队在沁水、翼城之间的东坞岭一带，让开大路，隐蔽两侧。八路军唐天际支队同时参加伏击。等到日军汽车队进入伏击圈，先集中迫击炮打毁日军前面开路的装甲汽车，又把后面护送的战车击毁。山陡路窄，敌辎重汽车前后受阻，无法逃脱。中国两支伏击部队协力杀敌，押运物资的日军顽强抵抗，经3个多小时的战斗，打死日军近千人，活捉30多人，缴获轻重机枪50多挺、步枪400多支，还有被服等物资。战后打扫战场，发动周围数十里的村民都未能搬完。因汽车不能往山里搬，只好付之一炬，总共烧掉敌汽车约300辆。这是抗战以来夺得敌汽车最多的一次。后来查清，这是日军最健全的小西汽车队。这一战役叫东坞岭战役，也是国共两军合作的一次出色的胜仗。”中国人民解放军历史资料丛书编审委员会编：《八路军·参考资料（1）》，第692页。但是唐天际在其回忆中没有提到这次战斗配合。

三、三战三捷垣曲失而复得

另一路西向垣曲进攻之敌，日军第108师团一个旅团约四五千人，附伪军刘桂堂之一部，7月5日①即通过济源，而抵济源西之封门口。第17师李维民部当日即在封门口堵击，阻敌回进。封门口形势险要，敌无法通过，即抄小路推进，迂回到第81师（师长贺粹之）后方。第81师因后路被抄，无法再行堵击，立即机动地放弃封门口，掉转头向敌尾击。②敌于7月6日前进至王屋镇，遇晋豫边抗日游击支队唐天际部，作遭遇战。抗日游击支队唐天际部与敌周旋一天，因敌来势凶猛，不宜与作正面死拼，歼敌少数后，即将游击队撤至两翼与敌游击，俟大军之赶到。

7月7日敌已进入邵源镇，离垣曲仅数十里。此时中国军队已有准备，副司令长官卫立煌氏调兵遣将，以第83师（师长陈武）与独立第5旅（旅长高

---

① 车国光《西阳河战役》："由济源西犯之敌于[六月]齐日（八日）晨突破81师阵地，长驱直入。"（中国人民政治协商会议垣曲县委员会编：《垣曲文史资料》第1辑，1985年版，第105—110页）。原文注明是六月八日。此日是阴历，换为公历即是7月5日。车文记述的时间是阴历"六月"由于说明，其他关于"西阳河战役"的文字材料如《垣曲县志》（垣曲县志编纂委员会编，山西人民出版社1993年版）、《济源市志》（济源市地方史志编纂委员会编，河南人民出版社1993年版）、杨圣清、段玉林：《巍巍中条：中条山军民八年抗战史略》（中央文献出版社2000年版）等根据车文编写时都误为公历。张国英《抗日战争中最悲惨的晋南会战（上）》一文正确地记述了公历的时间，其中描述说："日军第二次攻占垣曲县城，是在民国37年7月5日开始。日军第20师团集结万余人，在其猛烈炮火掩护下，由横岭关经皋落东犯，于7日与由封门口西犯之敌，在垣曲城会师。占领烧杀10日，至17日即为我中央军第17军高桂滋部击退，日军仓皇西逃。"（中国人民政治协商会议山西省垣曲县委员会《垣曲文史资料》编辑室编：《垣曲文史资料》第9辑，1999年版，第128页。）

② 车国光《西阳河战役》："敌于7日凌晨再举向我猛扑，全线展开激烈战斗。师长赵寿山、贺粹之亲临前线督战，阵地失而复得者数次。官兵奋勇杀敌，伤亡连长以下200余人，遂将师预备队投入战斗。血战数小时，毙伤敌达300余人，战斗暂停。……敌于8日拂晓，又向我阵地发起猛攻，先以飞机轰炸，继以山野炮轰击。激战约两小时，因官兵伤亡过半，赵、贺二师长令节节后撤，退守邵原，再歼西犯之敌。"

增级①）及卫立煌地方游击队400人于邵源西之铺长〔蒲掌〕、南羊圈，迎头痛击西犯之敌；另以第85师（师长陈鸿远）由左翼利用地形，附敌侧背，同时第17师（师长赵寿山）及唐天际支队则在敌后积极动作。布置就绪，战斗即于7月7日开始，激战五天，肉搏数十次，歼敌骑兵300余，步兵1400人，击毁其大炮三门。战至11日，敌全部为我击溃，踉跄退回王屋镇西40里处，据守山头，坚筑工事，急向前后告急。②

7月13日，同蒲路敌得报，急由曲沃、侯马，驶出步骑2000，由西向东，经东冷口、横岭关，而向垣曲推进。行军三日，于16日到达皋落镇。中国军队配以第83师与第14集团军之一部，利用山地袭击敌人，予敌重创。③

道清之敌闻两次失利，于7月20日急由东开来援军3000余人，会同在王

---

① 《垣曲县志》记载：“日军第二次侵垣：民国27年（1938）7月5日，日军第20师团5000余人由横岭关东犯，6日占领皋落后，南向县城（今古城）。卫立煌令围攻西阳河的第14军李默庵等部转移至南山柴火圪瘩、孟家峪、马道岭一带，第17、81师转移至阳城横河镇、黄背角、二里腰。被围西阳河之敌与东犯日军于7月7日在垣曲县城会合。17日，卫立煌令国民党部队独立第5旅高增级部由东进击，日军西逃，县城收复。”垣曲县志编纂委员会编：《垣曲县志》，第488页。

② 车国光《西阳河战役》：“敌于7日拂晓，又向我阵地发起猛攻……。敌于9日除以飞机在我邵原上空侦察外，其步兵未发动攻势。敌于10日拂晓，开始向我全线猛扑，经半小时白刃战，因众寡悬殊，81师后撤，敌先头部队冲入邵原展开激烈巷战。……敌于12日拂晓开始向西进犯，12时左右与我李默庵部在河东、纸方头、王古垛、下马全线展开激烈炮战，从此，会战序幕正式拉开。”

③ 车国光《西阳河战役》：“7月13日，敌在飞机掩护下向西阳、蒲掌进犯，被我14军83师迎头痛击，狼狈回窜。后敌人纠集重兵再度猛攻，仍未得逞。敌酋为了达到西犯之目的，曾枪决一个联队长（团级）以示众（据俘虏供词）。敌到西阳河以后，邵原被我军克服，截断敌后路。在南北不过20里，东西约8里的西阳河，敌死守待援。”“每师派一个加强团于14日拂晓同时向敌猛扑，其详细战斗部署如下：一、第10师向南西沟、东坡之敌攻击相机占领之。二、第85师向李家古垛、石家庄之敌攻击，相机占领之，再向下马推进。三、83师向双庙、南羊圈攻击，相机占领，并向张家凹、下马推进。四、17师向纸方头、王古垛攻击，相机占领，扩大战果，向旬古垛推进。五、81师向提沟、前提沟盘踞之敌攻击，相机占领，再向下马推进。各师如达到预期计划目的，必须扩大战果，会师下马、窑头附近。各师均按时出击了，因敌火力猛烈，负隅顽抗，均未达到预定目的，为了避免白天损失过大，于12时左右均自动撤回。因白天敌人火力过强，攻坚伤亡过大，得不偿失，战区指示：‘白天炮击，夜晚偷袭。’连续10日，敌补给中断，依靠空投，仍负隅顽抗。”

屋镇株守之敌，配合侯马、曲沃之敌，东西两面夹击垣曲。我以垣曲两面受敌，且背带黄河，地势十分不利，遂于一场苦战歼敌3000人后，自动放弃垣曲，撤所部至北面山头侧袭敌。由东向西去垣曲与同蒲14师团会合之敌，在南羊圈出其不意，遭我独立第5旅之埋伏，歼其300余人。①

垣曲失陷后两日，中国军队在卫立煌副司令长官指挥之下，集结优势兵力反攻垣曲。终于7月25日一鼓斩断蜿蜒黄河畔之毒蛇，还我垣曲。万余敌军被击溃后，分两路逃窜，我亦分两路追击。东追连克邵源、王屋，西追连克皋落、横岭，望风披靡，势如破竹，所有失地，一一收复，于26日结束整个战斗。②敌人于道清、同蒲汇合南渡黄河之迷梦，仅似昙花一现，而受伤裹创，亦就尝知我军的厉害了！

四、经验教训与胜利信心

此次晋南会战之大捷，开创西战场在太原失陷后之新纪录。……

西战场的中国军队经过这次战斗，更提高了胜利的信心。坚持西战场

---

① 车国光《西阳河战役》："战区又命令发动第二次攻势，其电文如下：'即到各军师长○密。盘踞西阳河之敌，经我军连日袭击，已处于危境。各军师务于23日午夜全线展开向敌猛扑，全歼西阳河之敌。并令第9军47师星夜推进蒲掌附近归李军长统一指挥，并令驻垣曲城我独立第5旅及战区炮兵团星夜推进东郭家山附近，均归李军长统一指挥。余在垣曲莘庄村。卫立煌巳辰有参三。'奉到命令以后，各师派1加强团，共计7个团兵力，另配属炮兵1个团，于23日午夜同时向当面之敌展开猛攻。经激战后，第10师克服东坡，第85师收复李家古垛，第83师攻克南羊圈，第17师攻克茶坊，第81师攻克提沟，各部均有所获。正在扩大战果之际，敌机5架低空盘旋轰炸扫射，使我官兵不能抬头，各部均退回原地。此役共计毙敌500余人，俘200余人，获步机枪200余支。我军伤亡200余人。"

② 车国光《西阳河战役》："7月25日又奉战区指示：'限即到各军师长○密。晋南之敌有向东进犯模样，企图策应西阳河之作战，有会师垣曲县城之打算。战区决定，再抽调第五十四师及战区山炮团星夜推进尖疙塔、陈家庄、南蒲一线围歼西阳河之敌。各师务于26日部署完毕，午夜12时均向当面之敌开始猛攻。卫立煌辰感午参三。'各师奉到电令后，均派1加强团配属炮兵1个连先行轰击，待摧毁敌工事后实行猛攻。此时除南羊圈、双庙及茶坊、带有激烈枪战外，其它地区并无枪声。攻击茶坊之第17师98团第1营营长呼品一及官兵200余人壮烈牺牲。各部队不协调，指挥不统一，致攻势未能奏效。"

作战，坚持华北，有着胜利的前途。大战结束后，西战场的两个巨头，卫立煌将军与朱德将军在垣曲会合了，他们开了一个联欢会，会上，充分表露了胜利的欣悦。两位将军都有这样的信念，要是我们的进步性继续发扬，在山西抗战，我们实有百战百胜之把握！

合作发动冀东抗日大暴动

卢沟桥事变后，中共河北省委在冀东广泛开展抗日民族统一战线工作，根据中共北方局的指示，于1937年9月将设在天津的华北各界救国联合会改组为华北人民抗日自卫委员会（简称自卫会），并派李楚离任党团书记，与王仲华一起专做自卫会的工作。自卫会成员代表了社会各界：有中共党员和中共地方组织负责人；有中共领导下的工会、青年、妇女团体的代表；有国民党各派政治势力的代表，如代表蒋介石中央系的天津电报局局长王若僖、代表阎锡山系的天津电话局局长张志歧，代表国民党桂系李宗仁、白崇禧的刘绍襄；还有教授和社会知名人士：其中有原籍冀东的天津河北省立工业学院教授杨十三，天津河北省立工业学院职员、冯玉祥旧部、国民党员洪麟阁（洪冲霄），还有滦县马城民团团总高志远等。自卫会推王若僖为主任，并派王仲华专赴武汉就华北人民抗日自卫委员会的组成和发动敌后抗日游击战争事宜，向国民政府备了案。以后，自卫会在冀东广大城乡发动和组织社会各界各阶层群众，积极参加抗日救国斗争，准备武装起义。①

1937年12月，冀东十县人民抗日代表会议在滦县多余屯召开。会上成立了华北人民抗日自卫会冀东分会，推选出李运昌、王平陆、高志远、洪麟

① 中共唐山市委党史研究室：《冀东革命史》，中共党史出版社1993年版，第184—185页。

阁、杨十三、黎巨峰等为领导成员。李运昌为主任委员，王平陆为军事部部长，黎巨峰为总务部部长。这次会议除讨论了继续加强抗日的宣传、组织工作外，还决定立即组织游击队，开展抗日游击战争。

会后，王平陆在原有游击小组的基础上，又调集了一批共产党员和自卫会员，组织了华北抗日联军冀东游击支队，王平陆任司令员。冀东地区各县抗日救国活动的宣传活动日益深入。中共丰润县委秘密编印《抗日救国十大纲领》和揭露日军侵华罪行的传单，在崖口等地集市散发。各县很多共产党员以走亲访友或以卖文具为掩护走乡串校，向群众、教师、学生及各阶层人士进行抗日宣传，动员一切不愿当亡国奴的人，有力出力，有钱出钱，有枪出枪，有知识出知识，不断壮大抗日力量。抗日自卫会的组织（有的县叫救国会）在一些县相继建立，仅丰润、玉田、遵化、迁安、蓟县、昌黎、滦县、乐亭八县的自卫会员即达1.5万人。自卫会还开展了争取民团和伪军警的工作，在蓟县第二区，全区13个甲的甲长和民团队长都被争取参加了抗日工作。①

1938年春，中共河北省委遵照中共中央关于配合八路军挺进冀东、组织冀东暴动的指示精神，派李楚离去阜平，到晋察冀军区向聂荣臻司令员汇报冀东暴动的准备情况，又先后派吴德、李楚离等去平西与邓华支队联络，研究八路军挺进冀东的时间和冀东地方党组织配合行动等问题。八路军挺进冀东的时间，初步约定在7月中旬。据此，中共河北省委确定了冀东抗日暴动的行动计划和暴动队伍的领导机构。

5月间，自卫会在天津召开会议。冀东分会负责人李运昌和杨十三、洪麟阁、高志远等参加了会议。事先征得自卫会领导人王若玺等人的同意，李楚离、王仲华以自卫会领导成员的名义主持会议。这次会议，对冀东抗日武装暴动作了具体安排，决定组织抗日联军，建制是总队、大队、中队，推举高志远为冀东抗日联军司令，李运昌、洪麟阁为副司令。由于暴动的区域面广，人员情况复杂，暴动队伍从未形成真正统一的领导，

---

① 中共唐山市委党史研究室：《冀东革命史》，第186—188页。

实际是高志远、李运昌、洪麟阁为主的三部分队伍三个司令部。中共河北省委派王仲华、李楚离以自卫会领导成员的身份，分别指导高志远部和洪麟阁部。①

5月底，中共河北省委书记马辉之到延安汇报工作。刘少奇和张闻天、张浩、康生听取马辉之关于冀东抗日武装起义准备情况的汇报。刘少奇听汇报后指出：起义的准备是好的。一定要看到，冀东是一个战略地位十分重要的地区，敌人是决不会轻易放弃的。冀东不同于冀中、冀西、冀南。在冀东发动起义，不但要有充分的准备，还要有八路军的策应和其他根据地的密切配合，否则，即便发动起来，也难以巩固和坚持。中央已派邓华、宋时轮率部队挺进冀东，起义的时间要以八路军到达时间为准，八路军到哪里就在哪里发动。还指出：起义后，要以八路军为主，坚持冀东抗日游击战争，建立以燕山山脉为中心的抗日根据地。为了团结友党友军和各阶层人士共同抗日，要在根据地建立共产党领导下的抗日民族统一战线的民主政府。冀东的民团、地方武装、保安队、警察部队等，其基层成分多为破产的农民，其上层人物中也有一定的民族意识，对他们要注意争取、教育和改造，以扩大我们的抗日武装力量。②6月1日张闻天主持召开中共中央政治局常委会议，听取了马辉之关于河北工作的汇报。③

八路军挺进冀东的邓华支队约3000人，宋时轮支队2000多人。1938年5月中旬，两支队在平西斋堂会师后，合编为八路军第4纵队，宋时轮任司令员，邓华任政委，李钟奇任参谋长，伍晋南任政治部主任。5月31日，第4纵队从平西斋堂出发，分两路向冀东挺进。

1938年6月末，自卫会冀东分会召开田家湾子会议，通过了暴动的行动纲领，决定了暴动队伍的番号，计划组织六个总队。根据自卫会的决定，高

---

① 中共中央党史资料征集委员会征集研究室编：《中共党史资料专题研究集·抗日战争时期（1）》，中共党史资料出版社1988年版，第194页。

② 中共中央文献研究室编：《刘少奇年谱（1898—1969）》上卷，中央文献出版社1996年版，第217页。

③ 中共中央党史研究室张闻天选集传记组编：《张闻天年谱（1900—1941）》上卷，中共党史出版社2000年版，第568页。

志远为冀东抗日联军司令，李运昌、洪麟阁为副司令。洪麟阁兼第1路军总指挥，政治部主任为杨十三，辖丰润玉田遵化一带组织的第1、第2两个总队；李运昌兼第2路总指挥，政治部主任为胡锡奎，辖第3（蓟县）、第4（丰润滦县迁安）、第5（滦县）三个总队；高志远辖第6总队。李楚离、王仲华以华北人民抗日自卫会代表的身份，分别到洪麟阁部、高志远部指导工作。会议决定，1938年7月16日为统一暴动的日期。

与此同时，潜伏在天津的国民党蓝衣社天津站副站长朱铁军（陈恭澍）也在冀东地区组织了中央直辖忠义救国军第7路军和第9路军，朱铁军为总司令，齐若斋为总参谋长。第7路军司令为陈维藩，第9路军司令为王文。第7路军和第9路军都号称万人，实际第9路军不过3000人。此外，国民党还在蓟县组织了蓟北抗日救国军，人数500余人；又组织有以李景五领导的保安军，人数约700人。

由于暴动计划被日军侦知，有些地方的暴动不得不提前举行。7月6日夜，中共滦县召集300名暴动骨干在港北村举事，宣布成立冀东抗日联军第5总队，攻打警察局。驻滦县安各庄的伪警防队宣布起义，同昌黎等地起义军汇合，成立了冀东抗日联军第9总队。第五总队南下到茨榆坨、司各庄一带时，队伍已发展到3000人，先后与两股暴动队伍汇合，又扩编出冀东抗日联军第13、第14两个总队。在倴城，又与高志远部的暴动队伍会师，共同南下，解放了乐亭县城。在乐亭东、西部的暴动队伍又配合第五总队攻下了乐亭胡坨。乐亭队伍组成“冀东抗日联军第十总队”。乐亭沿海的盐警队起义，成立了冀东抗日联军第39总队。其后，在昌黎、滦县、乐亭一带武装暴动的队伍蜂起。①

7月7日，在冀东中心区域的丰润、迁安边界的400多名暴动骨干在崖口集合，编成冀东抗日联军第4总队。第4总队攻打克兴城镇，兴城西北三屯营的伪警察巡官宣布起义，主动来归。迁安、遵化、丰润边境暴动的队伍齐

---

① 中共中央党史资料征集委员会征集研究室编：《中共党史资料专题研究集·抗日战争时期（1）》，第196页。

向这里集中，没几天第4总队便发展到1400多人。在暴动高潮时，第4总队人数达4000人。这支暴动队伍到达王官营后，暴动队伍迅速扩大。在第4总队的基础上，将各处汇集来的队伍又编成了第11、12、13、14总队。在这一地区暴动起来的抗联队伍还有丰润县的第5总队、遵化县的第5总队、宝坻县胡家园一带的第10总队、遵化南部的特务1总队、唐山北的第15总队、遵化特务第2大队和丰润的特务第8大队。在卢龙县，卢龙简易师范学校校长高敬之组织起400多人的暴动队伍，号称华北抗日军（后被编为抗日联军第23总队），队伍发展到3000人。7月16日，李运昌率抗日联军第2路所辖第4、12、13、14、15总队共五个总队万余人，由榛子镇出发，一度攻占洼里、古冶车站。

高志远和沿海联庄会头目陈宇寰在滦县南部、乐亭一带发起暴动，先后组建起第6、7、8、12、15、16、20、23、37、38总队、独立总队、李绍文总队、乐亭警备司令部共13个总队，统由高志远指挥。由高志远加委实际不听从他指挥的还有在昌黎县南部起义的华北抗日联军昌黎支队。这个支队下辖第27、28、29、30、31总队共五个总队3500余人，司令为丁万有，参谋长为蔺乃公（国民党员）。高志远联军曾三次攻打乐亭县城。

7月8日，洪麟阁、杨十三在遵化县地北头村组织百余人发起暴动。以后和蓟县、玉田的暴动队伍一起，攻占了玉田县城，收编了配合攻城的以民团为主体的第11总队。队伍迅速扩大，发展到4500余人，编为冀东抗日联军第1、2、11三个总队。

在冀东大暴动时期，国民党组织的中央直辖忠义救国军第7、第9路军活动在宝坻、宁河、玉田、遵化、蓟县南部一带。这两支队伍在抗日暴动中发挥了重要作用。7月10日，第7路军联络武清的平自贵便衣队500余人，经过激战，攻克大口屯镇伪警察所，俘虏30余人，占领了大口屯镇。14日，第7路军攻占宝坻县城，击毙“新民会”日本顾问河野新等人，摧毁了伪政权。第9路军也主动出击，给日、伪军以一定的杀伤。在冀东抗日暴动的影响下，7月上旬，宝芝麻窝学校教员曾乃等也组织了80余人的抗日队伍，攻打三岔口伪警察队，初战获胜，队伍发展到2000人，不久归入第9路军，编为独立团，在攻打玉田县林南仓商团战斗中取得重大胜利，并将缴获的大批粮食运往山区。暴动后，这两支队伍先后转移到蓟运河沿岸及玉田县境坚持斗争。①第7、第9路军在组织上自成系统，不受抗日联军统辖，但抗日的目标是一致的，在暴动期间，双方能够相互配合和支持。

8月中下旬，中共中央和北方局给冀东的贺电说："中共中央与中共北方局今以十万分高兴庆祝抗日联军反日反汉奸起义的胜利，及与八路军纵队的会合，并向在起义中，在前线上死难的烈士及其家属致以崇高的敬礼。由于冀东国共两党同志及无党派抗日志士的合作，抗日联军与八路军纵队的胜利，已给日寇以严重打击，摧毁了冀东汉奸政权，发动了广大民众配合了全国的抗战。"②

8月20日，中共冀热边特委致电朱德、彭德怀，请转报蒋介石委员长及全国抗战团体："自八路军宋邓纵队进入冀热边，不断打击敌人，收复兴隆等县后，掀动了冀东的抗日浪潮，民众成群结队地欢迎国军，青天白日满地红的国旗又在冀东飘扬起来。几年来在日伪铁蹄下的民众忍无可忍了。于是在共产党的邀请之下，当地的国民党员以及无党派的抗日分子进行和衷共济的协商，解释了过去一些不应有的误会，在'抗日高于一切'的原则下，坚强地团结起来，组织起抗日联军，并推举无党派的□翁云、国民党员洪麟阁、共产党员李运昌为起义的总、副司令，乘宋邓纵队继续向南伸展与敌人进行残酷战斗之际，于七月九日爆发了昌黎、滦县、乐亭、迁安、遵化、丰润等县的抗日大起义。起义以后，抗日联军曾以无限的英勇牺牲精神，在民众帮助及伪军反正的配合之下，屡次击溃日、伪军的进攻，收复了大部份的县城，有许多县城是得而复失，失而复得。起义领袖之一、共产党员张树婉同志，于攻占丰润县城之役作了光荣的牺牲。经过了一周的血战，终于粉碎了敌人的围攻，大量地破坏了铁路、汽车路、桥梁、电线等，北宁

① 中共天津市委党史研究室编著：《津沽大地的抗日壮歌》，天津古籍出版社2005年版，第92—93页。

② 中共中央党史资料征集委员会征集研究室编：《中共党史资料专题研究集·抗日战争时期（1）》，第202页。

路直至半月之后尚未通车，炸毁了日敌的铁矿、金矿，给了敌人开发冀东计划以严重的打击，并求得了与宋邓纵队的会合。这一伟大胜利更加兴奋了整个的冀东和热河民众，于是在七月十八日又爆发了唐山矿工七千人的抗日起义。这次起义亦为共产党员及一位国民党员的共同领导，发动后，曾与日、伪军作了两次激烈战斗。领导者中，有几个共产党员、一个国民党员和一个中华民族解放先锋队员作了壮烈的牺牲。”①

从7月初到8月底，是冀东抗日大暴动的全盛时期，西起潮白河，东至山海关、北起长城外的青龙、兴隆南到渤海岸，到处都有暴动的队伍。各路暴动的武装共10万余人，其中属于冀东抗联系统的约7万人，属于国民党和其他方面的约3万人。1938年8月1日，上海《文汇报》载：冀热游击队活跃，控制整个长城线。……复因各地民众纷纷举义，声势浩大，北宁路西段和平绥路东段之日军已为动摇云。1938年8月26日、27日，上海《导报》载：北宁路之交通，现甚受北东游击队之威胁，已经数日，天津与山海关之铁路每日有拆除者至少一次。冀省华军声势浩大，平沈车屡次误点。②

8月下旬，八路军第4纵队、中共冀热边特委与冀东抗联负责人召开了铁厂会议。会议由邓华主持，李运昌、胡锡奎、李楚离、王仲华和高志远、洪麟阁的代表参加。第7、第9路军的领导未参加。会议决定统一指挥军队和抗日政府的建设工作。但是，由于暴动起义的队伍缺乏军事训练，战斗力较弱，抵挡不住日军的进攻。于是，八路军第4纵队领导决定，第4纵队和暴动队伍中的抗联部队约5万人西撤。由于准备不充分，抗联部队西撤时损失很大。一部分抗日联军西撤受挫东返时，途经忠义救国军第九路军驻地，第7、第9路军的总参谋长齐若斋以礼相待，并组织船只，帮助和支援抗日联军渡过水地。

---

① 《叶剑英为转送中共冀热边区委电致蒋介石函》，载《民国档案》1985年第2期。

② 中共中央党史资料征集委员会征集研究室编：《中共党史资料专题研究集·抗日战争时期（1）》，第201—202页。

武汉会战中的合作

日军占领徐州后，为了进攻中原，夺取武汉，组织了侵华战争开始以来最强大的兵力。敌以畑俊六大将为总司令官，率两个军共14个师，另有两支海军陆战队、两个战车团、两个野战重炮旅、一个机械化兵团，共25万人，飞机约500架，舰艇120多艘，企图一举攻克武汉。从1938年6月12日日军在安庆登陆至10月25日中国军队撤离武汉，双方激战四个半月，这是抗战以来战线最长的一次会战。

6月5日，国民政府军事委员会在武汉召开军事会议，研究对日作战方针。会议决定集中133个师又13个团约100万大军防守武汉，由蒋介石担任保卫武汉的总指挥，下设第九、第五两个战区。第九战区以陈诚为司令官为右翼兵团防守长江以南地区，阻敌第11军的进攻；第五战区以李宗仁为司令官组成左翼兵团防守长江以北地区及大别山地带，阻敌第2军进攻。苏联援华志愿航空大队也参加了武汉会战。武汉会战之外围有江南战场与江北战场，交错进行。其中江南战场进行了马当要塞、庐山、万家岭、瑞昌、阳新等战斗；江北战场也进行了黄梅、广济、田家镇、大别山北麓等战斗。在这些战斗中，国民政府军队冒着敌人猛烈炮火、毒气的危险，与敌展开肉搏鏖战，曾在万家岭一带取得歼敌四个团的重大胜利。在武汉会战中，中国军队毙伤日军4万多人，极大消耗了敌人的有生力量。中国军队也付出了很大的牺牲，基本达到了国民政府军事委员会进行武汉会战的目的：予日本侵略军以最大之消耗，粉碎其继续攻势之能力。从此，抗日战争进入了相持阶段。

中国共产党对保卫武汉的会战，是坚决支持和积极配合的。1938年5月26日，毛泽东对战局和华北游击战争有如下估计和部署：“（甲）徐州失守后，判断敌将以进攻武汉为作战计划之中心。（乙）以为敌置武汉抗日重心于不顾，而将主力立即移向华北及西北，打击游击队及切断中苏交通的估计是不适当的。这一步骤的到来，将在稍后。（丙）如果欧洲发生战争或重大危机，敌将迅速进攻广东。（丁）我们的口号是保卫武汉，保卫广州、保卫西北，坚持华北游击战争。（戊）在上述情况下，华北游击战争还是广泛开展的有利时机，目前应加重注意山东，热河及大青山脉。”①毛泽东随后又说：“当此保卫武汉等地成为紧急任务之时，发动全军全民的全部积极性来支持战争，是十分严重的任务。保卫武汉等地的任务，毫无疑义必须认真地提出和执行。然而究竟能否确定地保卫不失，不决定于主观的愿望，而决定于具体的条件。政治上动员全军全民起来奋斗，是最重要的具体的条件之一。”②

武汉会战开始后，1938年6月15日，中共代表团在《新华日报》公开发表了《我们对于保卫武汉与第三期抗战问题底意见》，对武汉会战的政治、军事战略，经济和文化工作的保障等，提出了详尽、具体的建议。提出“继续动员全国武力、人力、财力、物力，为保卫西北，保卫武汉而战。在前线，彻底执行阵地战、运动战、游击战三者适当配合的新战略，以击破敌人前进部队，消耗敌人力量。”③中共代表团认为，政治上，应建立有各党各派各界参加的保卫武汉总动员委员会；在军事方面，应采取“以运动战为主，配合以阵地战，辅之以游击战”的战略方针，建议“组织新的挺进兵团深入敌人后方游击”，“变敌人的后方为前线”。④

6月17日，中共代表团对保卫武汉的军事战略，作了更为具体的表述，提出：保卫大武汉的战略总方针是将正规军主力组成许多野战兵团，依托太行山、嵩山、伏牛山、桐柏山、大别山、黄山、天目山一带有利地势，开展大规模山地战，以阻碍敌人西侵，加强长江防务。同时抽出一部正规军组成挺进队，深入敌后，发展敌后游击战，造成战略夹击形势，大量消耗敌人，争取时间建立新的军队，以便战略上实施反攻。⑤其后，周恩来又在

---

① 中国人民解放军历史资料丛书编审委员会编：《八路军·文献》，第188页。

② 《毛泽东选集》第2卷，第512页。

③ 中央统战部、中央档案馆编：《中共中央抗日民族统一战线文件选编》下，第102页。

④ 陈绍禹、周恩来、博古：《我们对于保卫武汉与第三期抗战问题底意见》，载《新华日报》1938年6月15日。

⑤ 中共中央文献研究室编：《周恩来年谱（1898—1949）》，第414页。

《新华日报》发表《论保卫武汉及其发展前途》的文章，提出“更大规模的运动战与游击战的配合”，方“能转弱为强，反败为胜，进行决战”。[①]

这些军事战略意见，受到蒋介石重视。7月5日，蒋介石致电程潜、顾祝同、阎锡山、李宗仁：“查敌现倾注全力进攻武汉，……现值青纱帐起，正游击最好时期。各该战区指定担任游击部队应积极行动，努力袭击敌人，尽量破坏交通、通信，以分散（敌）进攻武汉兵力。若认为游击实力不足时，须酌量增派，务使彻底遮断敌交通线为要。”[②]8月3日，蒋介石接见王明、周恩来、博古，进一步交换有关两党团结和保卫武汉的问题。

战前，国民政府统帅部曾制定《对武汉附近作战之意见》，提出作战指导方略：“武汉已为我抗战之政治经济及资源之中枢，故其得失关系至巨。惟武汉三镇之不易守，而武汉近郊尤以江北方面之无险可守尽人而知，更以中隔大江外杂湖沼，尤非可久战之地，故欲确保武汉则应东守宿松、太湖，北扼双门关、大胜关、武胜关诸险，依大别山脉以拒敌军，并与平汉北段之积极行动相呼应。若敌悬军深入则可临机予以各个击破，或在大别山预为隐伏待其深入，出奇兵以腰击之。如此方可制胜，方可以确保武汉，否则据三镇而守、于近郊而战，则武汉对我政治经济资源上之重要性已失所保者，仅此一片焦土而已矣，且受敌之包围，则势如瓮中之鳖，困守南京之教训实殷鉴之不远，故欲确保武汉而始终保持武汉为我政治经济资源之中枢，则应战于武汉之远方，守武汉而不战于武汉是为上策。”“若我万不得已而战于武汉近郊时，亦应于武汉以北地区，如孝感、花园及广水、武胜关间配置重兵，使成犄角之势，敌若以主力趋武汉则可依武汉之既设工事，坚韧抵抗，以吸引敌之兵力，同时由孝感、武胜关间击其侧背。敌若不直攻武汉而先攻武胜关、孝感时，则以武汉之守备部队出击，是为中策。”[③]

---

① 中共中央文献研究室编：《周恩来年谱（1898—1949）》，第416页。

② 中国人民解放军历史资料丛书编审委员会编：《八路军·参考资料（1）》，第173页。

③ 《对武汉附近作战之意见：统帅部指导方案》（1938年），载中国第二历史档案馆编：《抗日战争正面战场》，第648—649页。

随后，国民政府统帅部又制定了《武汉会战作战方针及指导要领》，提出的方针是："以聚歼敌军于武汉附近之目的，应努力保持现在态势，消耗敌军兵力，最后须确保大别山、黄、麻间主阵地，及德安、箬溪、辛潭铺、通山、汀泗桥各要线，先摧破敌包围之企图，尔后以集结之有力部队由南北两方向沿江夹击突进之敌。"其相应的指导要领是，"第五战区：应以现在态势确保大别山主阵地，积极击破沿江及豫南进犯之敌。""第九战区：应极力维持现在态势，并须确保德安、箬溪、辛潭铺、通山、汀泗桥要线，以维持全军后方，使尔后作战容易，尤须先击破经瑞武路及木石港西进之敌。""武汉卫戍部队，准备改守沿江要点乃核心阵地，应以现有兵力之一部（13D）准备推进使用于五战区，3D、55D使用于第九战区与敌决战，最后应固守核心阵地，使两战区野战部队得从新部署向敌夹击。""第一、二、三各战区仍以现在部署，积极向敌袭击，以牵制敌向武汉转用兵力。第三战区沿江腰击炮兵，更应排除毕万难妥为部署，俾发挥威力，截断敌舰长江联络线。"①

1938年6月12日，日军第6师团等部攻占安庆，拉开武汉会战的序幕。日本大本营还决定扩编华中派遣军，以畑俊六为司令官，统一指挥东久迩宫稔彦王的第2军和冈村宁次的第11军等部。

针对日军的进攻意图，中国军事当局决定在武汉四周予敌以重大消耗。以陈诚为总司令的第9战区下辖27个军，重点防守湖口至南昌以西，长江以南地区，阻敌主力第11军进攻。李宗仁指挥的第五战区下辖23个军，负责把守长江以北及大别山一带，阻敌主力第2军进攻。

沿长江以南西进的是日军第11军主力。7月下旬，日军攻占九江后，兵分两路入侵，一路沿瑞武公路西犯，一路沿南浔线向马回岭，德安方向前进。8月24日，张发奎第2兵团第3集团军经过猛烈抵抗后，被迫放弃瑞昌西撤。日军第9师团与中国第31集团军在马头镇、富池口一带展开激战，中

---

① 《武汉会战作战方针及指导要领》（1938年），中国第二历史档案馆编：《抗日战争正面战场》，第660—662页。

国守军冒敌施放毒气据守20日之久，终因伤亡极大而弃守。10月上旬，日军第27师团经与守军第30集团军王陵基部激战后占领箬溪、辛潭铺，直逼咸宁。沿南浔线进攻之敌在星子、隘口、马回岭一带受到薛岳第1兵团顽强阻击，进展甚慢。10月初，日军迂回至万家岭，企图从侧翼攻击德安。中国守军第1兵团各部将敌包围，经昼夜激战，歼敌四个联队，是为“万家岭大捷”。

沿长江北岸西犯的是日军第11军第6师团和第2军第3师团。日军8月初进占黄梅，突破中国军队李品仙第4兵团防线，并于9月上旬再陷广济和武穴，直赴田家镇要塞。29日，日军付出数千人伤亡代价占领田家镇，随后又在海军陆战队的掩护下进占黄陂，直逼武汉。

在大别山北麓，日军第2军主力四个师团于8月底先后占领六安、霍山。随后兵分两路，一路由六安西犯固始、罗山，逼向信阳，再由平汉铁南下直攻武汉；一路由霍山攻商城，越大别山取麻城，威胁汉口。9月，日军相继攻占固始、潢川、罗山。9月下旬，胡宗南第17军团在信阳以东与敌激战，至10月12日弃守信阳。日军速转平汉线南下，破孙连仲第3兵团武胜关防线，逼近汉口。10月中旬，武汉北、东、东南要塞阵地尽被日军占领。10月21日，日军在广东大亚湾登陆后占领广州，从而对武汉形成北，南、东三面钳击态势。10月27日武汉失陷。

武汉会战历时四个多月，100余万中国军队与40余万日军在纵横千里的战线上激战数百次，以40多万人的死伤，歼敌20多万，予敌以重大杀伤。

在武汉会战中，中共予以积极的配合。

1938年8月6日，中共中央就保卫武汉方针问题致电中共中央长江局，强调：“保卫武汉重在发动民众，军事则重在袭击敌人之侧后，迟滞敌进，争取时间，务须避免不利的决战，至事实上不可守时，不惜断然放弃之。因目前许多军队的战斗力远不如前，若再损失过大，将增加各将领对蒋之不满，投降派与割据派起而乘之，有影响蒋的地位及继续抗战之虞。在抗战过程中巩固蒋之地位，坚持抗战，坚决打击投降派，应是我们的总方针。而军队力量之保存，是执行此方针之基础。”①

9月8日，朱德和彭德怀致电罗荣桓、刘伯承、徐向前、邓小平、聂荣臻等八路军各师指挥员，要求积极破路袭敌策应保卫武汉。电报指示：“长江下游战事正在激烈地进行中，华北之敌又进逼黄河左岸，威胁陇海西段及陕北边区。为策应保卫武汉作战及威胁进逼黄河左岸之敌，各兵团抓紧目前紧要时期，积极向各方向当前敌之交通要道不断袭扰，作有计划的一次总的破路，中断敌之交通。在有利条件下，相机袭取几个车站或城镇，消灭敌人小的部队，以增敌之困难、恐慌，以调动敌人。”②

为配合保卫武汉的会战，八路军晋察冀军区部队和第120师第359旅，向平绥、平汉、正太等铁路干线大举破击。从1938年7月6日夜开始，军区部队分数路同时行动，至8日，先后攻入易县、新乐、平山、安次等县城，攻占铁路沿线车站多处。共毙伤日、伪军1450余人，俘虏伪军130余人，缴获各种枪支300多支，毁敌机车三辆，铁甲车一列，汽车23辆，破坏铁路50余公里，收回大批铁轨、电线。7月20日，军区骑兵营在平汉路东高阳县之六合庄打击敌抢粮部队，给敌以很大杀伤，使敌抢粮未成。当夜，又袭击了板桥镇敌骑兵大队，歼敌200余人，缴获战马140余匹。平西部队曾一度攻入北平西郊，炸毁石景山发电厂锅炉，使北平一度停电。③

为策应武汉会战，八路军第129师所属陈再道司令员领导的东进纵队、山东省第4专区保安部队、第6专区保安部队合作在鲁西津浦线德州至禹城段进行了一次成功的破袭战。时任山东省第4专区专员兼保安司令的韩多峰回忆了那段历史。据他的回忆：当时范筑先将军是山东第6区专员兼保安司令。第4专区专员和第6专区专员是相邻的两个专区，辖区分布在鲁西和鲁西北共20多个县。韩多峰和范筑先研究了当时的形势，一致认为：八

---

① 《张闻天、陈云等关于保卫武汉方针致陈绍禹、周恩来等电》（1938年8月6日），载中共武汉市委党史研究室、武汉市新四军历史研究会编：《新四军与武汉》，武汉出版社2003年版，第139页。

② 中国人民解放军历史资料丛书编审委员会编：《八路军·文献》，第221页。

③ 谢忠厚、肖银成主编：《晋察冀抗日根据地史》，改革出版社1992年版，第93页。

路军第129师一部入鲁开创了敌后抗日的新局面，像北伐战争一样，发动群众、组织抗日队伍要靠共产党。

1938年5月底，韩多峰去河北省南宫八路军第129师师部，商谈划分防区。徐向前副师长和东进纵队宋任穷政委接见了韩多峰。韩多峰回临清后，范筑先把赵效三、朱穆之等八位中共青年党员介绍给韩多峰，组成了政治部，赵效三任政治部主任。韩多峰委任中共党员吕仲华任专署组织部部长兼做与八路军联络的代表。第4专区专员公署内，有不少共产党员和民先队员。他们会同八路军第129师东进纵队工作团和战委会，先后组织了工人、农民、青年、妇女、回民等各阶层的抗日救国团体，在抗日战争中发挥了重要作用。

1938年约6月初，国民政府军第五战区长官部命令：为了保卫武汉，要求华北各部队立即组织对日军占领的铁路线进行破袭。这一命令也同时传达到八路军第129师。韩多峰立即决定同八路军第129师所属陈再道司令员领导的东进纵队密切配合，共同打好这一仗。为此陈再道也从临清河西搬过来，共同研究作战计划和方案。原来设想炸毁黄河大桥，破坏鹊山至德州全部铁路，但侦察的结果表明，黄河大桥两岸日军均有重兵把守。考虑到我方兵力不足，只好改变计划，破袭禹城至德州100余里的铁路。在这之前，范筑先亲自派他的公子范树民带领抗日挺进大队，对济南郊区的日军进行了一次遥袭战。结果由于孤军深入、地形不熟和缺乏作战经验，这支小分队在济南以南长清县被日军围困，范树民等全部壮烈牺牲。面对这次惨痛的教训，韩多峰决定要做更周密的准备。

为了统一指挥、统一行动，韩多峰同八路军东进纵队代表卜盛光和6区专员范筑先商定，临时指挥部设在武城。当时提出一个口号：“四、六、八合作，打好破袭战”（四是指4专区，六是指6专区即范筑先的部队，八是指八路军）。各方的联络人员是：4区专员代表吕中华，6区专员代表是一位姓王的同志，八路军东进纵队代表是卜盛光，政治部主任刘志坚（时任八路军第129师政治部副主任）也到武城与各方进行联络。在三方联席会议上，规定了行动时间、口令，刘志坚提出了对待被俘的日、伪军，汉奸以及对待铁路工作人员的具体政策。

这次破袭战的兵力部署是：八路军东进纵队负责堵截德州之敌，阻止其南下；范筑先指挥的第6区部队负责阻击济南、长清方向的来犯之敌。由于这一段铁路完全在第4专区内，因此韩多峰命令所辖11个县各派一个独立团（或独立营），按照分工首先攻克各车站，然后组织群众对铁路进行破坏。

这次破袭战是1938年7月13日凌晨打响的。7月12日夜间12点，德州至禹城的电话线已全部被八路军和韩多峰部割断。战斗打响后，德州的日军曾派装甲火车企图南下增援，被八路军东进纵队迎头痛击后，感到势头不妙，一直龟缩在德州。济南之敌也派装甲火车开到禹城企图北犯，但在范筑先部迫击炮的袭击下也退回济南，沿线各大小火车站随即迅速被我军攻克。唯禹城、平原车站战斗激烈异常。守在禹城车站的日、伪军多次发起冲锋，与韩多峰部反复争夺车站，双方伤亡惨重。清平县独立营营长一只手臂被炮弹炸掉，仍坚持指挥战斗。攻克车站后，沿线百姓男女老少齐上阵，纷纷用镐头、铁棍扒路基、卸枕木、抬钢轨。为了抗日，人们把对日军的仇恨全部倾注在这条铁路上。这次破袭战破坏津浦线北段100余华里，致使敌伪一周未通火车。华北之日军为之震惊。当时天津日伪报纸惊呼："鲁西国民党残军同八路军实行配合，津浦线又被破坏……"①

八路军山东纵队政委黎玉报告说：八路军山东部队"7、8月曾奉石军友三命令，四支攻打兖州车站，三支袭入济南，以及其他部队都按部署积极活动。由于坚决执行任务，曾使敌人大调援兵，恐慌万状，这都是配合保卫大武汉的行动。这种积极行动一直到10月与11月之间，三、四、八支队配合友军大战邹平、长山，袭击周村车站。"如，9月底八路军山东××支队大会合后，协同友军于胶济、张博铁路一带，为了配合保卫大武汉、保卫大西

① 中国人民解放军历史资料丛书编审委员会编：《八路军·参考资料（1）》，第730—732页。

北的神圣任务，当时共同决定，动员一切友军、一切爱国民众，彻底破坏胶济、张博两铁路，坚决进攻据守沿铁路之重要据点八陡、西河、范场、大荒地、张店、周村等之敌伪。10月1日晚12时，即开始激烈战斗。猛攻据点与破坏铁路的部队均英勇坚决，取得任务之光荣胜利。当天上午11时，八陡、范场、西河、周村、大荒地均先机占领，烟火冲天，铁路破坏，十分狼藉。如此者共五天。此次战斗，敌伤亡共300余，物质损失消耗颇巨，铁路破坏共50余里，半月内火车不通。我伤亡亦60余名。计缴获步枪20余支，机枪二挺，炸毁火车头三个。①

在这期间，中共代表团还通过第三厅，在武汉掀起了轰轰烈烈的保卫大武汉的群众运动，有力支援了武汉保卫战。

敌后游击战场同正面战场的战略配合

在国共合作谈判中，在讨论到军事合作问题时，中共认为自己力量有限，难于承担正面战场上对抗日军即“独当一面”②的重任，因而提出以游击战的方式配合友军作战的方针，并得到国民党方面的认可。毛泽东在一封电报中说：“我军应坚持既定方针，用游击战配合友军作战。此方针在京与蒋〈介石〉何〈应钦〉决定，周〈恩来〉彭〈雪枫〉又在晋与阎〈锡山〉当面决定”。③

什么是游击战争？张闻天、毛泽东等中共领导人的定义是：“分散作

① 黎玉：《抗战两年的山东纵队》（1940年5月1日），载八路军山东纵队史编审委员会编：《八路军山东纵队史》下卷，山东人民出版社2007年版，第921—922、934—935页。

② 中国人民解放军历史资料丛书编审委员会：《八路军·文献》，第15页。

③ 中共中央文献研究室、中国人民解放军军事科学院编辑：《毛泽东军事文集》第2卷，根据军事科学出版社、中央文献出版社1993年版，第85页。

战”，“而不是阵地战，也不是集中作战”。①游击战的任务是，对敌侧面进行“扰乱、钳制和打击”，达到“钳制敌人大部分，消灭敌人一部”②的目标，从而给正面作战的友军以有力的支持。

抗日游击战争的开展，中共中央军委最初采取的是将主力部队化整为零组织“支队”的方式。随着抗日战争的进行，中共中央军委很快认识到组织地方游击队的重要性，从而提出组建“游击队”或“地方支队”。1937年9月21日，八路军总司令朱德、副总司令彭德怀、政治部主任任弼时发布训令，明确提出要发动群众，组织游击队：“（1）120师主力以灵活的游击战袭击向左云方向，并发动及组织晋西北及绥东群众，首先是宁武、朔县、神池、五寨、平鲁、右玉和林格尔、清水河、偏关、河曲、保德地域组织游击队，并派得力干部领导。王震率359旅之717团，进至五台东北豆村镇、台怀镇地域，准备适时相机参加战斗，到达目的地即着手布置五台以北及以东阜平、恒山以西之群众工作。（2）115师陈旅控制于上寨镇附近，小部经常袭击扰乱灵丘、涞源之敌。徐旅最好位于阜平东北，随时协助陈旅，相机袭击由灵丘向平型关西进或由涞源向平汉路南进之敌，在可能条件下组织有力挺进游击队，深入紫荆关、蔚县、涿鹿之间活动，收编散兵，发动群众的游击战争。”③9月24日，毛泽东指示：“立即开始普遍地组织地方支队及群众组织”。④25日，毛泽东再次指示在华北有计划地组织游击队：“令河北党注全力于游击战争，借着红军抗战的声威，发动全华北党（包括山东在内）动员群众，收编散兵散枪，普遍的但是有计划的组成游击队。”⑤

八路军在扩大主力部队的同时，也特别提出了组建和扩大游击队的具体任务。1937年10月29日，中共中央军委总政治部指示，要求主力部队在两个月内扩大12000人，具体是第115师4000人，第120师4000人，第129师3000

① 中国人民解放军历史资料丛书编审委员会：《八路军·文献》，第10页。
② 中国人民解放军历史资料丛书编审委员会：《八路军·文献》，第15页。
③ 中国人民解放军历史资料丛书编审委员会：《八路军·文献》，第38页。
④ 中国人民解放军历史资料丛书编审委员会：《八路军·文献》，第41页。
⑤ 中国人民解放军历史资料丛书编审委员会：《八路军·文献》，第47页。

人，八路军总部直属部队1000人；同时要求："在短期内完成下列游击队，每队至少3000人。计115师应组织3个，阜平1个，下关、上寨1个，龙泉、石咀1个；120师应组织3个，神池、五寨1个，偏关、河曲1个，岢岚、三井1个；王震部平山、盂县各1个；总直3个，豆村一带1个，上耿1个，摆蘖1个。各游击队干部由各部自行配备之，并应给以相当的训练，同时保证党的统一领导，使其成为基干游击队，成为团结的中心力量"。①在一段时间内，毛泽东还提出八路军"一般部署纲领，以控制一部为袭击队，大部尽量分散于各要地，组织民众武装为第一义"②。

对于游击队的名义，1937年10月29日，中共中央军委总政治部规定："各游击队可采用抗日义勇军的名称。"③12月18日，八路军总部规定："各工作团地区，由我们组织之游击部队，大部只集中靠近粮食较易解决之主力附近，加紧训练，并随同主力游击部队行动。另须以一部当留给当地方部队（某县游击支队等类名义），可得当地政府之承认，并可受其指挥，由当地政府负责其给养被服，游击队避免直接筹款、筹粮。但这些游击队内，须留得力干部领导。"④1938年3月24日，毛泽东指示八路军组织游击支队，"并于编成后以八路军游击支队名义活动"⑤。

八路军是怎样组织游击队的呢？主要是抽调政治工作人员和军事人员组成地方工作队，下到地方，开展群众动员，动员群众参加八路军和组建游击队的工作。1937年11月4日朱德、彭德怀、任弼时的指示电说："各师应从师、团政治机关、司令部及排长以上副职、连队活动分子中抽出大批干部，组织强有力的工作团并各师学校（学校目前应以参加扩红与群众动员为主要工作），分成若干队组，散布于各师活动范围内人口稠密而较安全地区，依照地方工作指示，进行扩红，组织游击队，改善人民生活，建立党

---

① 中国人民解放军历史资料丛书编审委员会：《八路军·文献》，第88页。
② 中国人民解放军历史资料丛书编审委员会：《八路军·文献》，第99页。
③ 中国人民解放军历史资料丛书编审委员会：《八路军·文献》，第88页。
④ 中国人民解放军历史资料丛书编审委员会：《八路军·文献》，第118页。
⑤ 中国人民解放军历史资料丛书编审委员会：《八路军·文献》，第159页。

创立根据地等群众地方工作。”①这些地方工作队工作成绩显著，约一个月的时间，如第129师就组建了4500人的游击队②。这些游击队一部分经过训练补充正规部队，一部分留在地方作为地方部队开展活动。

游击队的组建，除八路军部队主导组建者外，其实当时还有大量是由华北地方中共组织领导武装起义而组建。1937年11月初，中共中央北方局书记刘少奇报告华北游击队发展情况说：“华北游击队已有报告者如下：（一）平西赵侗部700人，有枪。在察冀边平北黑河川、背马关，有同志收容刘汝明溃兵800人，有枪。房山200人。（二）五台700人，定襄500人，繁峙200人，盂县200人，代县、崞县各40人。阜平5个连，每连六七十人。平定、寿阳已有6团共17个连的基础，每连四五十人。涞源40人。以上大都有枪，干部是红军派的。准备在五台、定襄成立一独立师，阜平、房山成立一独立师，涞源、广灵一带以杨团扩充成一师。另西北右玉、平鲁已成立300人。（三）河北赞皇400人，杨秀林收容溃兵数百人，铁路东白洋淀附近闻已有发动，详情不明。（四）在山西我军后方各地都在切实组织游击队与自卫军。在许多地方已组织了并经过牺盟领得枪支。”③

1937年10月，中共山东省委在济南召开紧急会议，决定广泛发动抗日武装起义，起义部队可采用“山东人民抗日救国军”或“山东人民抗日游击队”的名义，计划在冀鲁边、鲁西北、胶东、清河、鲁中、泰西、鲁东、鲁东南、鲁西南等地建立十个军或支队。④1938年12月，共产党领导的山东抗日游击队大部被整编为八路军山东纵队，其时山东纵队辖十个支队又四个团，约2.45万人，另有未编入的地方部队1万多人。

八路军开展游击战争，最初提出的是山岳地区开展“山地游击战

---

① 中国人民解放军历史资料丛书编审委员会：《八路军·文献》，第95页。

② 中国人民解放军历史资料丛书编审委员会：《八路军·文献》，第112页。

③ 中国人民解放军历史资料丛书编审委员会：《八路军·文献》，第90页。

④ 《中国人民解放军军史》编写组编：《中国人民解放军军史·第2卷（1937年7月—1945年9月）》，军事科学出版社2010年版，第68页。

争”①，自认为“不会打平原战”②。随着对敌斗争的开展，作战经验的积累，尤其是华北平原地区作战经验的积累，到1938年4月，中共中央明确提出：“在河北、山东平原地区扩大的发展抗日游击战争是可能的，坚持平原地区的游击战争，也是可能的。”“党与八路军部队在河北、山东平原地区应坚决采取尽量广泛发展游击战争的方针，尽量发动最广大的群众走上公开的武装抗日斗争。秘密的抗日斗争，只有在敌人统治的城市和铁道附近，才成为主要的方式。”③至此，共产党领导的游击战争，已经完全突破了地域地形的限制，不仅在山岳地区，也在平原地区广泛开展起来。

八路军挺进华北开展游击战争，还涉及一个很重要的活动区域或作战区域问题。中共中央军委最初的设想是在“冀察晋绥四省交界地区（四角地区不是三角地区），向着沿平绥〈路〉西进及沿平汉〈路〉南进之敌以出击侧面的扰乱、钳制和打击，协助友军作战并便于派一部远出热河。”④因而要求前往山西太原同第二战区司令长官阎锡山谈判合作事项的周恩来、彭雪枫：“到太原应与阎锡山交涉红军活动之如下地区：一，涿鹿、阳原、蔚县3县境内一切友军未驻地区。二，宛平、房山、涞水、易县4县友军未驻地区。三，完县、唐县、曲阳、行唐、灵寿、平山6县县城以西地区。四，涞源、阜平、灵丘3个全县作为我军之中心根据地。五，广灵、浑源、繁峙、五台、盂县5县。以上共21县，有些是全县，有些是部分，均必须确实指定，并由南京及晋阎令知三省省政府转令各县县政府，同时令知各县及其附近之驻军，说明红军之布防及创造游击根据地之任务。因为，如不明白规定红军之区域及任务，并用通令下达友军及地方，势必因区域不明任务不定而发生许多纠纷。”⑤由于日军很快进据晋东北地区，中共中央对八路军的活动区域作出调整，“拟以115师位于晋东北，以五台为活动重心，暂时在灵

---

① 中国人民解放军历史资料丛书编审委员会：《八路军·文献》，第28页。

② 中国人民解放军历史资料丛书编审委员会：《八路军·文献》，第17页。

③ 中国人民解放军历史资料丛书编审委员会：《八路军·文献》，第175页。

④ 中国人民解放军历史资料丛书编审委员会：《八路军·文献》，第15页。

⑤ 中国人民解放军历史资料丛书编审委员会：《八路军·文献》，第26—27页。

丘、涞源，不利时逐渐南移，改以太行山脉为活动区。以120师位于晋西北，以管涔山脉及吕梁山脉之北部为活动地区。以129师位于晋南，以太岳山脉为活动地区。”①

八路军进入这些活动地区，其战略意图是要建立能长期立足的“游击根据地”。1937年9月21日毛泽东指示八路军在战略上以有力部队处于敌之侧翼“创造根据地”。②11月4日，八路军总部指示各部队：“目前我们中心任务，除深入晋东北、西北群众工作，造成巩固的抗日根据地外，并应以一切努力发动和组织晋东、晋西群众，建立根据地，组织游击队，努力扩大本身；同时准备随时阻扰、截击、侧击敌人，以配合主力作战。”③太原失陷后，毛泽东的判断是：“太原失后，华北正规战争阶段基本结束，游击战争阶段开始。这一阶段游击战争将以八路军为主体，其他则附以于八路军，这是华北总的形势。”④11月13日，毛泽东再次指示：“红军任务在于发挥进一步的独立自主原则，坚持华北游击战争，同日寇力争山西全省的大多数乡村，使之化为游击根据地，发动民众，收编溃军，扩大自己，自给自足，不靠别人，多打小胜仗，兴奋士气，用以影响全国，促成改造国民党，改造政府，改造军队，克服危机，实现全面抗战之新局面。”⑤

11月7日，晋察冀军区成立，聂荣臻任司令员兼政委。11月30日，八路军总部进一步指示聂荣臻，明确提出了将晋察冀边区建成坚强的抗日根据地的任务：“创立和巩固晋察冀边区，使之成为坚强之抗日根据地，仍为目前该军区最基本之任务。”⑥1938年1月11日至15日，晋察冀边区在河北阜平县召开党政军民代表大会，选举产生了晋察冀边区临时行政委员会。

抗日根据地建立的情况，1938年4月任弼时向共产国际汇报说：“八路军在敌人占领的后方地区，开展着广大的游击战争，创造了持久斗争的据

① 中国人民解放军历史资料丛书编审委员会：《八路军·文献》，第30页。
② 中国人民解放军历史资料丛书编审委员会：《八路军·文献》，第35页。
③ 中国人民解放军历史资料丛书编审委员会：《八路军·文献》，第93页。
④ 中国人民解放军历史资料丛书编审委员会：《八路军·文献》，第97页。
⑤ 中国人民解放军历史资料丛书编审委员会：《八路军·文献》，第101页。
⑥ 中国人民解放军历史资料丛书编审委员会：《八路军·文献》，第108页。

根地区——晋察冀三省交界边区：（一）在山西的东北、西北、东南地区，从居民中建立起广大的游击队，这些游击队，时常截断扰乱敌交通运输线——平汉、正太、同蒲铁路及许多汽车道，打击敌人运输部队，使敌感受极大的困难与威胁。（二）这些区域的游击队，不仅战斗力量逐渐强大，而且逐渐集中形成较大的军队。特别在晋察冀边区，已组成为几个健强的独立师，成为在敌人后方创造新军队的模范。（四）晋察冀边区的经验，不仅证明在敌人深远后方可以发动游击战争，而且可以创造持久斗争的根据地，使敌人占领区域无法巩固。这成为持久抗战的一种重要斗争方式的模范，被他们吸引于其周围的敌人经常在二万人以上。（五）依据晋察冀边区根据地创造的经验，在晋绥边，在晋豫冀边，正在创造同样的根据地，已有相当基础。并且准备派出适当力量和干部到冀察热边区，苏鲁边区和苏皖浙边区，同样创立在敌人后方的持久斗争根据地。”①

到1938年6月徐州会战终止时，八路军已在陇海路以北地区创立了十个战略区，即：晋察冀边区，平西、冀东游击区，晋西北根据地，晋察绥游击区，晋冀豫根据地，冀南游击区，渤海游击区，豫北游击区，晋西（吕梁）根据地，山东游击区。②

南方新四军正式组建后，陆续开赴敌后抗日战场，也开始了创建抗日根据地的工作。在全国抗日战争期间，八路军和新四军创建的抗日根据地主要有：晋察冀抗日根据地、晋冀鲁豫抗日根据地、晋绥抗日根据地、山东抗日根据地、苏浙抗日根据地、浙东抗日根据地、苏中抗日根据地、苏北抗日根据地、淮北抗日根据地、淮南抗日根据地、皖江抗日根据地、豫西抗日根据地、鄂豫皖湘赣抗日根据地。

八路军、新四军挺进敌后，开辟抗日根据地，给日本侵略军以沉重打击。日本侵略军除在正面进攻中国政府军外，分出相当兵力对其后方的八路军、新四军进行“围攻”“扫荡”“清乡”“清剿”“蚕食”。八路军、新

---

① 中国人民解放军历史资料丛书编审委员会：《八路军·文献》，第168页。

② 张宏志：《中国抗日游击战争史》，陕西人民出版社1995年版，第121页。

四军和抗日根据地人民则相应地开展反“围攻”、反“扫荡”、反“清乡”、反“清剿”、反“蚕食”的斗争。这些反“围攻”、反“扫荡”、反“清乡”、反“清剿”、反“蚕食”的斗争的开展，钳制、消耗了大量的日军兵力，从而对正面战场予以战略配合。

共产党领导的抗日武装开展游击战争，不能不说到东北抗日联军的作用。东北人民革命军根据中共中央“八一宣言”精神，于1936年初改编为东北抗日联军。七七事变前后。总兵力发展到3万余人，在南起长白山，北至小兴安岭，东起乌苏里江，西至辽河的广大地区独立坚持抗日游击战争。其第1路军（辖1、2军）由中共南满省委领导，活动于松花江下游和牡丹江地区。1939年5月，东北抗联第3路军在德都县成立，辖3、6、9、11军，活动于黑龙江省北部十几个县境内，先后开辟了朝阳山、阿荣旗、甘南等游击区。1941年，由于日军的疯狂“征剿”，东北抗联部队损失较大，总兵力只剩2500人。于是东北党组织决定，东北抗联部队转移至中苏边境，分别组成南、北两个野战营，进行军政整训。

武汉会战后正面战场的抗战情况。

1938年11月25日至28日，国民政府军令部在湖南衡阳南岳召开军事会议，史称“第一次南岳军事会议”。会议的目的是检讨第一期抗战的得失，确定第二期抗战的战略方针。中心议题为加强军力，研讨确立整个建军方案。第三、九战区的总司令、军团长、军长、师长等高级将领200余人出席，中共代表周恩来、叶剑英等参加会议。蒋介石提出第二期抗战是“转守为攻，转败为胜的时期”。①“此期作战，在战略上仍本持久消耗之目的，以空间换时间，实行节节抵抗之持久战。”②因此特别要注意“政治重于军事”，“民众重于士兵”，“精神重于物质”，“训练重于作战”，“游击战重

① 《第一次南岳军事会议开会训词》（1938年11月25日），载张其昀主编：《先总统蒋公全集》第1册，第1172页。

② 《第一期（战略）第三阶段（战役）抗战经过中所得血的教训与今后的改进》，载张其昀主编：《先总统将公全集》第3册，中国文化大学中华学术院1984年编印，第4201页。

于正规战”。①

根据蒋介石的讲话精神，国民政府军事委员会有关部门制定了一系列文件，提出第二期抗战的指导原则和战略部署。第一，减少指挥层次，以提高指挥效率和部队战斗力。第二，根据已经变动的战场态势，重新划分十个战区，调整部署：第一战区，司令长官卫立煌，辖河南及安徽之一部；第二战区，司令长官阎锡山，辖山西及陕西之一部；第三战区，司令长官顾祝同，辖苏南皖南及浙闽两省；第四战区，司令长官张发奎，辖两广；第五战区，司令长官李宗仁，辖皖西鄂北豫南方面；第八战区，司令长官朱绍良，辖甘宁青及绥远方面；第九战区，司令长官陈诚（薛岳代），辖赣北鄂南湖南；第十战区，司令长官蒋鼎文，辖陕西方面；苏鲁战区，总司令于学忠，辖苏北及鲁省方面；冀察战区，总司令鹿钟麟，辖冀察方面。第三，设桂林、天水两行营，由白崇禧、程潜分任主任，以统一指挥南北战场各战区，并撤销广州、西安、重庆行营。第四，设置战地党政委员会，由蒋介石兼主任委员，在各沦陷区设分会，各省主席兼任分会主任委员。第五，决定开办数期游击干部训练班，并在各战区对所辖部队进行轮流整训。

南岳军事会议后，国民政府军事委员会根据会议精神制定了《第二期作战指导方针》，要求：“国军应以一部增强被敌占领地区内力量，积极展开广大游击战，以牵制消耗敌人。主力应配置于浙赣、湘赣、湘西、粤汉、平汉、陇海、豫西、鄂西各要线，极力保持现在态势。不得已时，亦应在现地线附近，尽量牵制敌人，获取时间之余裕，俟新战力培养完成，再行策动大规模攻势。但第四战区应尽先集中有力部队，转移攻势。”②

1939年及以后一段时间，正面战场的主要战役行动有：

南昌会战（1939年3月17日至5月10日），日军在第11军司令官冈村宁次指挥下，对南昌发动了进攻。防守南昌的是第九战区（薛岳）和第三战区

---

① 《第二期抗战之要旨》（1939年11月27日），载张其昀主编：《先总统蒋公全集》第3册，第4199页。

② 中国第二历史档案馆编：《中华民国史档案资料汇编·第五辑第二编军事（2）》，第659页。

（顾祝同）的军队。3月17日，日军在海空军掩护下从三个方向发起总攻。27日，日军向南昌发起猛攻，守军抵抗，因牺牲太大，被迫撤退，南昌暂时失守。4月下旬，第九战区投入约十个师向南昌、奉新、高安的日军发起反击，并两度夺回高安，日军一度退至奉新。5月5日，国民政府军夺回了机场和南昌车站。对此，占领南昌的日军顽强防守，再加日军援军陆续赶到战场，国民政府军损失惨重，第29军军长陈宝安阵亡，于5月9日被迫停止反击，10日撤回。双方又恢复了原来态势。

随枣会战（1939年4月30日至5月23日），日军调集三个师、一个骑兵旅及部分伪军，进攻随枣（湖北随州和枣阳一带）地区，企图围歼第五战区主力。第五战区司令长官李宗仁集中约20万人，分左、右集团军，依托桐柏山、大洪山有利地形组织纵深梯次防御。4月30日，日军分两路对中国守军阵地发起攻击。中国守军顽强抗击，经五昼夜激战，防御阵地被日军突破。8日，日军占领枣阳和厉山，对左集团军形成东西夹击之势。李宗仁命令左集团军一部留在大洪山及桐柏山区，就地开展敌后游击战，主力与右集团军北撤。4月13日李宗仁率部发起反击，至22日，中国军队先后克复新野、唐河、枣阳、桐柏等地。此战击毙敌军1.3万人。

第一次长沙会战（1939年9月14日至10月），日军集中10万兵力，分三路采取“分进合击、正面突破、两翼包抄”的战术，企图消灭第五战区主力，一举攻克长沙。抗日名将薛岳请缨抵抗。中国军队经过顽强抵抗，与日军进行了异常激烈的战斗。10月1日，日军死伤2万人，被迫撤退。

桂南会战（1939年11月13日至1940年10月30日），日军为截断滇越铁路，封闭中国西南的国际交通线，逼迫中国政府投降，调集了第5师团、台湾混成旅约3万人，另有海军第5舰队，第1、2航空队，进攻广西南宁地区。1939年11月15日，日军在广东钦州至防城之间的龙门港登陆，24日侵占南宁，后又攻占南宁至柳州的重镇昆仑关。国民政府军为了保持桂越国际交通线并防止日军深入，除调集第四战区的广西、广东部队外，又调第2、5、6、99军等部队入桂作战，以桂林行营主任白崇禧任指挥，又加派李济深、陈诚等前往督战。12月中旬，国民政府军开始反攻，杜聿明的第5军第22师渗入敌后，以第200师、荣誉第1师正面攻击。12月下旬，在三角山等地歼灭日军第12旅团半数，击毙旅团长中村正雄少将，并于12月31日协同第66、99军等收复昆仑关。经过两个多月的反攻战，日军被迫于1940年2月9日起南撤。

粤北会战。1939年12月上旬，侵华日军为策应桂南作战，集中第21军所属第104、第18师团和近卫混成旅团共六七万人，向粤北进犯。中国作战部队以第12集团军为主力，第54军从湖南入粤助战。12月8日，日军主力分路沿北江和粤汉路向北推进。第12集团军所属部队在抵抗中取得了一些局部战斗的胜利，但未能阻挡日军的进攻。12月底，日军占领翁源、英德等地。此时，桂南战场日军告急，需调粤北日军主力增援。日军被迫于1940年1月1日开始撤退。中国军队跟踪追击，迫使日军于16日退回原出发阵地。

枣宜会战（又称襄东会战）。1940年，日军侵略军为确保武汉，集中七个师团兵力，在第11军司令官园部和一郎指挥下，5月初分兵三路，向襄阳、枣阳及桐柏山区等地进犯，企图在枣阳附近围歼国民政府军第五战区主力。中国军队以一部正面抵抗，一部固守桐柏山和大洪山，主力则向翼侧机动，力争外线，使日军合围扑空。5月底，日军第3、第39师团转攻襄樊，5月31日攻陷襄阳后，分沿南漳、遂安道及宜城、荆门方向进攻宜昌。中国军队节节抵抗，但未能阻止日军前进。6月12日，宜昌失陷。17日，中国军队收复宜昌，并随即跟进，同日军展开激战。24日，日军再战宜昌，这次会战历时近二个月，大小战斗500余次，第33集团军总司令张自忠将军在枣阳南瓜店作战阵亡。日军始终没有捕捉到中国军队主力，也未能解除襄樊和大洪山地区对武汉的威胁。

豫南战役。1941年1月24日起，日军分左、中、右三路向豫南进犯。同时，皖北、豫东日军也分路策应豫南日军作战。面对日军强大攻势，中国军队采取主力机动转移，避免与日军正面决战的方针，一部向敌后截断交通，主力向敌两翼侧击。1月27日，日军进至驻马店、沙河店、春水一线，汤恩伯主力向上蔡附近攻击。孙连仲部向象河关以南进击，冯治安部向南阳前进。29日，日军左右两翼兵团遭中国军队攻击，中央兵团沿平汉路北进，因中国军队北撤而扑空。31日，日军变更部署，将中央兵团一部向两翼迂回，企图与汝南北进之敌夹击中国军队；将中央兵团主力分兵两路向舞阳方面左旋回，并将左翼兵团主力也调向舞阳，南北夹击第13军。因中国军队事先转移，日军再次扑空。位于豫西之中国主力部队分路向舞阳敌后围击。日军侧背受击，遂于2月2日南撤。中国军队乘机反攻，收复了南阳地区。日军于6日向唐河以东退去。皖北与豫东的战斗也于2月结束，迫使日军退回原驻地。此役，毙伤日军9000余人①。

上高战役。1941年3月，日军为了打击赣西北中国军队，攻占锦江与赣江间之腹地，调集两个半师团，分兵三路向上高地区进犯，妄图一举消灭第九战区第19集团军主力。中国驻军沿锦江南岸依次布置三条防线，以第49、70、74军担任守备任务。3月15日，北路日军从安义出发向奉新进攻，中国军队凭借潦河两侧高地进行抵抗，并后撤诱敌深入。日军在遭到阻击的情况下沿潦河退回安义。中路日军3月16日沿湘赣公路向高安西犯，中国军队逐次抵抗后撤。21日南路日军由灰埠渡过锦江北岸与中路日军会合，向中国军阵地泗溪、棠浦猛攻。这时，第19集团军以第74军坚守中心阵地，命第49军和第70军，由南北两个方向夹击包围日军。日军3月24日突围未逞，25日急调北路日军解救被围之敌，第19集团军放开北翼，让增援日军与其主力会合于棠浦后，再度包围之。3月26日，第19集团军攻克棠浦，日军分股向东突围，中国军队乘胜追击。4月2日战役结束，共毙伤日军1.5万余人。

中条山战役（又称晋南会战）。太平洋战争爆发前夕，日本侵略者急于结束侵华战争的胶着状态，于1941年5月调集六个师团、三个旅团共十余万兵力及172架飞机向晋南中条山地区发起进攻。中国守军第一战区卫立煌部为确保晋南战略要地，以主力七个军的兵力配置于长约170公里、纵深约50公里的中条山区内，以阻止日军的进攻，另以部分兵力潜至日军据点附近，进行突袭。从5月7日起，日军由东西北三个方向进犯中条山。中国军队顽强抵抗，边战边退。5月中旬，卫立煌电令各军，以一部继续留置中条山内继续抵抗，主力突围转至日军背后攻击。至5月27日，会战结束。

① 王全营、赵保佑：《河南抗日战争史》，社会科学文献出版社2010年版，第66页。

鄂北战役。1941年5月，日军为摆脱被动局面，又在鄂北发动局部攻势。5月5日，处于应山、马坪、随县一线的日军第3师团主力，分路向嵒子河、白马寺、高城一线发起进攻，与孙连仲集团军一部激战于白庙地区，日军遭受堵截遂南窜刘家河。日军另一部企图攻击孙连仲部侧背，结果被阻于太山庙附近，5月9日被迫向西南溃退。中国军队遂跟踪追击，克复资山、唐县镇等地。14日，日军为牵制中国军队，接应溃退部队，以千余兵力向枣阳猛攻，16日攻陷该城。是日午夜，中国军队围歼并收复枣阳，日军突围向白沙河左岸溃退。日军发动的鄂北攻势未能实现，被迫溃回原线。此役击毙日军2700余人。

第二次长沙会战。这次战役从1941年9月18日开始至10月6日结束，是中国第九战区部队为保卫长沙在湖北地区同日军进行的作战。这次战役中，日军以第11军为进攻主力，在司令官阿南惟矶指挥下，集结赣北、鄂南日军共计四个师团和两个独立旅团11.5万余人，兵分两路进攻长沙，企图消灭第九战区主力，打通粤汉路。第九战区以十个军27万余人，在战区司令长官薛岳指挥下，准备在汨罗江以南、长沙以北地区与日军决战。会战开始后，日军集中近10万兵力向湘北全线猛攻。9月26日，日军第4、第13师团等主力从正面和侧面向长沙进攻。27日，日军便衣队、伞兵队袭击长沙市被歼。此时，中国军队将逼近长沙日军包围，并展开激战。日军在南北夹击下，伤亡惨重，被迫于10月1日向北突围撤退。中国军队进行追击，5月渡过汨罗江，8日越过新墙河，日军凭借坚固工事顽抗，双方形成对峙态势。此役击毙日军1.7万余人。

为配合第二次长沙会战，1941年9月20日，国民政府军事委员会令第三、第五、第六战区各以有力一部出击，策应第九战区作战，其中第六战区所属部队，曾乘敌空虚猛攻宜昌。9月28日，第六战区以约15个师的优势兵力向宜昌发动猛攻，日军第13师拼死顽抗，双方展开激战。10月初，日军第13师死伤惨重，一面将后勤人员、伤兵投入战斗，一面紧急求援。10月8日，日军第11集团军急令第39师驰援宜昌。10日，第6战区部队发动总攻击，日军第13师陷入绝境，师长内山英太郎中将甚至写下遗书，准备自杀。

11日，日军第39师增援到达战场，挽救了第13师的危局。宜昌作战是1941年正面战场唯一一次主动发动的进攻战役。在这次反攻作战中，歼灭日军近7000人。

第三次长沙会战。从1941年12月17日开始至1942年1月15日结束，是中国第九战区部队为保卫长沙在湘北、赣北抗击日军进攻的作战。太平洋战争爆发后，日军为了策应南方作战，牵制第九战区部队南下增援英国军队在港九及缅北的防御，遂调集五个多师团、10万余人的兵力，在第11军司令官阿南惟矶指挥下，对长沙发动第三次进攻。第九战区投入战役的兵力有四个集团军、14个军，约30万人，计划在湘北节节阻击，消耗日军兵力，将日军诱往浏阳河、捞刀河之间，集中主力包围歼灭之。12月24日，日军强渡新墙河向南进犯，并强渡捞刀河，于1942年1月1日向长沙猛攻。第九战区以一个军坚守长沙，以九个军在外围布置阵地，准备在长沙附近围歼日军。1月3日，日军进至长沙城郊，但伤亡惨重，无力攻占市区。中国军队当即从长沙外围发起全线反击。日军发现被围态势后，立即突围北撤。经过十余天苦战，日军狼狈退过新墙河，双方恢复原阵地。此役以日军惨败而告终，日军被歼5万余人。

中国远征军入缅作战。太平洋战争爆发后，1942年1月，日军第15军司令官饭田祥二郎率两个师团经泰国侵入缅甸。2月，中国政府为了保卫中国国际交通线滇缅公路，根据《中英共同防御滇缅路协定》，应驻缅英军请求，以第5、第6、第66军共10万余人组成中国远征军，由同盟国中国战区参谋长史迪威和远征军第一路司令长官罗卓英指挥入缅支援英军作战。3月18日，中国远征军在仰光至曼德勒铁路之普尤与日军遭遇，后经东吁、莫契防御，又在仁安羌援救被围英军7000余人。经过这一系列作战，迟滞了日军行动，但未能阻止其进攻。5月初，第一次远征失败，中国远征军大部分被迫退至怒江东岸；另一部分西撤印度，组成中国驻印军。

浙赣战役。1942年4月，日军为破坏盟军利用浙江、江西境内的机场轰炸日本本土，调集第13军和第11军中的共86个步兵大队约9万余兵力，由泽田茂指挥，从杭州和南昌打通浙赣线。中国第三战区以33个师，第九战区以八个师，共计30余万人参加防御作战。5月15日，浙东日军分三路向金华、兰溪地区进犯，中国守军且战且退，25日金华、兰溪沦陷。至6月底，日军攻占衢州、玉山、上饶、丽水。1942年5月底，赣东日军自南昌东犯，先后攻占鹰潭、鄱阳、临川。7月1日，两路日军在横峰会合，打通了浙赣线，侵占41个城市和沿浙赣线长600公里、宽300公里的地区。后因太平洋战场和敌后战场需要兵力，日军捉襟见肘，7月下旬，日军大本营命令停止进攻，除控制金华等14个城市外，彻底破坏机场，抢运物资后撤回原防。于是日军后退，中国军队乘势反攻收复部分地区。

常德战役，1943年11月，日军10万人分东西两线进攻湘西常德地区。东线日军以湘鄂边华容为起点。11月3日，南县失守。7日，安乡失守。10日，日军由红庙强渡澧水，突入津市。西线日军自鄂南松滋南下。15日，石门失守。中国守军暂5师自师长彭士量以下牺牲几尽。18日，慈利失守。日军继续东进，漆家河、陬市相继被占。21日，桃源失守。23日，日军抵常德南站。18日，另一股日军由洞庭湖西岸登陆攻击牛鼻滩。22日，登陆日军五路并进。23日，围攻常德之敌已达2万人以上。从11月24日起，日军猛攻常德。25日晨3时，500余日军突入城内，大部被歼。26日，敌全线攻击，不断使用毒气。27日至29日，日军强化攻势，敌机整日轰炸，中国第57师退守城西南一角。12月3日，第57师兼师长余程万率残部退出常德，向南突围至沅江南岸。中国守军第57师自11月18日至12月3日共16天，毙伤日军1万人以上，全师伤亡5763人。常德吃紧之际，中国军队各路援兵加紧包围压缩，先后收复慈利、刘家场、漆家河、桃源、石门、陬市。12月9日，收复常德。日军逐步西撤，退回松滋。常德战役中，日军伤亡4万余人，中国官兵伤亡5万余人。

下面是共产党领导的部分抗日根据地的反“扫荡”斗争情况。

晋察冀抗日根据地军民1939年的冬季反“扫荡”斗争。这次反“扫荡”共分三个阶段进行。第一阶段，自1939年10月25日至11月19日，日军独立第2混成旅团由涞源出动，第110师团从满城、唐县出动，分五路合击易县管头。晋察冀军区部队先后于雁宿岩、黄土岭两次战斗中，歼敌1500余人，击毙其旅团长阿部规秀中将。第二阶段，自11月20日至30日，日军集中1.8万余人，分七路合击晋察冀军区所在地，于11月26日进占阜平。晋察冀军区部队采取抗击、袭击、伏击等战术，取得了一系列的胜利，并派出部分兵力袭击敌后方据点和交通线，使敌腹背受击，不得不以其主力回援，并在敌回援途中予以打击。第三阶段，自12月1日至8日，日军再次向第一、第三分区“扫荡”，在连续扑空并不断遭打击后，于12月3日撤出阜平。8日，敌人全部退出根据地。此次反“扫荡”战斗，历时43天，大小战斗共108次，歼敌3600余人，俘日军13人，进一步巩固了晋察冀抗日根据地。

晋西北抗日根据地军民1940年的夏季反“扫荡”斗争。1940年6月，日、伪军2万余人，乘八路军第120师主力刚返回晋西北不久，分进合击“扫荡”晋西北，企图围歼第120师主力。6月7日，第120师和山西新军一部一方面以广泛的游击战使日、伪军疲于奔命，一方面集中兵力，打击日军一路，在米峪镇全歼日军一个大队。当日军占领晋西北中心地区并进行合击时，八路军第120师主力灵活转移，以游击战断其补给、围其据点，使其无法立足。当日、伪军行将撤退时，八路军第120师集中主力，发起反击，战至7月6日，作战251次，毙伤俘日、伪军4500人，粉碎了这次“扫荡”。

皖东1940年秋季反“扫荡”。1940年8月下旬，日军第15、17师团各一部以及伪军共1万余人，从南京、扬州、镇江出动，向皖东集结，准备大肆“扫荡”津浦路东抗日根据地。新四军江北指挥部留第4支队主力坚持津浦路西，防止国民党顽固派李品仙部乘机袭扰。以新四军第4支队第14团及地方武装坚持津浦路东内线斗争；以新四军第5支队和八路军第5纵队各一部在外线积极策应，牵制日、伪军兵力。9月5日，日、伪军从苏皖边区天长、来安、六合等地出动，向津浦路东抗日根据地中心半塔集、古城等地分进合击。6日攻陷竹镇等地，7日攻占汊涧、半塔集等地。与此同时，安徽五河之敌占领盱眙；江苏高邮日军出扰淮安、宝应，拦阻新四军第5支队主力南援。新四军主力与地方武装相结合，内线与外线相配合，机动灵活打击敌人。9月7日，新四军第14团第3营，在竹镇附近伏击日军指挥机关，予敌重创。11日新四军独立第3团在来安北面之白沙王设伏，杀伤日、伪军一部。日、伪军被迫于17日撤兵回防。此役历时12天，经大小战斗60余次，歼敌

600余人，巩固了皖东抗日根据地。

鲁西区1941年春季反“扫荡”。1941年1月上旬，日军第21、第32师团等各一部及伪军共万余人，自15日开始，由冀鲁豫边的临清、济宁、菏泽、大名等地出动，分三路向鄄城、范县、梁山地区“扫荡”，企图合击八路军第115师教导第3旅，摧毁鲁西抗日根据地。1月18日凌晨，当敌军逼近教导第3旅机关驻地朝城西苏村时，特务营营部率二个连阻击钳制敌人，掩护旅机关和中共鲁西区委及由冀南地区南下的第129师新4旅转移。1月19日以后，日军对范县、莘县、聊城、东平、郓城等县实施分区“扫荡”“清剿”，寻歼当地党政机关和教导第3旅主力。教导第3旅采取分散活动、避实就虚、寻机歼敌的战术，积极进行反“扫荡”、反“清剿”斗争。旅机关和直属队在范县地区与敌周旋；第7、8、9团分别在阿城、郓城、巨野等地积极打击敌军。至2月6日，歼敌700余人，粉碎了日、伪军的“扫荡”，保卫了鲁西抗日根据地。

冀鲁豫抗日根据地沙区军民1941年的夏季反“扫荡”斗争。1941年4月12日，日、伪军集中1万余人，“铁壁合围”冀鲁豫根据地位于濮阳、内黄以西，卫河以东的中心区——沙区。八路军第2纵队领导机关和主力分两路突围，转移到观城。日、伪军在沙区反复合击扑空，实行“三光”政策。八路军第2纵队以一部主力结合地方武装、民兵，坚持中心区的游击战争，广泛进行麻雀战，同时以主力在外线广泛袭击日伪据点，毙伤敌军千人，终于粉碎了这次“扫荡”。

冀东抗日根据地军民1941年的反“扫荡”斗争。1941年5月21日，日、伪军集中4万余人对冀东区实行空前规模的“铁壁合围”大“扫荡”。冀东部队对这次反“扫荡”准备不够，主力部队及大部分地方武装盲目进入蓟县、玉田一带平原地区，结果陷入日军重兵合围之中，苦战两昼夜后，才分路突出包围圈，转入外线，并化整为零，配合地方武装，展开广泛的游击战争。至6月9日，反“扫荡”基本结束。8月，趁日军抽兵“扫荡”北岳、平西根据地之际，冀东军区集中兵力，拔除根据地内日伪据点，并以一部主力北出长城，在热河省南部开辟了东起青龙、西至潮河、北到平泉的一块山区根据地。此时，日军派伪“治安军”3万余人进入冀东根据地。从1941年11月15日至1942年2月15日，冀东军区部队进行了攻打“治安军”的战役，歼灭伪军六个团，重创二个团，缴获长短枪6000余支。

晋察冀抗日根据地北岳、平西区1941年秋季反“扫荡”斗争。1941年5月下旬起，日军开始向晋察冀边抗日根据地之北岳、平西区周围调集兵力。8月，日军集中在华北地区可能抽调的机动兵力共7万人，在空军配合下，采取“铁壁合围”“分区扫荡”“梳篦清剿”等战法，向北岳、平西根据地大举“扫荡”，号称“百万大战”。同时，在政治上采用欺骗、威胁等手法，设立伪政权，划分“治安区”，胁迫群众迁徙“治安区”，以造成无人区而孤立抗日军队，妄图在两个月内彻底摧毁根据地。根据地军民采用广泛的群众性的游击战，以分散对集中、以集中对分散的灵活的战术，并实行内线外线相结合的办法，积极开展反“扫荡”作战。10月间，进占晋察冀根据地腹地之日军，在根据地军民的不断打击下，先后撤退。经两个月的作战，根据地军民共歼日、伪军5500余人，粉碎了日军的“扫荡”。

华中抗日根据地苏北、苏中区军民1941年的秋季反“扫荡”斗争。1941年7月20日，日、伪军1.7万余人分四路合击盐城的新四军军部和第3师主力。新四军以第3师第7、第8旅和第1师第2旅、军部特务团等，坚持苏北反“扫荡”。各部队在新四军军部指挥下，先在内线大量杀伤敌军，然后转入“扫荡”之敌侧后，以游击战展开攻势。为配合苏北盐阜地区的反“扫荡”，新四军第1师其余部队向海（安）泰（兴）线、南（通）如（皋）线发起进攻，攻克黄桥、加力等日、伪据点，并围攻泰州、泰兴等城市，使“扫荡”苏北之敌顾此失彼，不得不抽兵增援苏中。8月初，日、伪军大部分兵力自盐阜地区南下，对苏中地区进行报复“扫荡”。苏北新四军则大举反击，第3师主力收复阜宁、东沟、益林等地，第1师第2旅攻克盐城东南的裕华镇，全歼日军守军，迫使敌军不得不中止对苏中的报复性“扫荡”，抽兵北援。经过一个多月的战斗，整个反“扫荡”取得胜利，共毙伤俘日、伪军3800余人，击沉日军装甲汽艇30余艘。

晋冀豫抗日根据地军民1941年的冬季反“扫荡”斗争。1941年8月，八路军第129师部队开辟了沁河以西、临屯公路以南的（太）岳南（部）新区。9月22日，日军集中2万人对岳南区开始大"扫荡"，妄图趁八路军立足未稳时驱逐之。第129师集中部队进行反"扫荡"，至10月2日，粉碎了日军这次"扫荡"，并巩固了岳南区。10月，日军又集中3万余人采取所谓"铁壁合围""反转电击"的新战法，对岳北地区进行"扫荡"。太岳根据地军民经过一个月的战斗，粉碎了日军的这次"扫荡"。10月底，日军又集中7000余人，用"捕捉奇袭"的战术，对太行区进行大"扫荡"，妄图袭击八路军总部、第129师师部和兵工厂。日军分兵两路，10月31日，南路4000余人由潞城、襄垣等地出动，连续夜袭西井八路军总部驻地和赤岸第129师师部驻地；11月3日，北路日军由辽县、武乡奔袭武乡东面的根据地。八路军总部和第129师师部都成功转移。"扫荡"的日军却受到地雷战、麻雀战的严重打击。11月6日，南北两路日军同时撤退。南路日军退回黎城后，11月9日，又突然奔袭武乡县黄崖底及其南侧水腰山地区妄图摧毁八路军设在该地的兵工厂。八路军特务团坚守阵地八昼夜，打退日军数十次进攻，毙伤日军八百800余人，完成任务后主动转移。11月20日，日军的这次"扫荡"又被粉碎。

山东抗日根据地鲁中区1941年冬季的反"扫荡"斗争。1941年11月3日，侵华日军中国派遣军总司令畑俊六指挥日军四个师团、三个独立混成旅团和一部分伪军，对鲁中沂蒙山区实行"铁壁合围"的大"扫荡"，其主要企图是围歼山东根据地的党、政、军领导机关和鲁中主力部队。这次鲁中区军民反"扫荡"共分三个阶段：第一阶段是反敌合围八路军第115师领导机关。11月5日，日军2万余人以"铁筒包围阵"合围驻留田的第115师师部。第115师师部利用日军的空隙，于11月6日拂晓安全转移到50公里外的沂蒙山区南端。第二阶段是反"清剿"。日军合围扑空后，采取分区"清剿"，实行"三光"政策。八路军第115师和山东纵队遂以一部兵力转进内线，配合地方武装进行游击战，主力部队在外线纷纷出击，打击和调动敌人。经过一个月的反"清剿"斗争，迫使日、伪军于12月上旬分路撤退。第三阶段是反击阶段。第115师和山东纵队一面尾追、截击撤退的敌军，一面集中兵力消灭留在根据地内建立据点的敌军。至12月中旬，粉碎了日、伪军的这次大“扫荡”，共毙伤敌军2000余人。

太行、太岳抗日根据地1942年春季反“扫荡”斗争。1942年2月，侵华日军华北方面军第1军对晋冀豫根据地的太行、太岳区发动了“第一期驻晋日军总进攻”的春季大“扫荡”。2月3日，日、伪军出动12000人，采用了所谓“捕捉奇袭，铁壁合围，纵横扫荡，辗转清剿，反转电击，夜行晓袭”等战术，由长治、襄垣、武乡、辽县分路合击八路军总部和第129师师部等领导机关。同日，日、伪军又出动7000余人，由同蒲、白晋路各据点奔袭太岳军区领导机关和主力。八路军各领导机关及主力及时转移，使敌军反复扑空，并以一部主力配合地方武装，坚持根据地内线游击战争，打击分散“清剿”之敌；以大部主力转移外线作战，攻袭敌占城镇和据点，迫敌从根据地撤退。在31天的反“扫荡”中，共毙伤俘日、伪军3000余人，粉碎了日军第一次总进攻。

冀南抗日根据地军民1942年两次大的反“扫荡”斗争。1942年4月29日，日军突然以1万余人“铁壁合围”位于武城地区的冀南区党政军领导机关和新7旅。冀南部队大部突出重围，地方机关和非战斗人员受了些损失。同时，日、伪军以7000余人“铁壁合围”邱县、威县地区的冀南4分区和新4旅。新4旅突出重围。冀南区军民以广泛的游击战打击“清剿”之敌。6月11日，日、伪军又以1.2万余人向冀县、枣强地区的冀南区军政机关“铁壁合围”。由于敌强我弱，至6月底，冀南根据地被日、伪军分割，建立不少据点、碉堡和封锁沟。9月12日，日、伪军1万余人合围枣强地区的冀南区军政机关。冀南区八路军及时跳出合围，内外线相结合，开展反“扫荡”并取得胜利。同时，7月至10月，冀南区八路军又展开秋季攻势，共作战540余次，毙伤俘敌军4000余人。

冀中抗日根据地军民的五一反“扫荡”斗争。1942年5月1日，日军华北方面军为实现其“确保华北、先保平原”、彻底摧毁冀中抗日根据地的企图，调集了日、伪军5万余人、汽车800余辆，在冈村宁次直接指挥下，向冀中抗日根据地进行“拉网大扫荡”，实施空前残酷的所谓“剿灭”作战。

日军采用所谓“纵横张网，对角清剿，反复合击”的战法和“三光”政策，将冀中根据地分割成2670个小块，建立1635个据点和碉堡，修公路3091公里，挖封锁沟1769公里，据点碉堡星罗棋布，封锁沟、墙纵横交织，公路密如蛛网，整个冀中形成了“格子网”。冀中根据地军民以大无畏的革命精神，展开了英勇的反“扫荡”斗争。经两个月的艰苦奋战，作战272次，毙伤日军11000余人。但冀中部队亦遭严重损失，部队减员16800余人，主力部队被迫转移到山区，地方武装和群众始终坚持平原游击战争。1943年又逐步恢复了该根据地。

太行、太岳抗日根据地军民1942年的夏季、秋季反“扫荡”斗争。1942年5月14日，日、伪军对晋冀豫根据地的太行、太岳区开始“第二期驻晋日军总进攻”的夏季大“扫荡”。敌军7000余人首先“扫荡”太岳区南部，15日及24日，两次奔袭岳南中心区域扑空，在根据地军民游击战的打击下，分路撤退。5月19日，敌军集中25000余人“扫荡”太行区北部。5月24日，对涉县的窑门口、青塔、编城地区构成合围。此时，八路军战斗部队已大部转移，只有八路军总部、中共中央北方局机关等未及转移。5月25日，日、伪军万余人合击根据地党政军领导机关。八路军副参谋长左权在指挥突围战斗中英勇牺牲。为粉碎这次“扫荡”，第129师部队以一部内线坚持，袭击日军主要补给线及其分散“清剿”的部队，主力采取敌进我进的战术，深入敌占区，奇袭长治机场，攻克日伪据点30余处。6月上旬，粉碎了敌军对太行区北部的“扫荡”。接着，6月9日，日、伪军1.2万余人“扫荡”太行南部地区，以20路“梳篦”队形合击位于平顺县东北的八路军第129师师部及新1旅。第129师师部和新1旅在刘伯承、邓小平指挥下，巧妙突出重围，并避强击弱，迫使日、伪军于6月20日自太行南部地区撤退从而最后粉碎了日军的第二期总进攻。太行、太岳区军民的夏季反“扫荡”，共毙伤敌军3000余人。同时，反“蚕食”斗争也取得了很大成绩。5月至7月，太行区、太岳区军民共摧毁伪组织1064个，恢复了一部分根据地。1942年10月20日，敌军又出动1.6万余人同时“扫荡”太行区、太岳区。两区军民坚持内外线相结合，开展游击战，共作战800余次，毙伤俘日、伪军2800余人，粉碎了这次“扫荡”。

冀鲁豫抗日根据地军民1942年秋季的反“扫荡”斗争。1942年9月27日，日、伪军集中1万余人分八路，对冀鲁豫根据地濮（县）、范（县）、观（城）中心区采取“铁壁合围”，进行大“扫荡”。冀鲁豫军区主力部队先敌行动，转移到外线。当敌合围圈尚未完全形成时，冀鲁豫区党政军民领导机关顺利地由西南方向跳出合围圈。只有教导第3旅少数连队和抗大分校校部机关等单位被日、伪军合围，但经英勇战斗，大部突围成功。日、伪军在中心区“清剿”三天，扑空后，又转向张秋、昆山等地。冀鲁豫军区以一部主力在内线打击分散“清剿”之敌，主力转移外线向日、伪军据点展开进攻，迫敌撤退，歼敌一部。10月，粉碎了这次“扫荡”。

中共帮助国民政府军提高游击战水平

为夺取抗日战争的胜利，中国共产党重视对抗日战争的研究，还在全面抗日战争还未爆发的1937年夏天成立了抗日战争研究会。①

全国抗日战争爆发后，中国共产党以抗日战争研究会为平台，加强对抗日战争的理论研究，并取得丰硕成果。谭政1939年时说：“抗日战争研究会，至去年底，先后出版了一批很有价值的书报。有属于战略方面的，有属

---

① 谭政在1939年说：“八路军同仁还在抗战未爆发时，即前年夏天，就组织了一个抗日战争研究会”。（军事科学院《谭政军事文选》编辑组编：《谭政军事文选》，解放军出版社2006年版，第42页）1938年5月21日，毛泽东在抗大对第三期进行总结的干部会议上发表讲话时也谈到组织抗日战争研究会事。对此，《毛泽东军事年谱（1927—1958）》（中国人民解放军军事科学院毛泽东军事思想研究所年谱组编，广西人民出版社1994年版）第246页的记述是：“中央因此也发起抗日战争研究会。”《毛泽东年谱（1893—1949）》中卷第71页的记述是：“中央组织部因此也发起抗日战争研究会。”我们无法看到原始的毛泽东讲话的记录稿，但推测《毛泽东年谱（1893—1949）》中卷中的“部”是记录时的衍文，毛泽东所说应是“中共中央组织发起抗日战争研究会”而不是“中共中央组织部发起抗日战争研究会”。

于战术方面的，有属于政治工作方面的，有属于华北各地战争实况之报导的。为了实地了解战况，便于进一步之研究探讨起见，并先后组织了各种考察团体，亲历华北各地巡回考察。”①

《抗日战争丛书》的出版是抗日战争研究会研究成果的集中体现。这套丛书共5本。第一本是《抗日游击战争的一般问题》，1938年7月出版，由毛泽东、陈昌浩、刘亚楼、萧劲光、郭化若集体写作。毛泽东的《抗日游击战争的战略问题》就是这本书的第七章。第二本就是《论持久战》，根据毛泽东1938年五六月间在延安抗日战争研究会讲演整理而成，于1938年7月出版。第三本是《抗日游击战争的战术问题》，由郭化若、周纯全、陈伯钧、李振远、谭家述、刘少卿、冯达飞、陈奇涵写作，1938年9月出版。第四本是《论抗日游击战争》，朱德撰写，1938年10月出版。第五本是《抗日军队中的政治工作》，罗瑞卿撰写，1938年11月出版。

毛泽东不仅个人深入钻研军事理论，而且号召全党重视军事问题。在毛泽东的倡导和带动下，中共的一些领导人和军队的一些高级指挥员也先后发表了有关抗日战争的许多军事理论文章或讲演。如张闻天撰写了《北方游击战争的战略》和《论抗日民族革命战争的持久性》，刘少奇先后发表《抗日游击战争中的若干基本问题》和《独立自主地领导华北抗日游击战争》的文章，周恩来发表《目前抗战危机与坚持华北抗战的任务》的演讲，任弼时发表《怎样渡过抗战的困难时期》的文章，邓小平发表《动员新兵及新兵政治工作》的文章，陈云撰写《游击小组是游击区的一切工作的中心》②，郭化若写了《抗日游击战术上的基本方针》一文，陈伯钧写了《抗日战争基本战术——袭击》③。

从上述书目中我们可以看出，中共的军事理论研究侧重于研究抗日游

① 军事科学院《谭政军事文选》编辑组编：《谭政军事文选》，第42—43页。

② 陈云的文章后收入《陈云文选》（1926—1949）时改名为《论游击区的一个重要斗争形式——游击小组》。

③ 该文实际上是节录了毛泽东在1934年所著的《游击战争》的一部分，毛泽东做了一些修改后用陈伯钧的名义发表。参见《毛泽东军事文集》第2卷，第152页。

击战争。

这里着重介绍毛泽东于1938年5月30日在《解放》第40期上发表的《抗日游击战争的战略问题》一文。文章共分为九章，阐明了“为什么提起游击战争的战略问题”以及如何贯彻执行游击战战略方针的问题。

一、抗日游击战争具有重要战略地位。毛泽东说，在整个抗日战争过程中，正规战争是主要的，游击战争是辅助的，因而游击战争是战术问题。但是，研究游击战争的战略问题在这样的情况下发生了：1. 中国是一个处在进步时代的大而弱的国家。这样一个大而弱的国家却被另一个小而强的国家所攻击，这是我们提出和思考问题的基本依据。2. 由于大而弱的国家受到小而强的国家所攻击，敌人占地甚广的现象发生了。因为敌人的强而我们的弱，所以在我们这个大国中占地甚广。又因为他们的国家是小国，兵力不足，在占领区留下很多空虚的地方，所以抗日游击战争就主要地不是在内线配合正规军的战役作战，而是在外线单独作战。3. 由于大而弱的国家受到小而强的国家所攻击，战争的长期性也发生了。战争的长期性，随之也是残酷性，规定了游击战争不能不做许多异乎寻常的事情，于是根据地的问题、向运动战发展的问题等等也发生了。4. 由于中国处在进步时代，有共产党领导的坚强军队和广大的日益觉醒了的人民群众，因此抗日游击战争就不是小规模的，而是大规模的。这种大规模的，在外线单独进行的游击战争，客观上就存在着战略防御和战略进攻等一全套的高层次战争指导问题。毛泽东指出：“这件事是同时代进步到二十世纪的三四十年代一事分不开的，是同共产党和红军的存在分不开的，这乃是问题的焦点所在”。综上理由，“于是中国抗日的游击战争，就从战术范围跑了出来向战略敲门，要求把游击战争的问题放在战略的观点上加以考察”。①这样，抗日游击战争的战略地位就被确立起来了。游击战争虽说在抗日战争的全体居于辅助地位，但实际占着极其重要的战略地位。没有游击战争，忽视游击军的建设，忽视对游击战的研究和指导，也将不能战胜

① 《毛泽东选集》第2卷，第405页。

日本。

二、毛泽东认为抗日游击战争的战略问题本来是密切地联系于整个抗日战争的战略问题的，然而游击战争又区别于正规战争，它本身有其特殊性。因而游击战争的战略问题颇有许多特殊的东西。毛泽东在论述了“战争的基本原则是保存自己消灭敌人”①之后，从“应该采取些什么方针或原则才能达到保存自己消灭敌人的目的”②开始，提出了达到这一目的的抗日游击战争的六个具体战略问题。

第一，抗日游击战争要主动地、灵活地、有计划地执行防御战中的进攻战，持久战中的速决战和内线作战中的外线作战。

第二，抗日游击战争要同正规战争相配合。毛泽东认为，游击战争和正规战争的配合有三种：战略的、战役的和战斗的。“整个游击战争，在敌人后方所起的削弱敌人、钳制敌人、妨碍敌人运输的作用，和给予全国正规军和全国人民精神上的鼓励等等，都是战略上配合了正规战争。”“游击战争还有其战役的配合作用。”“战斗的配合，即战场作战的配合，是一切内线战场附近的游击队的任务。”③

第三，抗日游击战争要建立根据地。抗日战争的长期性、残酷性，决定了处于敌后的游击战争必须建立自己的根据地。根据地是游击战争赖以执行自己的战略任务，打倒保存和发展自己、消灭和驱逐敌人之目的战略基地。没有这种战略基地，一切战略任务的执行和战斗目的的实现就失掉了依托。抗日游击战争的根据地大体分为三种：山地、平地和河湖港汊地。

第四，抗日游击战争的战略防御和战略进攻。

第五，抗日游击战争向运动战发展。

第六，抗日游击战争的指挥关系。“游击战争的指挥原则，一方面反对绝对的集中主义，同时又反对绝对的分散主义，应该是战略的集中指挥和战役战斗的分散指挥。”“战略的集中指挥，包括国家对于整个游击战争

---

① 《毛泽东选集》第2卷，第406页。

② 《毛泽东选集》第2卷，第407页。

③ 《毛泽东选集》第2卷，第416、417页。

的部署，各个战区里面游击战争和正规战争的配合行动以及每个游击区或根据地里面对于全区抗日武装的统一指导。在这些上面的不协调、不统一、不集中，是有害的，应该尽可能地求得其协调、统一和集中。凡关于一般事项，即战略性质的事项，下级必须报告上级，并接受上级的指导，以收协同动作之效。然而集中到此为止，过此限度，干涉到下级的具体事项，例如战役战斗的具体部署等等，同样是有害的。因为这些具体事项，必须按照随时变化随地不同的具体情况去做，而这些具体情况，是离得很远的上级机关无从知道的。这就是战役和战斗的分散指挥原则。这个原则也一般地通用于正规战争的作战，特别是在通讯工具不完备的情况下。一句话，就是：战略统一下的独立自主的游击战争。”①

其实，在全面抗日战争爆发之后，对游击战的地位与作用是有许多争论的。当然有人认为游击战意义不大，却也有认为“游击战术是中华民族解放战争中唯一战术”②。因此，正确地阐述抗日游击战是非常重要的。

1939年1月，中共中央军委决定以抗日战争研究会名义在延安创办《八路军军政杂志》，毛泽东、王稼祥、肖劲光、郭化若和肖向荣亲任编委。1月15日《八路军军政杂志》正式创刊。对创刊《八路军军政杂志》的目的，毛泽东在发刊词中说：“当抗日战争向着新阶段发展的时候，八路军同人出版这个《军政杂志》，其意义是明显的：为了提高八路军的抗战力量，同时也为了供给抗战友军与抗战人民关于八路军抗战经验的参考材料。”③毛泽东、王稼祥、谭政给八路军各部队、大战略区军区和新四军的电报中明确地指出了该杂志出版的缘由：“抗日战争研究会决在延安出版

---

① 《毛泽东选集》第2卷，第435—436页。

② “张佐华先生在其所著游击战术讲话一书里认为‘游击战术是中华民族解放战争中唯一战术’。”见赵克昂编：《游击战的论争》，黎明书局1938年版，第56页。张佐华在《游击战术讲话》（生活书店1937年出版）一书“自序”中说：“游击战术是一切被压迫的弱小民族，争取自由与解放的主要战术；更是我们中华民族解放战争中，博得最后胜利的战术。”“全中国不愿做奴隶的人们，都该团结起来，武装起来，运用我们弱小民族战胜敌人的唯一战术——游击战术，去抵抗日本帝国主义者的侵略，争取中华民族的自由与解放。”

③ 《毛泽东军事文集》第2卷，第443页。

《八路军军政杂志》，以供八路军、新四军及游击队工作上之指导，并以影响友军。”①

1939年《八路军军政杂志》刊载有关抗日游击战的文章目录

作者	文章题目	期数
周士第	论平地游击战的几个问题	第2期
陈士榘	晋西游击战争的回顾	第3期
若飞	巩固抗日军队间互相团结的工作	第3期
刘伯承	论游击战与运动战	第4期
张宗逊	根据晋西北经验谈敌后方的游击战争	第4期
左权	埋伏战术	第4期
彭雪枫	平原游击战的实际经验	第6期
陈毅	江南游击区域工作经验片谈	第7期
刘伯承	两年来华北游击战争经验教训的初步整理	第8期
吕正操	从冀中区的经验谈平原游击战争	第8期
关向应	论坚持冀中平原游击战争	第11期
姚依林	一年来的冀东游击战	第12期

为了“影响友军”，除了在《八路军军政杂志》发表关于抗日游击战争的文章外，中共还在国民党区大量出版发行中共人士撰写的关于抗日游击战争的书籍。以下是部分国民党区出版的中共人士关于游击战的书籍和介绍中共开展游击战的书籍列表。

在国民党区出版的有关抗日游击战争的书籍

作者	书名	出版者	时间
毛泽东等著	最活跃的抗战游击队：第八路军的过去和现在	战时出版社	1937年
范文澜著	游击战术	北新书局	1937年

① 军事科学院《谭政军事文选》编辑组编：《谭政军事文选》，第25页。

续表

作者	书名	出版者	时间
毛泽东等著	抗日游击战争的一般问题	抗战学社；建社；中国文化社	1938年
张闻天著	北方游击战争的战略	南华出版社	1938年
郭化若等著	抗战前途与游击战争	生活书店	1938年
朱德等著	游击战争	顽强社	1938年
朱德、彭德怀著	抗敌的游击战术	长沙上海书店	1938年
朱德等著	我们怎样打退敌人	新华日报馆	1938年
朱德著	论游击战	中华大学图书有限公司	1938年
萧劲光著	实用游击战术	战时出版社	1938年
彭德怀等著	游击战术与游击活动	战时出版社	
彭雪枫著	游击队政治工作概论修正版	生活出版社	1938年
铁人、罗瑞卿著	游击队中的政治工作	建社	1938年
郭化若等著	游击队的基本战术	建社	1938年
南汉宸、彭雪枫讲	全国总动员·游击队的政治工作	民族革命战争战地总动员委员会	1938年
彭雪枫讲	游击队政治工作教程	扬子江出版社	1938年
朱德、毛泽东	游击战讲话	抗敌救亡出版社	1938年
朱德等著	我们怎样打退敌人	新华日报馆	1938年
朱德著	游击战讲话	抗战出版社	1938年
彭德怀著	游击战术与游击活动	战时出版社	
毛泽东讲	基础战术（抗日军政大学讲义）	自强出版社	1938年
毛泽东著	抗日游击战争的战略问题	新华日报馆	1938年
抗日军政大学	第八路军的基础战术	少年先锋社	
蔡前	怎样做瓦解敌军的工作	生活书店	1938年
项英等著	抗战经验谈	自强出版社	1938年
朱德著	抗日游击战争	新华日报馆	1938年
朱德、彭德怀著	抗日游击战争	抗敌救亡出版社	1938年
毛泽东、朱德	抗日新战术	新时代出版社	1938年

续表

作者	书名	出版者	时间
林彪等著	晋北游击战争纪实（第八路军英勇的战绩）	战时出版社	1938年
戚霞编	目前各地的抗日游击战	汉口保华街49号	1938年
叶晴编著	第八路军今昔的战斗生活	民族解放社	1938年
刘清扬等	保卫华北的游击战	生活书店	1938年
郭沫若	持久抗战与组织民众	救亡出版社	1938年
陆克编	第八路军抗战经验与教训	战时读物编译社	1938年
贺明慧编	八路军怎样作战	新生出版社	1938年
赵无瑕编	半年来抗战的经验与教训	晨曦书店印行	1938年
蒋牧良著	怎样发动抗日的游击战	汉口大众出版社	1938年
朱德著	论抗日游击战争	新华日报社	1939年
罗瑞卿著	抗日军队中的政治工作	中国文化社	1939年
郭化若等著	抗日游击战争的战术问题	中国文化社	1939年再版
陶剑青编著	游击战术纲要	生活出版社；战时知识社	1939年
李涛著	抗日游击队政治工作教程	西南游击干部训练班	1940年
李涛著	抗日游击队的政治工作提纲	新进出版社	1940年

在朱德等著的《我们怎样打退敌人》一书中，刘伯承的《我们怎样打退了正太路南进的敌人》一文，对利用游击队配合作战打击敌人有生动形象的描述：“这一次的战斗是游击队自卫队与基干军队三个因素配合的行动，就其作用来说，像打敌人的手一样，游击队就是筋，自卫队就是肉，基干军队就是骨，这也就是运动战与游击队混合采用法。”①

中国共产党在国民党区发行的《新华日报》也发表了不少宣传抗日游击战的文章，在1938年即有：社论《关于游击战争》（1月26日）、项英《南

① 刘伯承：《我们怎样打退了正太路南进的敌人》，载朱德等著：《我们怎样打退敌人》，第32页。

方三年游击战争经验对于当前抗战的教训》(2月3日)、朱德《八路军半年来抗战的经验与教训》(2月9日)、李一氓《游击战与正规战》(2月16日)、杨战韬《游击队政治工作中的经验和教训》(3月28日)、徐向前《开展河北的游击战争》(5月21日)、毛泽东《抗日游击战争的战略问题》(6月21日)、朱煌岗《论河南游击战争发展情势及当前任务》(8月7日);陆诒《(彭雪枫谈)华北民众游击战的发展》(1月26日)、陆诒《山东游击战的发展》(2月20日)、放晨《记杨秀琳游击队》(2月26日、28日)、《汉口青年会请张竟成先生讲游击战的实地经验(救亡简讯)》(3月2日)、《我游击战术引起美军事家注意》(4月30日)、高辛《豫北的游击战》(4月18日)、克寒《游击战中的山西》(5月20日、24日)、史轮《同蒲路工人游击队(地方通讯)》(6月20日)、《战斗中的平津游击队》(6月20日)、江横《晋南河东六县游击队》(6月25日)、克寒《冀南豫北游击区》(7月18日、19日)、史逊《枣庄矿工游击队》(7月21日)、中央社战地特派员张明烈《游击队控制下的山东》(7月29日),等等。

全国抗战爆发前,国民党的抗日游击战术思想已有初步酝酿,抗日游击战也稍有尝试。1937年8月20日,国民政府大本营颁布《国军战争指导方案》,令第一战区"实行柔性之攻击","在前线之部队应组织便衣游击队,渡过永定河,深入平津铁路以东地区组织民众、破坏交通,以牵制敌人之运动"①。应当指出的是,全国抗战爆发后,国民党对游击战术是重视不够的,军事上主要是依靠正面战场的"一线式"阵地防御战。"抗战初期,重视正规军,各战区仅有少数自卫军义勇军,类似游击队之组织"②。随着平津、晋冀和江浙等大片国土的沦丧,国民党正规部队的迅速溃败,许多有识之士深感中国"以劣势的装备,光是同敌人在一点一线上争胜负,一定得不到很好的结果。于是'全面战'与'全体战'的论调,就成为当时最流行的术语。而游击区(沦陷区)的如何控制,游击战的如何开展,遂亦

① 中国第二历史档案馆:《南京国民政府大本营关于全面抗战作战指导方案等训令四件》,载《民国档案》1987年第1期。

② 军事委员会编:《何上将抗战期间军事报告》上册,军事委员会1948年印,第302页。

成为当时人们最感兴趣的问题”①。中国国民政府军委会在12月13日策定新的计划，指出“国军以确保武汉核心，持久抗战，争取最后胜利之目的，应以各战区为外廓，发动广大游击战”，要求各战区“同时组织训练民众，使连合军队，共同施行游击，以牵制扰乱敌之后方，使其前进迟滞，消耗疲惫”②。

1938年1月8日，蒋介石在汉口召集重要军事会议，研讨对敌战法。白崇禧在会上提议：在战术上，“应采游击战与正规战配合，加强敌后游击，扩大面的占领，争取沦陷区民众，扰袭敌人，使敌局促于点线之占领。同时，打击伪组织，由军事战发展为政治战、经济战，再逐渐变为全面战、总体战，以收‘积小胜为大胜，以空间换取时间’之效”。白崇禧的建议被蒋介石采纳，随即通令各战区加强游击战。③武汉会战后，国民政府军委会相继在长沙、南岳和西安等地召开重要军事会议，对第一期作战的战略战术进行检讨，并制定了第二期作战的指导方针。从这些会议，尤其是11月底召开的南岳会议所作出的决议来看，国民党已把敌后游击战放到持久作战的战略位置，实现了主战场由正面阵地防御向敌后游击战的战略战术转变。④

国民政府军的这些转变实际上受到中共的抗日游击战理论和抗日游击战实践两方面的影响。中共的游击战理论全面、深入、细致，游击战实践是成功的。在国民党方面，也有不少上层人士（如冯玉祥、杨杰、黄绍竑、白崇禧等）在研究问题，撰写游击战的论著，但就国民政府军的绝大多数官兵来说，游击战还是陌生的。为适应新的战争形势，国民政府军迫切需要向中共军队学习游击战的理论和技术。于是有了在南岳游击干部训练

---

① 黄绍竑：《五十回忆》，岳麓书社1999年版，第530页。

② 蒋纬国总编著：《国民革命战史·第三部抗日御侮第5卷》，黎明文化事业公司1979年版，第196—197页。

③ 苏志荣、范银飞、胡必林等编辑：《白崇禧回忆录》，解放军出版社1987年版，第303—304页。

④ 此处参考郭代习：《论国民党抗日游击战术思想的成长》，载《史学月刊》2005年第11期。

班上，八路军教员主讲游击战术和政治工作；于是有了不少国民政府军部队派人到八路军中实习游击战。

为适应游击战争发展的需要，加强对游击战争的战略指导，1939年10月，兼任军训部部长的白崇禧，依据第二期作战指导方针，组织人力编写了《游击战纲要》，颁发各战区、各军事学校，作为开展游击战的教材。《游击战纲要》一书实际上吸收了许多中共方面关于游击战的理论成果与实践经验。白崇禧发布《国民政府军事委员会军训部训令》称："查游击战，为长期抗战，消耗敌力，争取主动地位，富有韧性之战法。年来各战区，因地实施，颇具成效。山西方面，尤为卓著。兹根据作战最高指导方针，适应现阶段之需要，应在敌侧后，发动较前规模更大而更强韧有力之游击战，庶克使敌深陷泥淖，穷于应付，而予以致命的打击。惟国军干部，对此尚欠普遍与深刻之研究，且苦无正确完善之教材，可资参考。本部，爰搜集有关刊物，及各战区实施之经验与心得，加以整理，编成《游击战纲要》一书，随令颁发。仰各部队学校一体研讨，俾利实用，而歼强寇，为要。"①

《游击战纲要》共分组织、根据地、政治工作、战斗、命令通报报告、侦察、警戒、破坏、给养补充、卫生、阵中日记等14篇。《游击战纲要》要求："游击队应坚定必胜之信念，以奋发充溢之攻击精神，力求主动与机动，并随时与正规军配合，予敌以打击，迅速歼灭之。"②《游击战纲要》强调建立游击根据地的重要性，还突出组织民众的必要性。《游击战纲要》的战斗篇阐述了游击战术，规定"游击队之战斗，主在敌军后方行之；以运用敌进我退，敌退我进，敌驻我扰，敌疲我攻，声东击西，避实就虚，乘敌不意，出奇制胜之妙诀，求达扰乱、破坏、牵制、消耗敌人之实力为目的。故攻坚、硬战、死守等，皆须力求避免。"③《游击战纲要》比较详尽地阐发了国民党当局抗日游击战的军事思想和理论，规范了游击战

① 军事委员会军训部军学编译处编：《游击战纲要》，军事委员会军训部军学编译处1939年版，第1页。

② 军事委员会军训部军学编译处编：《游击战纲要》，第1页。

③ 军事委员会军训部军学编译处编：《游击战纲要》，第33—34页。

的战术方法，成为指导国民党当局游击战争的纲领性文件，也代表了国民党游击战术思想的最高水平，对国民党敌后游击战场的开辟起着重要作用。

陶汉章撰写《游击战术纲要》一书是国民政府军向中共军队学习游击战的一个典型事例。1938年时，陶汉章担任第18集团军即八路军总部随营学校支队长兼军事课教员。有一天，第18集团军收到一封来自国民党控制区、落款“三联书店邹韬奋”的信函。信中希望八路军能为抗日军民提供一本关于开展敌后游击战的书。随营学校校长韦国清把邹韬奋的函件交给陶汉章，说：“正好你教这一课，就由你来写吧。”陶汉章认为：“其实，这就是国民党方面通过关系向八路军索要军事理论教材。”历经三个多月，陶汉章写成17万字的书稿。内容包括游击队的组织、作战方针、任务、侦察、警戒以及行军宿营、遭遇战、退出战斗、通信联络和后方工作等。书后还附录了八路军四位高级将领的短文，即《抗战经验》（林彪）、《游击战争战术上的基本方针》（郭化若）、《我们在敌人后方的战术的应用》（刘伯承）及《论平地游击战》（萧克）。

《游击战术纲要》一书以陶剑青的笔名于1939年3月由读书生活出版社出版。《游击战术纲要》一书在重庆正式出版后，因道路、通信被日军截断，同出版社的联系也就中断了，陶汉章并未见到自己写的书是什么样子。1994年，黄埔军校70周年纪念会上，一位从台湾来的国民党老军人对陶汉章回顾往事时说：“1938年，国民党在湖南南岳集中了一批抗日前线各战区的军官，学习八路军的游击战术，当时学的就是《游击战术纲要》一书。”陶汉章反问：“可记得此书作者？”“陶剑青先生”。陶汉章说：“正是鄙人”。这位80多岁的国民党老军人连忙起身拱手：“你是我的教师”。陶汉章于是托人在重庆图书馆找到了该书。①

① 参见陶汉章：《回忆与思考》，国防大学出版社2003年版，第103—106页。

国民党第14军向八路军学习游击战术

八路军的游击战术对国民政府军队产生了积极的影响。国民党嫡系部队和地方部队都曾向八路军学习游击战术。

国民革命军第14军是国民党嫡系部队，军长原为卫立煌，后由李默庵、陈铁相继升任。1937年忻口战役中，该军官兵伤亡重大。如果同装备精良的侵略军长期这样硬拼下去，部队损失不堪设想。第83师师长刘戡有见及此，向卫立煌副司令长官建议，改变今后同日军作战战术，由死拼的阵地战改为以游击战为主的运动战，以避免不必要的牺牲。经卫立煌同意后，并商得李默庵的同意，即派第83师副旅长魏巍前往延安八路军总部访问参观，学习八路军的游击战。魏巍从延安返回部队汇报后，即派遣招生人员分赴武汉、长沙、西安等地，招收沦陷区流亡到后方的知识青年。

1938年2月间，国民革命军第14军趁冬寒在山西洪洞休战间隙期间，成立了一个地方工作人员训练班（简称地工班）。军长李默庵任班主任，第83师师长刘戡任副主任，魏巍任教育长，下设教务、总务、政训三个科，成员由军部和两个师调派，将招收的600名左右知识青年编为四个队（三个男生队，一个女生队，中途将女生队分散给每个队附属一个女生区队）。队长在两个师的副团长中选派，第1队队长李鹤，第2队队长胡镇随，第3队队长屈镇华。区队长在两个师的副营长中调派，队政治指导员在两个师的团政训主任和师政工处科长中调派。训练课程以政治为主，如对民众的宣传教育、组织民众、建立政权、协助军队作战等课题。教育方式采取延安抗大听报告、集体讨论、教员作结论的方式。后来，由于同蒲南段战事的需要，缩短了训练期限，提前于1938年4月底结束学业。结业后，学员大部分派充两个师的连政治指导员和充实各级政工组织与文艺宣传队，一部分暂集中在军、师政工处，以备战事发展的需要。

第1队队长李鹤回忆说：“从此部队气象一新，政治空气浓厚，士气更加旺盛。部队在采用新的战术后，建立根据地，建设乡村政权，动员和组织民众协助军队作战，搜集情报和传递情报，对鼓舞士气起了重大的作用。”

李鹤还回忆说：“第14军于1938年的夏秋两季，先后经过同蒲路南段的灵石、曲沃、侯马、运城诸役正规作战后，就相继转入到铁路东侧山地安泽、浮山、长子、高平、沁水、阳城地区建立根据地，派了长子、沁水两县的县长和一部分乡镇长及中心村村长。根据地的中心在长子县境的东西峪和沁水县境的十里村，北与沁源地区的薄一波部新军（当时山西的决死队）联系，新军防地以北是八路军陈赓部。为了巩固这块根据地，第14军采用攻坚战，除了收复安泽、浮山、翼城、绛县等县城，伤亡了一些人员外，在这个地区近3年时间（1938年秋至1941年夏）的十几次大的反‘扫荡’战，都是采用游击战的打法，每个战役的伤亡少于敌军。如1938年4月间在安泽以北的和川附近，我旅消灭了1个由安泽东窜的混成大队；同年的秋天，第10师的1个旅和我所在的1个团，在沁水、翼城间的隆化、固镇地区，伏击由沁水开翼城的1个敌军汽车辎重兵团，除了逃脱两辆小吉普、1辆小轿车及少数人外，被我全歼于山谷中的公路上。象这样大的战果，在过去的正规战中是从来未有过的。这显示了我军地方工作人员的民众工作取得了巨大的成效。如果没有民众准确地及时地提供情报，怎能使我军作战中作出正确判断、部署和处置？通过这一时期的我军作战的事实证明，劣势装备的我军对优势装备的敌军作战，不采用机动灵活的游击战是难于制胜的；采用游击战不建立根据地，也是不可能进行作战并取得战果的。我军在这个地区派出的地工班培训学员，都能受到民众的欢迎而予以合作与支持，以至军民相处无间。在部队要离开一地时，群众依依不舍。特别是在最后离开整个根据地时，群众依依不舍的场面更是使人难忘。”①

1938年11月10日，第二战区司令长官阎锡山致电所属各部队，要求研究应用八路军游击战法。其中详细地转述了朱德所介绍的运动游击战法：

---

① 中国人民解放军历史资料丛书编审委员会编：《八路军·参考资料（1）》，第699—700页。

“兹将朱德总司令等会议所谈运动游击战如下：（甲）侦察道路：对敌之来路，如汽车、大车路等，应事先详密侦察、研究，妥为计划，以免临时布置不当。（乙）战法：（一）主打某路敌人，应在前后左右布置好。敌来时，缩至相当时机，在前后方同时全面攻击，使敌首尾不能相顾。惟此种战法能成即脱离，伺机再打，不可行持久战。（二）空室清野，破坏交通路，迟滞敌行进或毁其辎重，使敌饿疲困，非退不可。敌如退，更急攻之。（三）如敌攻西北时，则五台方面各军及兑九峪115师可尾击策应之。（四）敌多走山沟，警戒疏忽，我如先将多数机关枪伏于某地纵射之，并用手掷弹及伏炮，收效最大，但要临时伏，不可预早伏。（五）攻敌堡垒或某据点时，不可过早截断其电话，使敌利用电话调增援队，在敌增援队出发后，再行截断。预布伏兵于敌必经之路，截歼其增援部队。（六）敌如通过，应前堵尾击，圆圆敌如由吉县、河曲冰桥过渡，两岸步〔部〕队可利用山地及以上种种战法攻击，惟不可缩至河边，应转磨打圈，成全面的战法，迫敌走去。（七）战地指挥官指挥要在前方，要机动。”①

几天后的11月16日，阎锡山又致电所属全体指挥官，要求切实研究八路军在五台县石沟东耿镇南之战的成功经验。②

值得一提的是，曾任国民革命军第14军第83师副旅长、参谋长的魏巍，1907年生，湖南省隆回人。黄埔军校第四期毕业。1933年夏任团长时参加古北口抗日作战并负伤。全国抗战爆发后任师参谋长。主张和赞成各阶层各党派团结抗日，参加了忻口会战。1938年初前往延安八路军总部访问参观，学习八路军做群众工作和游击战的经验。返回部队汇报后，在山西洪洞开办了政工干部训练班。由军长李默庵任班主任，第83师师长刘戡任副主任，魏巍任教育长，招收了600名沦陷区流亡的知识青年学习。1938年，魏巍担任国民党军第93军参谋长兼地方工作指导委员会秘书长。在学习八路军的过程中，魏巍对八路军和共产党有了进一步的认识。他和中国共产

---

① 中国人民解放军历史资料丛书编审委员会编：《八路军·参考资料（1）》，第244页。

② 中国人民解放军历史资料丛书编审委员会编：《八路军·参考资料（1）》，第246页。

党保持密切联系，团结进步青年，从事对人民有益的工作。在阎锡山发动的反共的十二月事变中，采取措施，掩护八路军撤退免遭损失。1940年6月因处境危险而脱离国民党军队，前往太行山八路军总部，参加了八路军，并改名白天，寓意为冲破黑暗，迎来光明。1941年5月由彭德怀、申伯纯介绍加入中国共产党。1945年，他作为中共七大候补代表，出席了在延安召开的中国共产党第七次全国代表大会。从魏巍的经历可见，中国共产党抗日主张和行动对爱国进步人士产生的影响。

合办南岳游击干部训练班

1939年2月至1940年3月，国共两党在湖南南岳合作创办了游击干部训练班。训练班的前三期，中国共产党以其丰富的游击战争经验与国民党合作培训了3000名干部。他们中的许多人在敌后开展游击战争，有力地打击了日本侵略者。

卢沟桥事变后，中国共产党领导八路军、新四军，在敌后战场广泛发动和武装群众，开展游击战争，积极打击敌人，收复了大片国土，创建和发展了敌后抗日根据地。敌后战场的胜利，使国民党上层人士看到了游击战争在抗战中的地位和作用。白崇禧认识到，只有运用游击运动战为主配合必要的阵地战为辅，以适应持久战略，才是战胜强敌的正确方针。①蒋介石也说："吾人欲驱逐敌人，消灭敌人，则必须利用游击战，扰乱敌之后方，而牵制其行动，破坏敌之运输交通，而减少其力量，以协助正规军

① 白崇禧：《关于游击战的问题：1939年2月24日在本班开学典礼上训词》，载中国人民政治协商会议湖南省委员会文史资料研究委员会编：《湖南文史》第33辑，湖南人民出版社1989年版，第92页。

之作战。”①

中国共产党多次向国民党当局提出建议，发动和组织群众开展游击战争。1938年10月武汉沦陷前夕，蒋介石在武汉召开高级将领会议，朱德在会上向蒋介石提出国共两党举办游击干部训练班的建议。蒋介石接受了这一建议，并要求拟出计划。其后，周恩来和叶剑英研究制定了游击干部训练班教育计划大纲，由周恩来提交蒋介石。

同年11月25日，蒋介石在湖南南岳召开最高军事会议，邀请中共代表周恩来和叶剑英参加。会议检讨了前一时期的抗战工作和展望二期抗战形势，确定自七七抗战开始到武汉失守为第一期抗战，以正规战为主，尔后为第二期抗战。会议决定第二期抗战实行“游击战重于正规战”的方针②，决定效仿解放区战场的经验，广泛开展敌后游击战，“积小胜为大胜”，“以空间换时间”。蒋介石决定在南岳举办游击干部训练班，并致电中共中央，要求中共派干部到南岳予以协助。中共中央开会讨论，认为开辟敌后战场，广泛开展游击战争，需要培养大批干部；国共合作举办这个训练班，对团结抗战有重大意义。为此，会议决定协助国民党当局在南岳创办游击干部训练班，由叶剑英负责，带领部分干部和工作人员参加训练班工作。

1939年2月15日，南岳游击干部训练班正式开学。国民政府军事委员会任命汤恩伯为训练班主任，叶剑英为副主任。不久，改为由蒋介石兼任主任，白崇禧、陈诚兼任副主任，汤恩伯任教育长，叶剑英任副教育长。

训练班开始称“军事委员会游击干部训练班”。不久，军委会军训部部长白崇禧以军事训练机构应隶属军训部为由，报经蒋介石批准，改名为“军事委员会军训部南岳游击干部训练班”，简称“游干班”。游干班因系短期训练班，只设班本部，班本部设在南岳圣经学校。班本部在主任、副主任之下，设教育长、副教育长各一员，下设部、处、室等机构。

---

① 转引自李默庵：《游击干部训练班史略及教育概况》，载中国人民政治协商会议湖南省委员会文史资料研究委员会编：《湖南文史》第33辑，第114页。

② 转引自李默庵：《游击干部训练班史略及教育概况》，载中国人民政治协商会议湖南省委员会文史资料研究委员会编：《湖南文史》第33辑，第114页。

起初，游干班拟定招收学员的对象是各战区营长以上的军官和高级司令部的中级幕僚人员，要求以军为单位选派战术修养较好而又有作战经验的军官参加训练，毕业后回原部队办班训练连、排、班长等基层军事骨干，编组游击队伍，到敌人的侧面和后方去，开展游击战争。

南岳游干班的学员，军衔大部为少校，一部分为上校、中校、上尉。他们多是黄埔军校及南京军校的毕业生，少数是军校高级研究班的学员及保定军校、云南讲武堂、东北讲武堂等军事教育机关的毕业生。

南岳游干班每期学习三个月，军事教育以游击战术、游击战斗及爆破技术为主，学员还要进行军事演习；政治教育以民众运动及游击政工为主。

第一期的学员为1046人，编为8个队。主要是全国各战区部队送来的军官。第5、第6、第7队中有女学员110人，第1至第6队于2月15日开学，5月15日结业。第7、第8队于4月上旬开学，7月5日结业。

第二期的学员为530人，分编为5个队。鉴于第一期学员水平参差，施教比较困难，第二期减少了学员人数，采取军官和党政干部分别编队，分别施教。按照军委会军训部的训令，第1、第2队为军官学员队，系由第三、第四、第九战区所辖部队（含游击队）选送的中级军官。第3、第4队为党政干部学员队，由湘、鄂、赣、浙、皖、粤、桂、闽各省党部与省府及所辖行政党务机关保送来的各厅、署秘书、科长、县长和省、县党部委员等政工人员。第5队为第九战区谍报班学员和从第一期第7队毕业的男女学员中选留的部分人员。第二期于6月20日开学，9月20日结业。

第三期的学员为1459人，分编为10个队。这期学员人数更多，来源更广泛。有从第三、第四、第九战区所属军、师选送来的现役军官，有从湘、粤、桂、赣、浙、闽、黔、滇等省党部与省府保送的党政官员，有由军委会政治部、战时工作干部训练团、三民主义青年团保送来的工作人员和青年学生，有从衡阳、曲江、桂林、吉安等地招考来的高中毕业学生等。其中女学员占十分之一。第三期于1939年11月20日开学，1940年2月至3月结业。

游干班开设的主要课程为：1. 总理遗教，2. 领袖言行，3. 中国国民党史，4. 中国国民党党员之组织训练及其政策，5. 抗战建国纲领，6. 国际形势，7. 地方自治与建国，8. 国家总动员，9. 游击政工，10. 民众运动，11. 敌情研究，12. 情报业务，13. 游击战争概论，14. 游击战术，15. 沙盘教育，16. 爆破摘要，17. 后方勤务，18. 各种通讯法，19. 筑城概要，20. 兵器概要，21. 战斗教练，22. 阵中勤务，23. 防毒讲话，24. 防空讲话。

以上课程，根据学员军事基础知识和作战经验水平的不同，有区别地施教。虽然课程繁杂，但游击战争是教育训练的中心，其他课程都是围绕这个中心开设的。军事基本知识和军事基本技术课目中，以筑城、地形、军事管理和后方勤务占着重要地位，它们是游击战术的"外围"；研究性的课程，以国防经济、国民精神总动员实施政策、国际形势、日本研究为重点；而作为全部课程中心的游击战争课目包括九个方面的内容：游击战争概论、游击战理论基础、游击队的政治工作、游击战术科教练、游击战的破坏工作、游击队通讯术、游击队的化装术、情报原理、游击战术实习。

中国共产党派到南岳参加游击干部训练班工作的有30多人，对外叫中国共产党代表团，叶剑英任代表团团长。教官有李涛、边章伍、吴奚如、李崇（又名李伯崇）、薛子正；工作人员有陈子英、蒋雪影、谢景屏、刘澄清、陈婉文、李扬、王华、何思政、徐天宝等，主要负责代表团的电台（对外叫新闻台）、机要通信、文书和后勤生活保障；另有警卫战士十多人。著名的越南共产党领袖胡志明那时在中国，曾在游干班中共的新闻电台工作过。周恩来被游干班聘请担任国际问题讲师。

为了便于开展工作，叶剑英与汤恩伯商定，中共方面参加游干班的人员，集中住在第一教官室。代表团成员早上和学员一同参加出操和朝会，白天参加讲课和训练，晚上进行备课和总结工作，每天都忙到深夜。他们虚心向友党的教官学习，经常邀请其他各主要教官参加代表团举行的讨论会。他们的出色表现受到汤恩伯的多次表彰。

游击战的战略战术和游击战的政治工作这两门主要课程，由中国共产党派到训练班的同志负责教授和训练。具体分工是：叶剑英主讲游击战的概论，边章伍、李伯崇、薛子正讲授游击战的战略战术，李涛、吴奚如讲授游击战的政治工作。这两门课程没有现成的教材，教官们主要依据毛泽东的《论持久战》《抗日游击战争的战略问题》及在中共六中全会上的政治报告《论新阶段》和游击战争的实际经验，采取集体研究、集体讨论，编写出《游击战术讲义》《抗日游击队政治工作教程》。

由于中共教官的讲授严格贯彻了毛泽东的军事思想，又有中共开展游击战争的丰富斗争实践，因此每堂讲授，都使学员们大开眼界。特别是叶剑英讲课时，课堂内外都挤满了人，连附近地区驻军中的一些将级军官也跑来听课。1939年4月中旬，周恩来到南岳游干班视察游干班的教学情况，18日和19日两天，给学员们做了题为《中日战争之政略与战略问题》的报告。报告根据日军侵华的历史及其政略、战略的变化，特别是针对日军以经营敌后为主，“以战养战”的新政策，提出中国抗战的政略与战略的重心，应该是动员全国人民，开展全民抗战；应重视敌后，斗争的中心也在敌后，不让敌人利用我之人力、物力、财力来打我们。周恩来说：敌后的工作，政治重于军事，精神重于物质，游击战争重于正规战，宣传重于作战，民众重于士兵，节约重于生产。周恩来的演讲，受到游干班领导和学员的热烈欢迎。

1939年6月，叶剑英由南岳游干班调到重庆南方局工作，由李涛接任中共代表团团长。第二期训练班开始，国民党当局在游干班增设国民党特别党部和三民主义青年团等组织。

中共代表团办班工作人员，在办完第三期之后，于1940年3月全部撤出。

1940年夏，国民党将南岳游干班改名为西南游干班，又继续办了四期。第四期学员毕业后，游干班迁到江西修水办了第五期，第六期又迁回祁阳，第七期迁到浙江丽水，此期结业后游干班就结束了。

国民政府军组织的敌后游击战

中国共产党领导的八路军、新四军挺进敌后，进行抗日游击战争，建立了敌后抗日根据地，开辟了广大的敌后战场。毛泽东认为："在敌人后方创设许多抗日根据地是完全可能和十分必要的，国共两党均须用极大努力去干。"①中国共产党领导的敌后抗日游击战争的迅猛发展，对国民政府军事当局产生了极大的影响。于是，国民政府军事委员会也提出要在正面战场以正规战同游击战相结合，在沦陷区开展游击战争，以袭扰和牵制敌人。1938年11月，国民政府军事委员会在湖南衡山召开第一次南岳军事会议，研究制定第二期抗战方针。蒋介石在会上提出："政治重于军事，游击战重于正规战，变敌后方为其前方"②。于是在国民政府军事委员会的战略对策中有如下部署："加强游击兵力，增设冀察、鲁苏两敌后战区，扰袭敌人，打击共军发展，化敌后为前方，扩大面之占领，粉碎敌'以华制华'、'以战养战'之企图。其他各战区亦应注重游击战术，配合灌溉消耗战略，使战力日趋强大，愈战愈强。"③

国民政府军在敌后进行游击战的部队，主要部署在山西、河北、山东、江苏等省。

晋绥地区：太原失守后，第二战区的部队奉令坚持山西。其时有卫立煌指挥的南路军（辖第3、9、14、15、17、38、47、73、96、98军等）共16个师另四个旅，以中条山、王屋山为根据地；杨爱源指挥的西路军（辖第19、61军，骑兵第1军等部）共八个师另三个旅，以吕梁山为根据地；杨澄源指挥的五台游击区二个师，以雁门以东地区为根据地。1939年初，第二战区调整部署：南路军编为第4、5、14集团军（共18个师、三个独立旅），担任中条山守备及晋南地区游击；西路军编为第6、8、13集团军（共八个师、二个独立旅），担任晋西吕梁山周边地区游击。

冀察地区：1939年1月，国民政府军事委员会增设冀察战区，以原河北游击总司令鹿钟麟为总司令，辖第69、97军，新编第5军，河北民军及其他

---

① 中共中央文献研究室编：《毛泽东年谱（1893—1949）》中卷，第56页。

② 何应钦：《日军侵华八年抗战史》，台北黎明文化事业股份有限公司1982年版，第265页。

③ 苏志荣、范银飞、胡必林等编辑：《白崇禧回忆录》，第170页。

游击部队，其中正规军有五个步兵师、一个骑兵师，河北民军相当于三个步兵师，其他游击部队不下于正规部队，总兵力约10万人。随后庞炳勋部亦调入冀察战区。

鲁苏地区：1939年1月，国民政府军事委员会增设鲁苏战区，以于学忠为总司令，山东省政府主席沈鸿烈、江苏省政府主席韩德勤分别任副总司令，辖有第57军（军长缪澂流，辖第111、112师）、第89军（军长韩德勤）、第51军（军长牟中珩，辖第113、114师）及新编第4师和海军陆战队，共七个师约10万人，地方武装计有苏鲁皖游击军（共七个纵队，总指挥李明扬、副总指挥李长江）、山东保安部队（一个保安师、15个保安旅）、江苏保安部队（九个保安旅、一个税警总队），共约15万人。其中第51军任鲁南北部游击作战；第57军任鲁南南部游击作战；第89军任苏北游击作战。对于苏鲁游击战区的设立，日本方面有如下判断："该地域为日本华中战略根据地的长期建设基地。因此，该地对游击战具有重要意义。游击目标为：A、在军事上，牵制日军的兵力，破坏其兵站线，以及铁路、公路、桥梁等，以阻止其向腹地进攻。B、在政治上，破坏日本扶持的维新政府系的地方政权，恢复中国方面的政权，对亲日者实行恐怖活动。C、在经济上，破坏日本长期建设政策，焚毁日本经营的工厂，防止其获得原料物资等。"①鲁苏战区的布防是：战区总部设在蒙阴县的上高湖一带；第51军军部及其直属部队驻扎在沂蒙公路线上的朱位村；第113师驻扎在沂（水）青（州）公路以东的安丘、沂水两县交界地区；第114师驻扎在抱犊崮山区及蒙阴城东一带；第57军军部及第111师驻扎在莒县西南和赣榆以北地区；第112师驻扎在陇海铁路以南淮阴以北地区，共约2万人。于学忠将人鲁部队部署之后，于4月初召开了鲁苏战区高级将领会议。八路军山东纵队指挥张经武也参加了这次会议。会议决定将山东划为三个游击区：津浦铁路以西为鲁西游击区，沈鸿烈为指挥官；津浦铁路以东、沂蒙公路以南地区为鲁南游击区，

---

① 中国人民解放军历史资料丛书编审委员会编：《新四军·参考资料（3）》，解放军出版社1992年版，第22页。

缪徵流任指挥官；津浦铁路以东、沂蒙公路以北地区为鲁东游击区，牟中珩任指挥官。之后，鲁苏战区派大批军事干部，分赴各地视察整编地方部队，将山东分散的游击部队整编改称鲁苏战区游击纵队，共有十个游击纵队：第1游击纵队，张里元任司令；第2游击纵队，厉文礼任司令；第3游击纵队，秦启荣任司令；第4游击纵队，王尚志任司令；第5游击纵队，丁庭任司令；第6游击纵队，秦毓堂任司令；第7游击纵队，蔡晋康任司令；第8游击纵队，周侗任司令；第9游击纵队，王洪九任司令；第10游击纵队，申从周任司令。①

上述各地区的国民政府军游击部队，一部分是在日军进攻时未及撤退而滞留敌后的正规军，其编制、装备较为齐全，但缺乏游击战争训练，不善于进行游击性的分散作战，不会做群众工作，其后勤补给也仍属正规军系统，在敌后生存能力差。另外一部分游击部队多由地方民团和豪绅的私人武装组成，这种部队不但缺乏民族精神，而且纪律涣散，更不可能在敌后恶劣的条件下坚持游击战争。

随着国民党逐步从政治上限共发展为军事限共，在敌后游击区内国共两党的政治矛盾和军事磨擦逐渐发展，结果在八路军、新四军的自卫反击下国民政府军在敌后游击区内是人地两失。

1940年12月，冀察战区副总司令兼第39集团军总司令石友三在鲁西南阴谋投敌被处死，新编第8军军长高树勋继任。1942年4月下旬，日军以第32、第33师及骑兵第4旅一部，对位于河南、山东交界的濮县（今濮城）冀察战区总司令部进行围攻。该战区采取集中作战的战术，以新编第8军主力于黄河旧河套地区，一部位于清丰、濮县间和濮县、东明间；以第69军主力于濮阳、观城间，以小部兵力于濮县、柳下屯，准备将敌诱至濮县地区后实施反击。4月29日，日军以优势兵力猛攻濮县和柳下屯，冀察战区以新编第8军和第69军主力实施反击，相持半月有余后，终于抵挡不住日军攻势，

---

① 丁龙嘉：《重整齐鲁河山：山东人民抗日战争纪实》，山东人民出版社2005年版，第66—67页。

不得不向菏泽、观城间和范县、濮阳间转移。6月15日以后，日军先后调集近1万人的兵力，集中“扫荡”濮阳、东明、丰县、金乡地区。冀察战区的部队因以师、团为单位，目标甚大，多次为日军所捕捉，双方发生激烈战斗，中国军队伤亡重大，不得不越过陇海铁路向安徽涡阳地区转移。与此同时，在鲁西南定陶、曹县地区的冀察战区副总司令孙良诚所部投敌，被编为伪第2方面军，以孙良诚为总司令，移驻开封。冀察战区在太南的部队归副总司令兼第24集团军总司令庞炳勋指挥。至此，冀察战区实际上已名存实亡。

1941年5月，日军发动中条山战役，以中条山为根据地的国民政府军损失过半，中条山全部丢失。9月，日军又围攻太岳山区国民政府军，结果驻守太岳区的第98军基本被打垮，军长武士敏牺牲。

国民政府军第24集团军驻守以陵川、休县为中心的太南地区，下辖第27军（军长刘进，驻陵川地区）、第40军（军长马法五，驻林县地区）、新编第5军（军长孙殿英，驻临淇地区），共2万余人。1943年4月20日，日军华北方面军以第1、第12集团军各一部大举进攻太南的第24集团军。24日，孙殿英首先率部投敌。5月上旬，庞炳勋被俘投敌。国民政府军第一战区豫北游击总指挥兼专员杜淑也在同一时期投敌。日军将追随庞炳勋、孙殿英、杜淑投降的部队合编为伪暂编第24集团军，以庞炳勋、孙殿英为正、副总司令，部署于新乡至安阳间平汉铁路上各要点及两侧地区。同年5月至7月，日军继续“扫荡”第24集团军未投降的第27、第40军，迫使这些部队于8月4日前南渡黄河，全部退出太行山区。至此，国民政府军在河北的最后一块游击根据地亦告丧失。

在鲁苏战区的山东方面。1942年中，日军对鲁中、鲁南的于学忠所部（第51、第57军）多次进行“扫荡”，使该部遭受重大打击。1943年，由于吴化文等部相继投敌被编为伪第3方面军，与日军夹击坚持抗日不愿反共的于学忠所部。8月，于学忠部被迫撤出山东向皖北转移。至此，鲁苏战区指挥的山东敌后游击战争不复存在。①

在鲁苏战区的苏北方面。徐州会战后未及撤退的韩德勤第89军（其前身是在苏北的十个江苏省保安团），部署在苏北及苏皖边界北段。韩德勤1939年在苏北建立了两个水网地带的游击区：第一游击区，中心地区是战区副总司令部和江苏省政府所在地兴化，包括高邮、宝应、淮安、淮阴一带，由战区副总司令兼江苏省政府主席韩德勤兼任总指挥。第二游击区，主要在苏中泰县、泰兴以及苏皖边区一带，由苏北游击总司令李明扬兼任总指挥（李明扬还任鲁苏皖边区游击总指挥，辖11个纵队约1万多人）。这两个游击区长期坚持苏北抗日游击战争。行政机构除了韩德勤为首的江苏省政府之外，1943年11月，军委会还成立了苏北特别行政区，由李明扬任主任并兼长江下游挺进军总指挥。自鲁苏战区成立以来，苏北连年游击作战不断。据统计，在1939年初至1943春撤离鲁苏之前的五个年头里，鲁苏战区大规模游击作战达20次，小规模游击战斗5000次以上，获有确切战果者2900余次。其中约有三分之一的战斗发生在苏北。比较重要的例如：1939年10月，日军第15和第21师团，分三路进攻高邮湖一带，第89军第117师，副总部独立团和税警总队，江苏保安第3、第8旅等部，与日军激战20余天，高邮、宝应失而复得，并攻克盐城。同年11月底至1940年初，在冬季攻势期间，韩部向淮阴、宝应、六合等地主动进攻，作战十余次，歼敌数千。1940年又两次粉碎日军的“扫荡”。1941年春，日军再次大举“扫荡”苏北，2月，李长江叛变投敌，韩德勤副总部被迫撤离兴化。1943年2月，日军调集第70师一部和独立第12旅主力，在航空兵的支持下，对淮安以东地区进行大规模“扫荡”，位于该地区的鲁苏战区总司令部及其所属的独立第6旅、保安第3纵队等部遭受重大伤亡，被迫向淮阴、泗阳地区转移。月余后，日军又“扫荡”淮阴、泗阳地区，该部不能立足，遂又向西退入安徽。1944年5月，军事委员会明令撤销鲁苏战区。

---

① 此目参考军事科学院军事历史研究部：《中国抗日战争史》下卷，解放军出版社2005年版，第193—196页。

苏南方面，国民政府军队参加游击战的主要有苏浙行动委员会忠义救国军、第1和第2游击区等。苏浙行动委员会忠义救国军1938年编成，有1.5万余人，直属第三战区指挥。第1游击区辖区为太湖之东南，苏浙两省交界的杭嘉湖三角地区，核心根据地是浙西以天目山为中心的临安、于潜、昌化、孝丰地区，包含浙西沦陷的13个县和当时属于苏南今属上海郊区的八个县。第2游击区在太湖以西，位于苏南、苏皖边地区，“东依太湖，西及北面以长江为界”，西南达苏皖边界，南至苏浙边界，范围包括苏南17个县和皖南六个县，合计23个县。第1游击区和第2游击区均建立于1939年11月。第2游击区，1939年4月至10月，多次挺进无锡、武进，丹阳、南京间，破坏公路241公里、铁路18公里、桥梁138座、电线185公里等，并袭击宜兴、溧水、天王寺、湾址、九里山等敌伪军据点，毙伤日、伪军5000余人，俘获日军官兵11人，自身伤亡4260人。1940年4月下旬，在宜兴西北抗击日军第63师两个多团的反“扫荡”战斗；1941年1月下旬至2月上旬在太湖西岸抗击日军进犯，毙伤日军200余人，收复香山、南山等多处要地。1941年12月下旬，抗击日、伪军七八千人的“扫荡”，先后毙伤日、伪军1000余人，自身也伤亡失踪1000余人，但打退了敌军的进攻。①

八路军提供日军密码电报本

1939年末之前，国民革命军和国民政府无线电侦破机构，在各地先后有中统国际密电室、军统特种技术研究室、军委会日帝陆军密电研究组、交通部密电检译所、军委会机要室密电股、航空委员会监听室、军政部研

① 江苏省中共党史学会编：《江苏抗日战争史》，中共党史出版社2007年版，第148—156页。

译室、军委会技术研究室等。军委会日帝陆军密电研究组以军委会机要室毛庆祥为组长，霍实子、李直峰为正副主任。霍实子，留日学生，曾协助交通部电政司研译过外交日文密码。李直峰，中文密码专家，山西人，原为阎锡山电务处破译有线无线中文密电报人员，杨虎城的机要秘书、侍从室第一组长，领导破译中文密电技术研究。1936年西安事变时，李直峰译出蒋方许多密电报，呈周恩来而获赏识，奉命参加革命，1937年初打入中统局，担任机密二股股长。

军委会日帝陆军密电研究组于1938年11月迁驻重庆之后，工作进展缓慢。“1939年春，军委会密电研究组在重庆由台长郎世杰领导侦收积累大量日帝陆军无线日文密码电报材料，霍实子、李直峰用以领导破译技术研究。但从汉口到重庆后半年多来，只研知日帝陆军密码变化是‘印赛佛科特’即双重密码变化；而对日文双重密码电报的报头报尾密钥既无法找见，对日文双重密码电报统计又无具体办法，对脱日文双重密码电报之皮，更无正确技术方法。总之，是束手无策，徒费人力物力，达不到密电研究组抗日的愿望。”

军委会日帝陆军密电研究组为打开僵局，由李直峰向霍实子提出建议，派人到各战区各总部搜集日帝陆军作战后所缴获的完整和破碎的日文密码电报本和日文密码电报纸，以期有助于日军密码的破译研究。李直峰的建议获得毛庆祥同意，发表李直峰为军委会少将参议、李裕为军委会上校参议，公开持蒋介石的命令，奔赴各战区各总部进行搜集。李直峰以其与中共的特殊关系，出发时即寄希望于中共能够提供这方面的资料，所以他们一到西安，李直峰就把李裕留守西安，自己单身奔赴延安八路军总部求援。李直峰回忆说：“1939年我任军事委员会少将参议时，衔蒋介石命，赴延安八路军总部搜集与日本陆军作战时所缴获的密码电报本和密码电报纸。中共中央派军委情报局长、秘密领导我做地下工作的曾希圣同志，将所缴获的日本陆军的：（1）以‘5678’为指标的四位数字密码，加减四位乱数本，计101页，（2）四位数字密码，加减四位乱数，日文来去本，（3）以‘111’为指标的三位数字密码，加减三位乱数本，计13页，一并交给我带回重庆，完成了蒋介石所交予的任务，充分体现了国共合作抗日的精神，加强了重庆的对日无线电侦破工作，取得了一些比较突出的成果。”①

当时，为严密掩护李直峰的秘密身份，商定由曾希圣亲自将三种日文双重密码电报本送交重庆国民政府军委会，并公开请奖。李直峰遂先回重庆复命。后来这三种密电本送交国民政府军委会时，霍实子公开签请蒋介石以打下日帝空军轰炸机一架论奖。

在未公开的李直峰与霍实子合写的《国民党密电研究组与军技室的若干事》中说：“1939年冬重庆侦译密电界异口同声地说：‘中共交给国民党这三种非常重要的日帝陆军日文双重密码电报本，是国共第二次合作共同抗日的具体表现，是中共第一次交给国民党不可多得的无价宝。’……经过三方面（军委会密电研究组、军统密电组、密电检译所）各自秘密的分析研究，确知是当时日帝陆军所用的日文双重密码电报。”②

新四军在随枣会战中的配合作战

1939年4月下旬至5月中旬，中国各战区发动了“4月攻势”，积极袭扰钳制日军，以策应敌后游击部队。第五战区从东、西两面向平汉铁路南段进攻，汤恩伯指挥的第31集团军主力，由湖北移驻枣阳，加强了第五战区的实力，使日军侧背受到威胁。日军为解除中国军队对其武汉和平汉线（北平至汉口）交通的威胁，第11军司令官冈村宁次以第3、13、16师团和骑兵第2、4

---

① 李直峰：《抗战期间的对日无线电侦破工作》，载中国人民政治协商会议上海市委员会史资料工作委员会编：《抗日风云录》下册，上海人民出版社1985年版，第121页。

② 此目依据池步洲：《我在抗日战争中侦破日本密电回忆》，中国人民政治协商会议全国委员会文史资料委员会编：《文史资料选辑》第135辑，中国文史出版社1999年版，第50—51页。

旅团等共11.3万人的兵力，由信阳、应山、钟祥一线向湖北省西部随县、枣阳地区进攻，企图歼灭中国第五战区主力部队，占领随枣，威逼襄樊。为牵制和阻击日军进攻，第五战区司令长官李宗仁将所属部队编为左、右两集团军和江防军。制定了依托桐柏山、大洪山山区，据守重要城镇，持久消耗日军，伺机反击的方针，准备挫败日军的进攻。

4月30日，李宗仁在樊城向第五战区各部队下达作战命令："决以主力行攻势作战防御，粉碎敌之企图，长久保持襄河东岸地区，一部渡河攻击，竭力牵制敌之兵力，俾我主力之作战容易。"命令规定：郭忏指挥的江防军以第26军为主力，推进至沙洋、十里铺、沙市间地区，并派有力部队渡河攻击，牵制日军主力，在襄河东岸获得据点后，应竭力扩大战果，向血口、沙港方面侧击；以张自忠为总司令的右集团军加强襄河东岸地区兵力，防止日军北上和渡河，掩护左翼兵团的右翼；以李品仙为总司令的左集团军在随县附近阻敌西进，并将主力配置于左翼，相机攻击日军侧背之广水、应山和马坪，与桐柏方面友军，应径取联络，并以一部对该方面自行掩护其侧背；以孙震为总司令的第22集团军为战区第二线兵团，其第41军在唐河、白河及襄河西岸坚固工事，扼要防守，并准备策应右集团军作战。第45军集结于茅茨畈附近，准备向洛阳店、平坝或黄家集、洋梓方面进行佯攻。①

5月1日拂晓，驻钟祥、京山方向的日军第16、第13师团主力和骑兵第4旅，在飞机、坦克的支援下，自钟祥向中国军队右集团军之第37、第180师发起进攻。

关于随枣会战经过概要李宗仁1939年5月22日报告说：（一）左集团当面之敌，1、2两日向第84军正面猛攻，并由万家店方面北进，与第13军在高城、刘家河、殷家店以东地区接触。3、4两日，敌大部陆续北进，战况愈烈。同日塔儿湾、官家寨受敌猛攻，先后失守。第84军之两师移守周家湾、竹林湾、高庙坡及其南北高地之线。4至6日，第13军及第85军之一部在殷

① 中国第二历史档案馆编：《中华民国史档案资料汇编·第五辑第二编军事（3）》，江苏古籍出版社1998年版，第190页。

家店、刘家河、天河口，第84军在肖家湾、草庙、紫檀寺、七姑庙附近，歼敌颇累，我亦伤亡甚重。此际右集团方面，受钟祥北进之敌猛烈压迫，长寿店被敌突破。7、8两日，敌由张家集、马家集、垭口、流水沟分路窜抵田家集、分水岭、关门山、新街、方家集、黄龙一带地区，并有一部进抵枣樊路上宿营，状况突趋变化。于是于7日变更部署，令张集团竭力牵制敌之北进，左集团以桐柏山为左翼依托，变换向南侧面阵地夹击突进，并拒止北进之敌。虽由张总司令亲督各部，在襄河东岸向敌侧击，然以敌之大部已突入唐河、新野一带，兼以各部颇受损失，第31集团及第84、85两军陆续突围，向泌阳、南阳转进，到达镇平、内乡及光化、樊城间集结整理。①

白崇禧回忆说："第五战区司令长官李宗仁奉行'四月国军攻势'命令，曾于平汉路南段，由东西两方进攻，4月下旬停止攻势，调整部署，以廖磊任豫、鄂、皖边区游击司令，以大别山之立煌为根据地，担任该三省边区之游击；以第一战区之第68军刘汝明监视信阳，江防军司令郭忏任沙市至宜昌一带守备，第31集团军汤恩伯任随枣守备，第33集团军张自忠任钟祥以北襄河两岸守备，第11集团军李品仙所部并指挥第22集团军孙震任大洪山、塔儿湾一带守备，第2集团军孙连仲任南阳方面守备，以大洪山、大别山为根据地，配置纵深阵地，采消耗战略，使敌深入随枣盆地，转移攻势，包围歼灭之。敌第3师团于4月30日，向应山方面我84军攻击，激战终日，我退守塔儿湾。敌屡向塔儿湾进攻，激战数日，敌滥用毒气，我军伤亡重大，遂退守漂水西岸阵地。敌同时向高城、天河我13军攻击，被我阻止，敌续攻厉山、江家河，形成对峙。敌第16、13师团、骑兵第10旅团于5月1日由钟祥方面攻我守军张自忠部，敌突破我阵地，进犯枣阳、新野、唐河、南阳。同时信阳之敌攻陷桐柏山，三面包围枣阳以东我军，战区乃令守军向北撤退，留置第39军刘和鼎部于大洪山，第13军张轸于桐柏山，另命襄河两岸之步兵击敌后方，且令第2集团军于西兴集、保安砦向唐河南岸反攻，由各方

① 中国第二历史档案馆编：《中华民国史档案资料汇编·第五辑第二编军事（3）》，第205页。

面夹击敌人，敌被迫后退，伤亡甚多，我军先后克复新野、南阳、唐河、枣阳、桐柏、随县等地，恢复原状，战斗告终。”①

随枣会战中，新四军游击队予以积极的配合作战。

中共鄂中区党委军事部长陶铸率领应（城）京（山）抗敌自卫总队，于4月下旬夜袭云梦城，歼守城伪军20余人②，烧毁弹药库一座；又在京山公安寨奇袭了日军沿富水上溯运送军用物资的运输船队，歼灭了日军一部，缴获了大量军用物资。

国民政府军第127师（师长陈离）在鄂北大洪山一带与新四军联防期间，互相配合，协同作战。1939年上半年，新四军独立游击支队司令员李先念在曹荻秋、钱俊瑞的陪同下，三次到第127师同陈离会晤，共同商讨团结合作、协同作战的问题。1939年11月，新改编的新四军豫鄂挺进纵队派人到第127师，说应安地区（指应山以南、安陆以北地区）敌后抗日游击根据地初建，后勤供应十分困难，冬季来临，官兵棉衣无着，希望给予支援。陈离深感同情，遂与军需处处长商妥，拨出一部分棉衣，赠给新四军豫鄂挺进纵队。③

新四军豫鄂挺进支队向敌军背后出击，解除国民政府军第380团之危，在襄花路旁的憨山寺袭击日军车队，毙敌数十；应城县抗日游击队一个支队在大洪山麓与守卫袁家台的川军第731团配合作战，歼灭日、伪军800余人。④

新四军游击队还帮助受困的国民政府军突出重围。当时参战的第45军军部参谋兼警卫连连长邱自操回忆说：第45军军长陈鼎勋率两个师去湖北，阻击随县、安陆一线的日军，军部驻大洪山西南麓。附近驻有新四军

---

① 白崇禧口述：《白崇禧口述自传》上，中国大百科全书出版社2009年版，第154—155页。

② 马洪武、王德宝、朱大礼、张廷栖编：《新四军征途纪事》，江苏人民出版社1988年版，第79页。

③ 中国人民解放军历史资料丛书编审委员会编：《新四军·参考资料（2）》，第736—737页。

④ 敖文蔚主编：《湖北抗日战争史》，武汉大学出版社2006年版，第267页。

一个游击队，队长姓李。当时战斗十分激烈。军部距前线十余里，已清晰地听到鬼子的炮声。一天正午，前线师旅团的电话突然中断，侦察兵纷纷回报："敌人凌晨发动总攻，我军前线崩溃，各师旅情况不明。"陈鼎勋立即召开紧急会议，准备向后方钟祥撤退。正研究中，新四军的李队长带来情报："据确报，随县、安陆之敌，今晨发动奇袭，击溃了前线部队，又闪电迂回，占领了钟祥、京山，军部已被包围。"这一意料外的突变，使与会官佐一个个惊呆了，陈鼎勋毅然说道："事已至此，只有精选敢死队突围，别无他法！"李队长说："目前敌人正把全力集中钟祥、京山一线，后防空虚，我建议绕道穿过大洪山区，回到枣阳地区再说。"陈鼎勋忧虑地询问："大洪山区是敌人盘踞的地方，怎去得？"李队长介绍了相关情况后说："明知山有虎，偏向虎山行，来个出奇制胜。请放大胆，我率领这个游击队，送你出围！"陈鼎勋听到李队长对敌人如此熟悉，对友军如此关心，便同意行动。在新四军游击队的护送下，经过七天时间的辗转行动，第45军军部的1000多人终于突破重围、通过了日军的封锁线，到达枣阳地区。①

1939年冬季攻势中的合作

1939年10月，国民政府军第2期整训完成，部队战斗力有一定加强。适值第一次长沙会战之后，国民政府军事委员会判断日军可能增兵再攻长沙，为进一步消耗日军，乃决定将整训部队主力分别拨归第九、第五、第三战区和第二战区，准备于11月下旬及12月上旬，全面对日军发动冬季攻势。上述四个战区为主攻战区，其他战区实施助攻。

---

① 邱自操：《湖北大洪山国共两军合作抗战纪事》，载中国人民政治协商会议全国委员会文史资料委员会编：《文史资料存稿选编·抗日战争（下）》，中国文史出版社2002年版，第53—55页。

蒋介石在部署1939年冬季攻势的时候，于1939年9月25日致电朱德，要朱德以第二战区副司令长官名义，统一指挥冯钦哉（第98军）、范汉杰（第27军）、庞炳勋（第40军）及八路军主力，“确实断绝长治为中心之交通，围攻长治相机攻略之，并肃清白晋公路北段之敌”。①9月30日，朱德致电庞炳勋、冯钦哉、范汉杰、刘伯承等，通报长治、长子等敌情和相机攻击长治，并肃清白晋公路北段之敌的作战部署，令庞炳勋军向壶关进袭，范汉杰军向长子进袭，冯钦哉军向屯留进袭并切断潞城交通，八路军第344旅向长治、东阳关至武安之线破坏袭击，特务团向潞城方向积极行动，晋冀察边区以有力部队向正太路破坏袭击外，并令第129师各部向当前敌人分别破坏袭击；要求各兵团应发挥最大之机动能力消灭当前之敌，尤以向长子、壶关进击之各兵团，应分别组成若干精干游击队，积极打击当前敌之运动部队，孤立当前之敌或诱守城之敌于野战中消灭之，以创造攻略各该城市之良机；各兵团应在距各城半天行程之适当地点隐蔽，不失时机打击敌人。②

根据朱德命令，八路军第129师积极行动，于1939年10月3日发布断绝上党方面日军交通的命令：（1）第386旅并指挥独立支队3大队仍自虒亭、沁县分水岭至榆次之线积极破坏袭击。（2）第385旅以相机规复辽县之目的，主力仍集结辽县东北，向辽县、和顺、昔阳之线积极破坏袭击，一部在辽县西南打敌出城部队。另指挥独立支队1大队主力在昔阳、平定、寿阳之线，重点在平定、昔阳间积极破坏袭击。李一清、秦基伟两部在井平路及昔阳、东冶头线。（3）谢富治指挥青年抗日纵队第3团、独立2大队、冀西游击队向井陉、获鹿、石家庄、元氏、高邑、内丘之线积极破坏袭击。（4）王树声、黄镇指挥先遣支队向内丘、邢台、沙河、邯郸、磁县，特别先遣支队1大队主力在邯郸、武安、涉县之线北积极破坏袭击，配合该路南第688团行动。（5）师特务团一部向黎城、涉县之线积极破坏袭击。（6）宋任穷、王宏坤

① 中共中央文献研究室编：《朱德年谱（1886—1976）》中，第913页。

② 中共中央文献研究室编：《朱德年谱（1886—1976）》中，第913页。

指挥东纵1团及一分区武装向石家庄、内丘段破坏袭击。青纵主力及二分区武装向内丘、邢台段破坏袭击。第386旅补充大队及三分区武装向沙河、临洺关段破坏袭击，以抑留平汉线之敌，妨害其西援。①

11月12日，八路军第129师第386旅一部于榆社县石盘、高庄一带抗击日、伪军进犯，毙伤敌军250余人。21日，第120师第358旅第718团于灵丘县祁家庄、傅家湾、大地、道八等地抗击日军，激战至22日，共歼敌150余人。②

11月19日，蒋介石正式发布冬季攻势命令："国军冬季攻势之作战，依次记要旨实施：(甲)方针：(一)国军以消耗敌人导国军尔后作战有利之目的，以本会直辖整训部队主力，加入第二第三第五第九各战区，实行主攻；(二)为牵制敌之兵力，俾主攻方面奏功容易，其余第一第四第八及鲁苏、冀察各战区，向当面敌人实施助攻，策应主攻方面之作战；(三)攻势开始日期，除第五第九战区限于11月寝日以前实施，其余助攻方面概限11月底，主攻方面概限12月上旬，如期分别实施。(乙)指导要领：(一)第一战区攻击开封、博爱，牵制敌人，切断汴新路及平汉路安阳附近交通，策应第二战区之作战；(二)第二战区应首先切实截断正太与同蒲二路，肃清同蒲线南部晋南三角地带敌人，如次记要领实施攻击。(子)由汾河北岸击破新绛、稷山、河津敌人，向南进出，由同蒲路东侧横水岭、夏县、平陆，向同蒲路攻击，重点置于翼城东侧地区，击破当面敌人，汾同蒲路向安邑进出，协力肃清三角地带敌人，并晋冀边境十八集团军部队，切实截断正太路交通；(丑)切断同蒲路北段介休、临汾间，及白晋公路之交通，攻击长治，并各以有力一部分由东西两面向曲沃、侯马、汾城攻击，掩护主力之侧背；(寅)以北路军主力指挥张砺生部，向归绥东南附近地区围攻敌军，并策动伪军反正。(三)第八战区绥西部队，应协同第二战区北路军主力，围攻归绥附近敌军，向归绥西北附近地区攻击。(四)第十战区，主力仍任原河防，

---

① 中国人民解放军历史资料丛书编审委员会编：《八路军·文献》，第390—391页。

② 中国人民解放军历史资料丛书编审委员会编：《八路军·综述、大事记》，解放军出版社1994年版，第274、275页。

依晋南三角地带攻击之进展，应有一部渡河，扩张战果之准备。（五）汤恩伯集团（四个师）仍归本会直辖，控置于南阳、新野间地区，掩护第一第五两战区侧背。（六）本会直辖整训部队加入第二战区作战者为第7师、第47师、第64师。（七）任攻击各部队，应注重敌军交通要线，实施广正面之攻击，首须将其各交通路节节切断，使其兵力分隔，前后不能相应，诱导敌人于要点外，行运动战而击灭之。依状况控置主力于待机位置，截断其策应赴援之敌，或乘虚取其要点。但务须特别注意，避免攻坚。（八）化工兵之集中配属，已另令饬遵。（九）对于空军之协同作战，另有命令。（十）主攻方面弹药之补充、积集及递送准备，须于攻势开始前完成。”①

担任助攻的第一战区12月1日开始攻击，在豫东，第3集团军以豫皖边区游击部队切断开封、兰封附近公路、铁路，第81师于12月17日突入开封，焚毁日军第35师一部的指挥所及仓库；21日，骑兵第2军一度攻入商丘，并击溃由安徽砀山增援的日军骑兵部队。在豫北，12月6日，新编第5、47、9军等部队，攻至安阳附近，尔后在汤阴、淇县、浚县、沁阳、博爱等地，破坏交通设施，切断了日军豫北交通。1940年1月1日，第9军一度攻入沁阳，歼灭日军第35师一部。

中国第八战区以第35军攻击日军骑兵集团司令部所在地包头；第81军一部攻击安北；骑兵第6军等部队袭击绥包铁路，阻止日军增援。1939年12月18日开始行动。20日拂晓，第35军乘驻包头日军一部出城执行任务之机，以便衣队潜入包头，接着，主力部队攻入城内，袭击日军骑兵集团司令部及重要仓库，日军骑兵集团第1旅直属队及第13、第14团急忙由萨拉齐、固阳、安北前来救援。日军第13、第14团受到第35军阻援部队的围攻损失惨重，第13团伤亡过半，第14团团长小林一男上校被击毙。在增援日军抵达包头开始反击后，12月23日，第35军撤出包头，退回五原地区。日军驻蒙军于1940年1月28日以骑兵集团主力（配属独立混成第2旅一个支队）、第26师

① 中国第二历史档案馆编：《中华民国史档案资料汇编·第五辑第二编军事（1）》，第667—668页。

及伪蒙军一部由包头等地向五原开进。2月3日，突入五原。2月中旬起，日军主力开始撤出五原地区，但在五原留下了伪蒙军和日军桑原特务机关，由绥西警备司令官水川伊夫中将坐镇五原，守备绥西。为巩固对该地的占领，3月初，又派以伪蒙古政府警察队为名义的数百名日军进驻五原。3月20日夜，第35军反攻五原，激战至22日，击毙日军水川伊夫中将、大桥上校，消灭日、伪军4000余人，五原敌军和特务机关被全歼。

华中方面，中国第三战区从1939年12月12日起以第32、第10集团军各一部分别袭扰南昌及杭州日军，第32集团军曾于12、18两日攻入南昌城，予日军以重大打击。第10集团军于13日晚攻入杭州、富阳、余杭各城，破坏了日军指挥机构及仓库。1940年1月21日，日军由杭州南渡钱塘江，攻陷萧山，并向绍兴袭扰。经第10集团军部队反击，迫敌退守萧山。第三战区另以14个师编为长江方面攻击军，区分为左翼、中央、右翼三个兵团，攻击当面日军第13集团军第116师。12月16日，各部向荻港至贵池一线发起猛攻，到处展开近战肉搏，攻克日军沿江据点多处，到17日晚在大通、荻港间突破日军第116师左翼，挺进至江岸，炮击日舰，布放水雷，一度切断长江航运。20日，日军增援部队陆续到达，在飞机轰炸和舰炮火力支援下进行反扑，攻击部队遂退守进攻出发阵地，以小部队向江岸钻隙突进，继续袭扰敌人。

第五、第九战区共50多个师统一于12月12日向当面日军第11集团军发动攻势。第五战区第22集团军第41军第122师第364团在群众协助下，经一夜激战，攻占日军外围据点擂鼓墩；第124师强攻滚山，前仆后继，予敌重创。第九战区曾克复靖安及通山、阳新各附近据点。冬季攻势给予日军相当大的打击。

11月30日，八路军第129师发布破路拆堡命令，号召晋冀豫、冀南全区军民面向交通线大力开展破坏敌人控制交通线的斗争。第129师、第344旅及晋冀豫地区的其他部队在第129师统一指挥下，利用驻平汉路及邯长公路日军调防的机会，发起邯长战役。12月8日至13日，参战部队向邯长公路全线展开破击，进行战斗73次，消耗日军很大兵力。14日以后，参战部队主力以黎城至涉县段为重点，连续袭击日军据点，在公路线上伏击敌运输部队，先后攻克赵店、黎城、东阳关、涉县等城镇。①

12月3日，朱德、彭德怀致电蒋介石、程潜、阎锡山等，报告八路军为执行其冬季攻势作战计划所作的部署，并转告各部队同时报中共中央军委，要求各部队在不妨碍其基本任务的情况下实施：以第129师第386旅、第115师第344旅等部队，分别夹击白晋公路北段和长治、武乡公路，并打击和顺、辽县一带之敌，配合友军相机收复上党；以冀热察挺进军、第3纵队、第129师各一部分别截断或破坏平汉铁路涿县至宛平、保定至望都、临城至沙河各线及邯郸附近铁路段；以晋冀豫边纵队第1支队截断正太铁路娘子关至井陉段，并对正定附近的正太铁路、平汉铁路两线进行宽正面破袭；以第115、120师各一部，分别破袭同蒲路灵石至太谷、忻县至大同两线；以冀热察挺进军所部破袭平绥铁路东段和北平至古北口段以及北宁铁路天津至山海关一线；以大青山支队袭击归绥附近之敌；以第3纵队和第129师各一部、第115师东进抗日挺进纵队、第343旅主力及山东纵队分段夹击津浦铁路的河北静海至江苏铜山一线之敌，并对胶济铁路进行宽正面之破袭；以第115师冀鲁豫支队破袭陇海铁路的河南民权至安徽砀山一线；晋察冀军区及第120师一部，目前应以粉碎敌军“扫荡”为基本任务。②

12月5日，八路军第129师第385旅第769团袭击武安县康宿镇的伪军，歼敌250余人。27日，第129师第385旅一部袭击昔阳县皋落地区的日、伪军，战至29日，毙伤敌200余人。28日，第115师第344旅一部收复山西潞城县城。③

八路军山东纵队“在‘冬季攻势’指令下，5次总破袭（1939年12月）。其经过情形如下：（甲）八路军×支队担任切断台潍公路之任务，当晚该支队分路出动。一路出自台潍公路临沂峄县段，破坏60多里；另一部破坏莒县附近30多里，收电线200余斤；再一部破坏临沂至沂水间公路10余里，并击溃修路之敌；第四路则破袭日照、莒县间的沈町官庄段，收获电线200余

① 中国人民解放军历史资料丛书编审委员会编：《八路军·综述、大事记》，第88页。

② 中共中央文献研究室编：《朱德年谱（1886—1976）》中，第919—920页。

③ 中国人民解放军历史资料丛书编审委员会编：《八路军·综述、大事记》，第281页。

斤。×支队共破坏百余里，台潍公路完全切断。（乙）×支队担任破坏胶济路，分两路出发，一路袭益都西至普集间，破坏公路数处，一路袭良庄车站，毙敌20余名。（丙）以×支队担任破坏陇海路，是晚将徐州东碾庄、赵团间铁桥数座全部炸毁，并将附近铁路破坏，砍电线杆100余根，收电线100余斤。另一部袭陇海路南睢宁之王行，冲入据点内，激战半小时，睢宁敌百余来援，复被我击溃，同时并分袭睢宁东北之王庄。是役毙敌甚众，获步枪数十支，电话机1架。（丁）×支队击溃由打山出动之敌，歼敌数十名，另一部击溃肥城安朐庄、夏庄之敌300余。（戊）胶东×支队对各据点及敌占区进行破坏。派一部袭扰掖县，破坏掖县朱桥间公路50里，掖县沙河间20里，掖县至夏邱堡间30余里，并拆毁桥1座。派一部袭扰招远之敌，配合民众破坏招、掖间公路45里，招黄路20余里，砍电线杆30余根，收电线300余斤，当时敌护路队赶到，被我击溃，并获伪旗1面。破坏朱桥至黄山馆公路40余里，毁桥1座，并将招远七区大道完全破坏，袭杜家之敌，予以大量消耗，并张贴标语及宣传品。另派一部配合地方武装袭击黄县、蓬莱之敌，破坏蓬黄间公路60余里，蓬莱至八角口之公路40余里。派一部配合群众，将松山至寨里至藏格庄之公路50里完全破坏。袭扰栖霞，予敌以大量消耗。破坏栖霞至松山至白尺埠间两公路60余里。”①

12月28日，朱德、彭德怀致电程潜、阎锡山、卫立煌、叶剑英转蒋介石等，呈报八路军执行其冬季作战计划情况说：第129师及第344旅连克黎城、东阳关、涉县后，现武安以西、潞城以东已无敌踪，对收复上党作战已开一新局面。除饬令范汉杰军照现在部署集中主力向长子之敌进击，乘胜收复长子与屯留，庞炳勋军应即以主力强攻壶关，然后向长治攻击外，已令第129师以有力一部立即转移至潞城、襄垣地区，配合白晋路北段原有部队确实切断白晋路，消灭沿线据点之敌，以配合南面部队聚歼上党之敌。②

八路军参谋长叶剑英1940年3月在重庆召开的全国参谋长会议上报

① 黎玉：《抗战两年的山东纵队》（1940年5月1日），载八路军山东纵队史编审委员会编：《八路军山东纵队史·下卷》，第935页。

② 中共中央文献研究室编：《朱德年谱（1886—1976）》中，第920页。

告说："总结我们冬季攻势的斗争，本集团军在朱德总司令、彭德怀副总司令指挥之下，正确地执行了最高统帅部在冬季攻势中所给予的战斗任务，无论是坚持抗日游击根据地，或配合友军作战，基本上完成了自己的任务。统计本集团军参加冬季攻势的战斗员有155240人。在作战过程中，我伤亡连长以上的下部有400余人，伤亡战士7946人。可是我军给敌伪军队的杀伤和俘获的数目也是很大的。计毙敌伪官兵19240人，生擒日军35名，生擒伪军1355名，获战马1022匹，骡马663匹。在冬季作战中，我们缴获敌人的步枪2136支，轻机枪57挺，重机枪6挺，短枪54支，迫击炮4门，山炮2门，掷弹筒33个，尚有其他许多军用品。比如自行车199辆，大车270辆，望远镜14副，无线电台5架，电话机31架，钢盔398个，大衣军毯1608件，敌伪的旗子152面。在作战期间，我们同时进行破坏敌军交通的工作。前后执行了248次的破路工作，计破坏铁路419里，破坏公路1849里（冀南的除外），破坏桥梁36座（内有5座铁桥），颠覆敌人的火车10列，炸毁敌人的列车36列，炸毁敌人汽车72辆，击落敌机1架，缴获敌人的通讯密码，已经呈上统帅部，炸毁敌伪的矿井2个，炸毁车站12座，炸毁敌人的仓库2个，砍断敌人的电线杆4280根，收回电线21693斤。在冬季作战期间，我军损失了步枪496支，轻重机关枪15挺，迫击炮2门，短枪31支，消耗步枪子弹200多万发，手枪弹近4万发，迫击炮弹近2000颗，山炮弹230发，手榴弹近4万枚。"①

在1939年冬季攻势中，第29集团军（总指挥王缵绪）受第五战区司令长官李宗仁指挥，守备湖北沙洋地区的襄河西岸，与日军隔河对峙。李宗仁令第29集团军以一个加强团东渡襄河，深入敌后，破坏湖北汉（口）宜（昌）公路和京（山）钟（祥）公路上日军的交通和通讯，袭扰日军的据点，并限期两周完成，以利我冬季攻势的正式发动。第29集团军第44军（军长廖震）第149师第447旅第893团团长李稼受命率领全团和第445旅的一个营以及总部的一个重机关枪连，前往执行破坏和袭扰的任务。李稼率部于

① 叶剑英：《叶剑英军事文选》，解放军出版社1997年版，第105页。

10月下旬乘夜渡过襄河，深入到敌后的京山和汉口以西的皀市地区。当李秾正苦于敌情和地形不明时，李先念统率的豫鄂独立游击支队及时派了三人主动前往联系，详细地介绍四周的敌情和地形。11月上旬，当李秾团已完成破袭任务时，接到军长廖震“在敌后继续执行原任务”的命令。在此之后，李秾得到李先念的游击支队部送来的情报：日军已派立花联队和川畈骑兵大队前来进袭。李秾据此当即一面调整了部署，作了“走”和“战”的两手准备，一面电告军长廖震，但因未得廖的回电，不敢擅自撤退，结果与日军激战七天，始得廖“突围撤回”的电令。李秾立即以一部向北突围，到达了大洪山；主力向南突围，安全回到了襄河西岸。

1940年至1942年，第29集团军调守湖北大洪山的三年中，得到新四军第5师的有力支持。有一次，日军攻击李秾团王家岭阵地，打得很激烈，李秾团左翼部队呈现动摇，正苦于没有部队增援时，幸得新四军第5师在出动右翼发起攻势，给予有力支援，使李秾团左翼部队因此稳住了阵脚。李秾命令部队乘势出击，进攻的日军迅速全线溃退。李秾回忆说：“这次要不是李先念师长指挥的新四军第5师部队及时从日军的右侧发起猛袭，这一危险局面肯定是难以扭转的。我在胜利之夜，写了这样一首诗：天兵突降敌侧方，顿时倭奴起恐慌；祝愿国共永合作，吾侪执戈力更强。”①

1939年冬，第97旅（旅长曾坚忍）率两个团，驻防江苏沭阳之秦家圩子、双窑、高沟一带。第97旅在之前得到过刘瑞龙（新四军苏皖军政委员会书记）部的支援，旅长曾坚忍也曾同刘瑞龙有过交往。一日，接到情报说：章集、胡集附近发生战斗。章集、胡集是刘瑞龙部队活动的地区，曾坚忍于是做驰援准备。在接到刘瑞龙来的电话证实情况后，曾坚忍急率第194团及旅部手枪排、山炮连，以野外演习为名，命令以章集、胡集为假想发现敌踪，作为演习地区。第194团曾受到过救援，心照不宣，连夜轻装兼程驰往，以战斗急行军搜索前进。曾坚忍部到达章集附近王家圩子，发现敌人正与

① 中国人民解放军历史资料丛书编审委员会编：《新四军·参考资料（2）》，第738—740页。

新四军部队酣战中。曾坚忍认为以速战速决为宜，以出其不意攻其无备的姿态，立即展开战斗，集中兵力，猛烈袭击。章集圩内的新四军发现外围发生激战的情况后，亦即向外出击，进行内外夹攻。此时刘瑞龙也率援军赶到，曾坚忍部取得联系，分左右两翼向敌人猛攻，将敌切为两段，予以各个击破。战至凌晨，敌人的炮声渐疏，终于败退，曾坚忍部和刘部即分途拦截和追击，取得战斗的胜利。①

百团大战和国民政府军的配合

1940年8月20日夜，八路军晋察冀军区、第129、第120师在八路军总部统一指挥下，发动了以破袭正（定）太（原）铁路为重点的战役。战役发起第三天，参战部队已达105个团，故称“百团大战”。百团大战，是抗日战争相持阶段八路军在华北地区发动的一次规模最大、持续时间最长的战役，是中国共产党领导的武装力量主动发起的配合正面战场的战役行动。

1940年7月22日，八路军总部向晋察冀军区、第129、120师下达的《战役预备命令》称：“由于国际形势的变动，我西南国际交通路被截断，国内困难增加。敌有于8月进攻西安、截断西北交通消息。似此，一大部分大地主、大资产阶级之更加动摇、投降危险亦随之严重。我应以积极的行动，在华北战场开展较大胜利的战斗，破坏日军进攻西北计划，创立显著的战绩，影响全国抗战局势，兴奋抗战军民，争取时局的好转，这是目前严重的政治任务。”“敌寇依据各个交通要线，不断向我内地扩大占领地区，增多据点，封锁与隔截我各个抗日根据地之联系，特别是对于晋东南，以实现其

① 中国人民解放军历史资料丛书编审委员会编：《八路军·参考资料（1）》，第735—736页。

'囚笼政策'，这种形势日益严重。""为打击敌之'囚笼政策'，打破进犯西安的企图，争取华北战局更有利的发展，决定趁目前青纱帐与雨季时节，敌对晋察冀、晋西北及晋东南'扫荡'较为缓和、正太沿线较为空虚的有利时机，大举破击正太路。"①同时，对其他重要铁路，特别是平汉、同蒲铁路，应组织有计划的总破袭，以配合正太路破袭战的行动。规定直接参加正太线作战的总兵力应不少于22个团。

百团大战的第一阶段（8月20日至9月10日）是交通总破袭战。参战部队、游击队、民兵同时向日、伪军发起攻击，破坏正太、同蒲、平汉、德石、平绥、北宁、津浦、白晋等铁路交通线，歼灭了大量敌军。日、伪军猝不及防，仓皇应战，顾此失彼，损失严重。第二阶段（9月22日至10月5日），继续袭击交通线两侧的日、伪军，摧毁深入根据地内的日军据点，并发动榆社、辽县、涞源和灵丘等地区的攻城战斗。由于日军已有准备，八路军在连续作战中过于疲劳，牺牲较大，除榆社一度攻占外，都未攻克，没有达到预期的拔除据点的目的。第三阶段（10月6日至12月5日）是反"扫荡"作战。从10月6日起，日军调集华北境内所有能够调遣的兵力2万余人加上大批伪军，对抗日根据地进行疯狂的报复"扫荡"，根据地军民展开英勇的反"扫荡"作战。

到12月初，八路军共进行大小战斗1824次，毙伤日、伪军2.5万余人，俘日军280多人、伪军1.8万余人，缴获一批枪炮和军用物资。八路军伤亡1.7万人。百团大战给日军企图分割各抗日根据地军民的"囚笼政策"以沉重打击，钳制了日军大量兵力，打击了日军的侵略气焰。②蒋介石于1940年9月4日致电朱德、彭德怀说："贵部窥破好机，断然出击，与敌甚大打击，良用嘉慰。除已电饬其他有关战区积极出击，以策应该部作战外，仍希督所部

① 中国人民解放军历史资料丛书编审委员会编：《八路军·文献》，第531页。

② 日军方面称："中共百团大战之奇袭作战，全然出于我军以上观察、意料之外，完全是乘虚而进。共军的这次奇袭使华北方面军受到了巨大的冲击。根据这个痛苦的经验，我军对共军作了重新认识，重整情报能力，努力改善治安肃正办法，不断提高效果。"（中国人民解放军历史资料丛书编审委员会编：《八路军·参考资料（2）》，第357页）

积极行动，勿与敌以喘息机会，彻底断绝敌交通，为要。”①

在百团大战正在进行时，中共中央书记处于1940年9月10日对山东和华中根据地发出《关于“击敌和友”的军事行动总方针的指示》，要求加强军事行动，打击日军，给正面战场以战略配合。“根据中央‘七七’宣言与‘七七’决定，我八路军新四军全部力量，在目前加强团结时期，应集中其主要注意力于打击敌人，应仿照华北百团战役先例，在山东及华中组织一次至几次有计划的大规模的对敌进攻行动，在华北则应扩大百团战役行动到那些尚未遭受打击的敌人方面去，用以缩小敌占区，扩大根据地，打通封锁线，提高战斗力，并在山东与华中方面继续扩大我军之数量，而给予200万友军及国民党大后方与敌占区内千百万人民以良好之影响，给予敌人向重庆等地进攻计划以延缓的作用。”②

百团大战创造的成功战法，成为国民政府军的学习榜样。第一战区卫立煌曾根据蒋介石指令要求部属要效仿八路军的战法：“各战区应以十八集团军此次在正太、同蒲、平汉各路之游击破坏动作为法则，拟定自本年九月起至十二月止之持久计划，加强敌后游击战，专以铁路、公路、水路各交通线与兵站、仓库、飞机场、汽车、汽油栈等实施有计划、有组织之长期破坏。在此期间，其第一要义，务使敌军不能抽调其在各地区之部队，破坏其十月间秋季攻势，造成与我军有利形势。仰各战区迅即遵循本会迭次下达关于游击之训令，以及本会所示之趣旨，切实研究，拟定整个之游击计划，一面实施，一面具报。”③

在华中，第三战区司令长官顾祝同也发布要求华中各部队学习八路军战法的命令。④

八路军百团大战于1940年8月20日发动后，8月22日，朱德、彭德怀向第

① 中国人民解放军历史资料丛书编审委员会编：《八路军·参考资料（1）》，第480页。

② 中央档案馆编：《中共中央文件选集》第12册，第488页。

③ 中国人民解放军历史资料丛书编审委员会编：《八路军·参考资料（1）》，第483页。

④ 中国第二历史档案馆编：《中华民国史档案资料汇编·第五辑第二编军事（5）》，江苏古籍出版社1998年版，第742页。

二战区副司令长官卫立煌通报了百团大战发动的目的、兵力部署及已完全切断正太路交通的战况。8月27日，八路军总部首次向国民政府军事委员会报告了百团大战的发动、兵力部署和初期战果，并提请“电各战区、各友军部队，抑制当前之敌，以利大战进展”。[①]8月28日，卫立煌将百团大战情况转报国民政府军事委员会。

卫立煌于8月26日、28日两次致电朱德，对八路军的军事行动加以赞扬并表示：“贵部发动百团大战，不惟予敌寇以致命打击，且与友军以精神上之鼓舞，我××部配合贵集团军于×日向当地顽敌袭击。”[②]

在八路军发动百团大战后，部分国民政府军就有所行动予以配合。8月下旬，卫立煌所率第27军一部向高平附近各据点之敌围攻，攻占据点多处，第5集团军向横关岭一带，第4集团军向夏县及张茅大道一带之敌进袭，破坏公路多段，第93军破坏队在临汾附近炸毁敌南行火车并毙敌百余。[③]

蒋介石于9月初发出《关于效仿八路军游击战法的训令》，要求各战区以八路军战法为榜样，拟定9月起至12月止之持久计划，予百团大战以配合。电称：“各战区应以18集团军此次在正太、同蒲、平汉各路之游击破坏动作为法则，拟定自本年9月起至12月止之持久计划，加强敌后游击战，专以铁路、公路、水路各交通线与兵站、仓库、飞机场、汽车、汽油栈等实施有计划、有组织之长期破坏。在此游击期间，其第一要义，务使敌军不能抽调其在各地区之部队，破坏其10月间秋季攻势，造成与我军有利形势。仰各战区迅即遵循本会迭次下达关于游击之训令，以及本会所示之趣旨，切实研究，拟定整个之游击计划，一面实施，一面具报。”[④]9月17日，蒋介石

---

① 中国人民革命军事博物馆《百团大战历史文献资料选编》编审组编：《百团大战历史文献资料选编》，解放军出版社1991年版，第149页。

② 中国人民革命军事博物馆《百团大战历史文献资料选编》编审组编：《百团大战历史文献资料选编》，第224页。

③ 中国人民革命军事博物馆《百团大战历史文献资料选编》编审组编：《百团大战历史文献资料选编》，第227页。

④ 中国人民解放军历史资料丛书编审委员会编：《八路军·参考资料（1）》，第483页。

致电朱德："自贵军出击后，即经电饬卫、阎两长官迅饬所部积极出动，以策应贵军作战在案。兹据卫长官佳电称，晋南我军全部已遵令于真日分向同蒲路南段翼城、晋城附近出击。仰贵长官仍本原定计划督饬所部积极行动，俾与晋南出击部队互相呼应，与敌更大打击为要。"①

当时，在华北敌后抗战的国民政府军主要有三支：以中条山为主要根据地的卫立煌第一战区部（在中条山的第4集团军、第5集团军、第14集团军一部及若干地方武装组成），以吕梁山为根据地的阎锡山第二战区部和以太行山（太南）为根据地的冀察战区总司令兼国民党河北省主席庞炳勋部。接蒋电令后，各部即制订计划，于9月初纷纷出击，以配合、策应发动百团大战的八路军。

9月6日，卫立煌发布了全面的"配合百团大战的攻击部署"的命令："（甲）残踞晋东、晋南一带之敌，自我朱〈德〉集团发动百团大战，截断正太、平汉、同蒲各路交通后，连日纷纷北援。（乙）军以规复晋城及晋东、豫北交通之目的，策定攻击布署如次：（1）第4、54（欠刘戡军）各集团应遵本部冬亥天电要旨，加紧向当面之敌袭攻。（2）范汉杰军除以黎明，张乔龄等部积极向平汉、道清袭破外，应密移重点于晋城东北，一举而攻略晋城。（3）第14集团应改以刘戡军（欠第10师）主力进出高平南北地区，截击长高、晋城敌之转窜，策应范军作战。第10师主力向阳城及以北一带之敌攻牵，并掩护裴（昌会）军左侧背。（4）裴昌会军（附〈丁〉树本一部约枪3000，任济源以东正面警戒）除以必要兵力向沁阳袭扰、博爱攻牵外，主力应迅速进出栏车镇，以确实截断晋博公路，恢复晋东交通。达成后继续向北推进。但须即另派一部（有力）进出晋城以西，截断晋〈城〉阳〈城〉间敌之交通，协力范军攻取晋城。（5）庞炳勋集团应即酌派1师驰接范军陵川至荫城大道（均含）及以东、以北防务，对敌警戒游牵，并掩护范军右侧背之安全。该集团主力应积极向安阳、淇县南北平汉路袭破，截敌窜援。

① 中国人民革命军事博物馆《百团大战历史文献资料选编》编审组编：《百团大战历史文献资料选编》，第237页。

（6）各部限灰（10）日完成攻击准备，真子（11日）开始总攻。”①

当时，日军从临汾以南抽调4000余人，计划沿同蒲路北上增援。卫立煌所部为牵制、阻止其北上，主动出击。孙蔚如指挥第4集团军主力对运城之敌发动猛攻，敌我双方在运城及运城附近展开激战。同时，该集团军一部组成若干游击小分队破袭张（店）茅（津渡）大道及夏县境内之交通线和敌伪据点，迫使日军不得不留置重兵固守运城及安邑机场。曾万钟的第5集团军将同蒲路至垣曲间的铁路支线和敌伪据点破坏殆尽，并以部分兵力在闻喜县境内破袭公路和敌伪据点，直接威逼同蒲铁路。第14集团军一部在刘茂恩指挥下，分别向翼城、绛县、曲沃、沁水等地出击，将这些地区的公路、通讯设施摧毁殆尽，并以一部袭扰同蒲线上侯马、临汾等地。

第二战区司令长官阎锡山于9月间制定了“策应百团大战之作战部署”：“（一）卫副长官指挥南路军以一部攻牵曲（沃）高（平）公路暨白晋公路南段长治至晋城之敌，并断其交通，以主力向临汾以南同蒲路沿线之敌发动攻势，彻底破坏同蒲路交通，重点指向侯马、运城。（二）彭毓斌军（第34军）主力附魏纯美支队，积极袭击闻喜、万泉、猗氏、临晋之敌，协同南路军之作战。（三）李文军（第90军）第61师之补充团进出侯马一带，扩大游击，断敌交通。胡总司令（宗南，第24集团军）已经令饬遵。（四）吴代总司令瑞英（第6集团军，兼第61军军长）指挥南路军，以有力一部积极袭击河津、稷山、新绛、汾城、襄陵之敌，掩护补充团之侧背。（五）赵总司令承绶（第7集团军）指挥北路军，以主力一部积极攻牵当面之敌。”②第6集团军在总司令兼第61军军长吴瑞英的指挥下，向襄陵、汾城、新绛、侯马、稷山、河津等地出击，破袭了此间一大批日、伪据点和交通线。第7集团军在赵承绶指挥下，以分散形式，分别向柳林、离石、灵石、汾阳、洪洞等地出击，并向同蒲路发动突袭。第8集团军在孙楚指挥下，向闻喜、猗氏、临

---

① 中国人民革命军事博物馆《百团大战历史文献资料选编》编审组编：《百团大战历史文献资料选编》，第231页。

② 中国人民革命军事博物馆《百团大战历史文献资料选编》编审组编：《百团大战历史文献资料选编》，第236页。

晋、万泉等地出击，破袭了此地区大量公路线和日、伪据点。

庞炳勋部由第24集团军之第27军、第40军、新5军、第一战区第14集团军之第9军一部、第93军一部及地方游击队组成。

在庞炳勋部出击之前，日军从阳城、晋城、高平、长治等地抽调了7000余兵力，向沁源、武乡方向驰援。庞炳勋部首先以有力兵团，沿途袭击北上之敌，以阻其北上，接着全线出击：范汉杰指挥第27军从东北方向攻击晋城之敌。在八路军及抗日决死纵队的配合下，9月12日包围晋城，在猛烈炮火的掩护下突入城内，与守敌进行了激烈的巷战，但很快被迫退出。此后敌我双方在晋城进行了约一周的激烈争夺。9月20日晨，以第27军为主力，再度攻入城内。此次入城，战况尤烈。广大官兵虽与敌反复冲杀，肉搏巷战，但仍无法全歼守敌，被迫再次退出。以后虽曾几度冲入城内，但终未攻占该城。9月29日，第27军被迫撤离。此役第27军伤亡惨重。

裴昌会指挥第9军和丁树本支队，向博（爱）晋（城）沿线之敌发动猛攻。

刘戡指挥第93军主力攻击高平、长治之敌，另以一部向阳城之敌出击。经激战，彻底破坏了长治、高平、晋城之间的交通线，并迫使日军将兵力收缩到长治、高平、阳城等城龟缩不出。该军一部曾在高平附近炸毁敌粮弹车50余辆，震撼了敌军。熊先煜（第93军新编第8师参谋处参谋主任）回忆说：第93军（辖第10师、第166师、新编第8师）的任务主要是打击晋东南地区之敌，以牵制敌人不能沿白晋公路北援正（定）太（原）铁路沿线之敌，以支援八路军的作战。第93军当时的作战部署是：选定沁水以东至高平及高平以北至长治公路线各据点之敌为攻击重点。以新编第8师担任主攻，配属军部仅有的山炮一门；以第166师袭击安泽、浮山境内之敌；以在阳城县境内之第10师袭击阳城之敌。新编第8师当时驻在长子县境内十里村一带。接到军部命令后，积极组织战斗。除以第24团向长子方面之敌袭扰，掩护马壁之第93军军部及本师之侧翼安全；以第22、第23团担任主攻。选定沁水县至高平县公路上的旧高平关、高平关及高平县至长治公路的寺庄镇和高平县城西北的大野川、小野川各据点之敌为攻击目标，采取包围、夜袭和各个击破的战法，从西向东依次攻击之。当攻击某一据点时，并于该据点两侧公路上选定地形，破坏交通，布置相当兵力以截断、打击来援之敌。若因敌工事坚固或其他原因夜袭未能奏效时，则于白昼以炮兵的猛烈火力摧毁敌之工事，掩护步兵攻击之。

9月11日，新8师所属各团部署就位后于晚间发起攻击。首先由第22团攻击旧高平关之敌，旗开得胜；继而，攻击高平关之敌，予敌重创。两次激战中，炮兵也显示出强大威力。然后，中国军队以第23团攻击寺庄镇及大、小野川之敌。次日，第23团第3营夜袭大、小野川之敌。营长黄映清身先士卒，带领官兵与敌展开白刃交锋，反复搏斗，杀声震天，夜袭终于成功，而黄营长却壮烈殉国。此役由新8师师长陈牧农（湖南桑植人，黄埔军校一期毕业）、参谋长傅砚农（贵州开阳人，日本骑兵学校毕业）指挥，连续作战十余日，毙伤敌100余人。①

9月22日，中国国民政府军委会天水行营西安办公厅主任熊斌给蒋介石的电报称："第二战区我晋南、晋东南部队，为规复晋城，打通晋东南、豫北交通，并策应18集团军之作战，遵委座电令，已于真（11）日发动攻势，近日战况如次：（1）文（12）日，我27军主力向晋城猛攻，于元（13）日曾一度攻入城内。又，东（1日）日，百官村（晋城东北）之敌被该军歼灭过半。（2）第9军连日猛攻博晋公路沿线之敌，并以有力部队由于井关突越公路，向晋城以西、以南袭攻中。（3）长、高之敌，真子经我93军猛攻，窜入城内，并袭破太义镇（高平东北）敌粮弹车五十余辆。（4）第10师于文（12）夜将阳城西南近郊外围各据点攻占。（5）15军于文（12）夜攻占西三涧后，刻正与敌在郇王（绛县东北）附近激战中。（6）张茅沿线之敌，被我第4集团军不断派队袭击破坏，并另以一部进出水头镇至运城间，企图截断同蒲路及威胁安、运之敌与飞机场。"②

第38军（军长赵寿山）采取行动策应百团大战。时任第38军上校参谋

---

① 熊先煜：《新八师配合八路军打百团大战》，载全国政协文史资料委员会编：《文史资料存稿选编·抗日战争（上）》，中国文史出版社2002年版，第711—712页。

② 中国人民解放军历史资料丛书编审委员会编：《八路军·参考资料（1）》，第488页。电文中真日即11日，文日即12日，元日即13日，东日即1日。

处长的于景祺回忆说："八路军在华北战场上发动了'百团大战'。朱总和彭总直接电示第38军，要求调集部队进入同蒲路南段铁路沿线，破坏铁路、公路，并进入敌后，分散活动，大造声势，消灭敌人有生力量，以策应'百团大战'，改变华北战场形势。第38军据此制定了越同蒲路在稷王山广大地区的游击计划，破坏铁路、公路、袭击列车，打击敌人。第17师（赵寿山兼师长）第51旅第101团，有一次在稷王山区袭击敌人，缴获大量的枪枝弹药马匹等。军部把我们的胜利汇报到正在第4集团军总部开会的高级干部会上，大家受到了很大的鼓舞，也给主张经常死守阵地、不配合新的战法的部分人员，以新的启发。第38军所属之第17师及独立46旅，各团轮流出击，活动于安邑、运城、闻喜、夏县一带铁路沿线。并越同蒲路，进入稷王山区游击，前后数十次，打得敌人缩守据点，不敢出动，使同蒲路南段铁道不时中断。"①

第三战区第2游击总指挥部也曾根据蒋介石的命令拟具配合作战计划："分令有关部队并转饬第一游击区，迅以现在武、康、吴、长一带游击之江南第一挺进纵队，挺进沪、杭沿线，协同原在该地区游击之第192师，加强浙西地方之游击，及游击计划，另电颁饬遵行外，兹先电指示如下：（一）原在游击区内各部队及我第一线各军出击队，应即加紧敌后游击，及对敌后之水陆交通线、仓库，场栈先期发动有计划之破坏与袭击。（二）本部兹策定本年9、10两月为第一期，11、12两月为第二期，分期实施有力之持久游击作战。（三）第二游击区应迅以原在溧阳、广德附近整训之第63师冷欣部、忠义救国军俞一则部挺进京沪。（四）协同原在该区游击之新四军及第40师挺进第2纵队独立33旅各一部，对敌实施大规模之破坏扰袭，牵制消耗疲惫敌人，破坏其十月间秋季攻势，并使我军转为有利态势，以完成我第一期游击作战之目的。上三项，仰即遵照具报。等因。除分令第63师、忠义救国军遵照，及第40师独立第33旅、挺2纵队各抽派有力一部，均

① 中国人民解放军历史资料丛书编审委员会编：《八路军·参考资料（1）》，第665—666页。

定于马日出动，向京、沪线挺进外，该军（新四军）应仍在原指定区积极活动，努力破坏南京、芜湖等处敌之据点，牵制其兵力，并应随时与友军切取连络，协同策应。希即遵照，并将实施情形随时具报为要。”①

对于友军对百团大战的配合与支持，八路军给予高度肯定。八路军第129师师长刘伯承说：“此次百团大战胜利消息传出后，各地友军不断函电慰勉，最近在晋南及中条山一带的中央军，在卫司令长官英明指挥下，积极出动，一致配合作战，消息传来，令人感奋不已。”②

骑兵第2军同新四军彭雪枫部的合作

国民革命军骑兵第2军（军长何柱国，副军长郭希鹏）奉令南调，转徙千里，到1939年底到达了平汉铁路线上郾城、漯河一带。尔后又转换到豫皖边区的沈丘、阜阳、涡阳等地，归属第一战区司令长官卫立煌（后为蒋鼎文）指挥。骑兵第2军当时的任务是，穿插于陇海、平汉、津浦三铁路线之间的三角地带，破坏敌人的交通干线，严密监视河南商丘、苏北徐州和安徽宿县的日军的活动，防止敌之入侵。骑兵第2军军部和直属部队，驻守沈丘和临泉一带，骑兵第6师（师长王照昆）驻淮阳，项城（水寨）一带，骑兵第3师（师长徐梁）驻涡阳一带。骑兵第2军的防区东起怀远、正阳关，西经蒙城、阜阳、涡阳、临泉、界首至河南沈丘、项城、漯河一线。

何柱国回忆当时的形势说：“涡河以北的豫东地区，属于所谓‘真空地带’，新四军彭雪枫的游击支队先我一步来到淮阳亳县，打开豫东局面，开展游击战，建立抗日根据地。他的防区，东起安徽宿县、江苏铜山，西经河

① 中国第二历史档案馆编：《中华民国史档案资料汇编·第五辑第二编军事（5）》，第742—743页。

② 《刘伯承同志关于百团大战的谈话》，载《新中华报》1940年10月27日。

南永城、拓城、太康、扶沟，直抵许昌，与我军联防共同守卫豫皖边区大片国土，彼此互相支援，甚为融洽。”

“1940年间，我同一乡里的黄埔陆军小学的同学张云逸，任新四军参谋长，指挥长江以北新四军部队对日作战。他派他的联络科科长任泊生，到沈丘来和我联系，共商对敌作战事宜。我掩护任长期住在我司令部里做联络工作。我还通过徐梁第三师的电台，与彭雪枫的游击支队用密码互通情报；我也派郦淳驻在彭部做联络工作，并帮助彭部从中共驻洛阳办事处领来的军需、给养，文件等，顺利通过国民党统治区到达他的防区（当时游击支队驻涡阳以北的新兴集）。我还帮助他们接送人员，解决交通问题。如新四军副旅长谭友林，支队长郭述申，戴季英等同志去延安参加中共‘七大’时，由我司令部发给特别通行证，顺利通过国民党统治区，到达了延安。”

1940年9月，日军“扫荡”蒙城板桥集，新四军第11旅特务团奋力抵抗，除击退来犯之敌外，还击落了敌机一架，并将残骸运送骑兵第2军处，共庆胜利，以示友好。

何柱国回忆说：“由于我们两军遥相呼应，密切合作，挫败了日军多次进攻，牵制了日军的侵华兵力，引起了侵华日酋之忌，企图拔掉我阜阳这一据点，以便吞并我豫皖边区。是年，日军从华北抽调大批兵力，配以飞机、坦克，大举进犯阜阳。当时这地区机关、学校林立，并设有机场，成为抗日时期我后方重要据点之一。我军决以全力保卫，使敌难以得逞。狡猾的敌人施胚佯攻项城，实取阜阳的阴谋，企图我军调集主力支援项城，然后突出奇兵陷我阜阳。我识破了敌人的奸计阴谋，不为所动。我将我军一部分集中坚守阜阳，界首一带，部分紧缩在蒙城、涡阳一带，两军成犄角之势，以保阜阳。我又命徐梁部死守项城、沈丘，严阵以待。这次战斗从商丘附近之朱集打响，蔓延到沙河沿岸，战线很长，敌我双方共投入20余万兵力，战斗十分激烈。在涡河北岸的彭雪枫游击支队，深入敌后，在陇海，津浦两线破坏铁路，截断敌之补给线，牵制敌之后援。这次战役，终于在国共两军的密切配合与军民合作下，挫败了日军的侵略野心，确保了阜阳地区的安全。”①

皖南事变后不久，张云逸任新四军副军长，彭雪枫任新四军第4师师长。何柱国率领骑兵第2军仍本张学良“国共合作，共同抗日”的初衷，与彭雪枫部协议：如我两军被迫对阵时，仿效西安事变前红军与东北军的做法：双方在阵地前朝天开枪，避免杀伤，决不做出使“亲者痛仇者快”的蠢事！

八路军对中条山战役的配合

1941年春，日军为消灭黄河以北的国民政府军势力，进窥豫西，于3月至5月间，抽集徐州、赣北、开封、晋西的日军主力第21、第33师团，以及骑兵第4旅团和独立混成第9、第16旅团，会同原与中条山中国守军对峙的日军第35、31、37、41师团，共六个师团又三个旅团十几万人，向中条山地区发起进攻。日军以二个师团又一个骑兵旅团的兵力，集结于豫北道清路西段的沁阳、博爱一带地区；以四个师团又二个旅团的兵力，集结于晋南的晋城、阳城、沁水、绛县、闻喜、夏县、安邑一带。而日军第3飞行编队主力（包括轻轰六个中队、侦察三个中队、直协二个中队、战斗一个中队）则在运城、新乡两个机场展开，担任空中配合。国民政府军第一战区为确保晋南战略要地，以主力第9、15、98、43、17、3、80军布置于宽约170公里、纵深约50公里的中条山地区内，前依险峻之山隘，背负黄河之湍流，中条山战役利用修筑的工事，阻挡日军进攻。为增加敌人的消耗，挫其攻势，第一战区以一部兵力潜至日军据点附近，不断袭击敌人，以迟滞敌人的行动。同时，又令太行、吕梁山区各军积极策应，寻机打击日军。

① 何柱国口述、施文淇等整理：《何柱国将军生平》，中国文史出版社1992年版，第206—208页。

1941年时，中国军事当局的指导方针是："保守要地，力图持久，奠安内部，争取外援，尤须振刷军、政，自力更生，伺敌南进，再作攻势。"①这年4月中下旬，国民政府军事委员会参谋总长何应钦受蒋介石委托在洛阳主持召开准备中条山战役的军事会议。会议达成如下要领："国军为确保中条山，(一)第一步，应相机各以一部由北向南(93A)，由东向西(27A)，与我中条山阵地右翼各部，合力攻取高平、晋城、阳城、沁水间地区，以恢复廿九年四月前之态势。(二)第二步，与晋西军及第二、第八战区协力，包围晋南三角地带之敌，而歼灭之。(三)最低限度，亦须能确保中条山。因此，首宜从速加强十五军方面之现阵地。"何应钦并提出第一战区在做具体计划时应注意的事项："1. 一战区长官部应速派有力高级参谋，前往现地侦察地形敌情，提供尔后作战指导之参考。长官部并速提出具体之计划。2. 防守中条山各部队，应利用山地之特性，以火力封锁各道路口，如地形许可，应多作反斜面之阵地。3. 阵地前及第一阵地与第二阵地间之交通，应彻底破坏，以限制敌之行动，而节约我之兵力。4. 应利用中条山纵深地带，多构筑斜交阵地，以备一点被敌突破时，我尚得依交叉火力而扑灭之。但对主阵地带工事，须随时日而增强之，并竭力施以伪装，另增设各种障碍物。5. 部署军队时，应适宜付以独立性，并切实注意协同动作，相互策应。凡在不受敌攻击，或敌攻击力量甚微之方面，须竭力向当面之敌猛攻，以分散敌之兵力，勿令敌人得集中力量，对我以行各个击破。"②

据此，第一战区的战略部署是："以主力7个军配置于中条山区，以一部4个军配置于太行及太岳山区，依险峻山隘及强固工事，实施战略持久战，并与吕梁山第二战区互相策应，不断扰袭敌人。"其作战方针是："为打破敌之进犯企图，应制敌机先，积极实施游击，以粉碎敌之攻击准备及

① 张秉均编著：《中国现代历次重要战役之研究·抗日战役述评（续）》，国防部史政编译局1980年版，第129页。

② 中国第二历史档案馆编：《中华民国史档案资料汇编第五辑第二编军事（3）》，江苏古籍出版社1998年版，第403页。

兵力集中，随即分令各军以一部向当面之敌游击。”①

5月7日，中条山外围的日军，以绝对优势的兵力由东北西三个方向发起进攻。“西面之敌于8日夕陷垣曲，旋即与东面之敌会师于邵源，封锁黄河渡口并反转攻击。我军被切成两段，各自为战，第五集团军陷于苦战。卫长官于9日夕令第9军及第5集团军南渡黄河，10日令第14集团军转移太岳山区，各留置一部游击。各军遂陆续南渡或西渡，一部北移太岳山区。敌大部于17日北向太岳山区进攻，一部封锁黄河各渡口，并扫荡中条山。太岳山区我主力军于25日奉令西渡黄河，留一部于太岳山区游击，迄6月初会战结束。”②

还在中条山战役发生之前，战斗在太行、太岳抗日根据地之八路军第129师部队，就曾将敌人图谋进攻中条山的情报告知国民党驻军指挥机关，希望他们做好对日军作战的准备工作。同一期间，为对付日军之进攻，中共中央还特别采取了应急措施，即以八路军副总司令彭德怀的名义，致电国民政府军第一战区司令长官卫立煌，提出八路军以主力一部进入中条山及汾（河）南三角地区，担任同蒲、白晋铁路南区之破袭，黄河北岸之控制，以援助友军作战。③

中条山战役发生时，在重庆的国民党方面代表刘斐同周恩来谈话，说明日军发动新的军事进攻，要求八路军在军事上配合。5月8日，中共中央召开政治局会议，讨论时局问题。对于国民党方面的要求，毛泽东为中共中央书记处起草复周恩来电：“（一）对于敌军进攻，须强调‘全国人民团结起来反对日本帝国主义进攻’的号召。（二）对于国民党要求我们配合作战，须告以当然如此，不成问题。（三）我们要求事项：（甲）速解决新四军问题；（乙）速发饷弹；（丙）停止反共；（丁）派机送周回延开会。”④5月9日，周恩来会见国民党代表张冲，转达了中共中央的意见。10日，周恩来会

① 张秉均编著：《中国现代历次重要战役之研究·抗日战役述评（续）》，第132、133页。
② 张秉均编著：《中国现代历次重要战役之研究·抗日战役述评（续）》，第129页。
③ 张国祥：《山西抗日战争史》下卷，山西人民出版社1992年版，第112页。
④ 中共中央文献研究室编：《毛泽东年谱（1893—1949）》中卷，第295页。

见国民党代表刘斐，刘斐再次提出要求八路军配合作战问题。周恩来说，配合打敌人，“即使在皖南事变以后也未停过”。最近敌人“扫荡”，八路军也在苦战。如敌进攻中条山，“我必打无疑”。①5月11日，周恩来会见蒋介石。蒋介石要求华北八路军配合国民政府军中条山作战。周恩来告以中共中央已电八路军拟制配合作战计划，并要蒋介石通知卫立煌、阎锡山直接同八路军总部联络。周恩来说，抗战以来中共始终坚持团结抗战，中共领导的军队在极艰苦的情况下，仍坚持积极对敌作战，与友军配合行动。即使近四个月来反共成为高潮，亦未停止过打击敌人。可中共领导的军队饷弹极缺的困难不得解决，对中共军队的压迫也日益加紧。蒋介石回答说，能配合行动就很好，只要有成绩，我决不会亏待你们，根本问题可以继续谈，其他问题也可以解决。②其间，苏联驻华武官司崔可夫也通过周恩来要求拟定八路军配合作战计划报蒋介石，在打击日军后广为宣传，并向蒋介石要求速发军饷。③5月14日，毛泽东致电周恩来，要他告诉崔可夫：“武汉失守后，两年半来，日本政策是主要对共、放松对国，以利诱降。故两年半来，国民党对日打得很少，它也和日本一样，主要对共，放松对日，发动两次自毁藩篱的反共高潮给日本看，希望日本不再进攻，这个政策是根本错误了。我党对日则无日不战，对目前进攻，又决定配合作战。东条陆相在今年一月议会中声明，重庆政府自前年冬季攻势以来没有打什么仗，只有共产军作了有力反攻，就是证据。”④

1941年5月9日，毛泽东同朱德、王稼祥、叶剑英致电八路军、新四军各部负责人，提出我军在日军进攻中的方针。电报说：“敌正集中兵力，企图进攻河南、陕西、云南，打通平汉路，截断西南、西北两交通线。”战事有在近日发生可能，国民党要求我军配合作战。我们方针，“仍按我军现在姿

---

① 中共中央文献研究室编：《周恩来年谱（1898—1949）》，第501页。

② 中共重庆市委党史研究室编：《中共中央南方局大事记》，重庆出版社2004年版，第171页。

③ 中共中央文献研究室编：《周恩来年谱（1898—1949）》，第502页。

④ 中共中央文献研究室编：《毛泽东年谱（1893—1949）》中卷，第296页。

态，巩固各根据地，耐心发展敌、伪、奸三种工作（这是极重要的），按当地情况许可，拔取敌伪某些深入我区的据点，在接近豫陕地区，应有相当部队配合友军作战，并极力发展统战工作，但不要乘机向国民党地区扩展，使蒋、桂各军放心对敌”。①

1941年5月7日，八路军总部遂向晋冀鲁豫军区部队和晋察冀军区部队发出关于猛烈开展交通破击战的命令。②8日，八路军第129师命令各部对同蒲路平遥以南、白晋铁路长治以南、平汉铁路石家庄以南诸段进行破击。③9日，八路军一部攻克同蒲路线赵城以北30多个日军据点。10日，同蒲路之平遥以南、白晋铁路之长治以南、平汉铁路之石家庄以南各段之破击战更形升级。5月14日，八路军一部在白晋路东观镇与子洪口设伏，摧毁满载敌兵及军用物资的汽车15辆；另一部进袭阳曲之敌，焚烧其仓库粮食3万多斤。在同一期间，八路军还破坏了邢台至沙河段铁路，使敌交通中断数日。为牵制日军，八路军太岳军区一部跨越临（汾）屯（留）公路，挺进岳南，开展游击战争。④

在国民政府军陷入重围之时，1941年5月14日，毛泽东致电彭德怀：“目前国民党非常恐慌，望我援助甚切。判断在日寇此次打击下，国民党不能不向我讨好，国共地位将发生根本变化，我党在抗战中将日益占据领导地位。因此我们的基本方针是团结对敌，是配合作战，但决不为国民党激将法所冲动，而是周密考虑情况，给以有计划的配合。恩来要求将晋东南、晋西北、五台、冀中、冀南、山东都包括在配合范围之内，我意主要配合区域应是晋东南与冀南，其他作为次要配合区域（即按寻常状态作战）。请加考虑作出一具体计划告我，以便转告恩来及总顾问。”⑤同一天，毛泽东、朱德在致彭德怀的另一封电报中，认为“我军于此时机有在敌侧背给以打击

---

① 中共中央文献研究室编：《毛泽东年谱（1893—1949）》中卷，第295页。

② 张国祥：《山西抗日战争史》下卷，第113页。

③ 中国抗日战争史学会、中国人民抗日战争纪念馆合编：《中国抗日战争大事记》，北京出版社1997年版，第426页。

④ 张国祥：《山西抗日战争史》下卷，第113页。

⑤ 《毛泽东军事文集》第2卷，第641页。

以振奋国民党之必要”。[1]5月16日，八路军副总司令彭德怀就配合国民政府军作战事致电八路军各部首长：“（一）晋南、鄂西、鄂北敌均于虞日发动攻势，晋南敌已战黄河各渡口，中条山各友军除少数（第九军）部队已南渡外，其余部队正被敌围攻中。鄂西、鄂北敌进至襄阳附近，信阳敌亦有开始动作说，华南沿海敌亦有局部进攻。（二）晋南敌曾在飞机掩护下抢渡黄河，但未得逞，现仍在平陆及沿河北岸设探照灯夜间抢渡，似仍有进犯潼洛可能。沿河民众极恐慌，西安物价猛涨，人心惶惶，驰骋迁移，卫（立煌）望我配合作战极急。（三）为提高与坚定国民党作战决心，兴奋民众，扩大我之政治影响，除由一二九师及决死一纵队各以一部兵力在安阳以南之平汉路、洪洞南北之同蒲路先行破击外，我华北各兵团（除山东部队外）应立即准备于最近期内作较大规模之行动，配合友军作战。其作战要旨如次：（甲）120师担任平遥以北之同蒲路、汾离公路之破击。肖克部担任平绥路之破击。聂区（包括冀中）担任正太路、德石、沧石及石家庄以北平汉路之破击，由聂部署之。晋冀豫区担任平遥以南同蒲线、长治以北之白晋线、石家庄以南之平汉线及邯郸线之破面呈，由刘邓部署之。……（丁）各作战兵团统应于本月23日（含23日）前准备完毕，待命行动。”[2]5月18日，毛泽东致电彭德怀，提出目前的作战方针是“必须打日本，但又决不可以打得太凶”，“如打得太凶则有相反危险，日本将转向我们报复，国民党坐收渔利，并将进攻边区”。[3]5月22日，彭德怀根据中共中央5月18日指示，命令各兵团在平津、平保及太原南北铁路线发展较大游击战，翻车、破路、断敌交通。于5月23日在临汾及安阳南对敌灵活进击；如敌向西安前进，应准备较大之战役，配合友军作战。[4]

八路军各部自5月22日起在平津、平保及太原北铁路线部署较大规模的游击战，并在临汾、安阳南北进行灵活出击，使日军交通中断二三日，拔

① 中共中央文献研究室编：《毛泽东年谱（1893—1949）》中卷，第296—297页。

② 中国人民解放军历史资料丛书编审委员会编：《八路军·文献》，第640—641页。

③ 王焰主编：《彭德怀年谱》，第250页。

④ 王焰主编：《彭德怀年谱》，第250、251页。

除了中条山日军一些据点，掩护了国民政府军队撤退。①国民政府军刘戡第93军、范汉杰第27军、武士敏第98军在转移中，粮食供给出现困难，第二战区副司令长官卫立煌5月29日致电朱德、彭德怀要求协助解决困难。5月31日，朱德、彭德怀通过八路军驻洛阳办事处处长袁晓轩转告卫立煌："职属各部虽处境艰苦，承嘱协助给粮，当尽力所所及，予以协助"。②

国民政府军第14集团军副总司令兼第93军军长刘戡，率部由沁水、端氏一线向北撤退，进入安泽县唐城镇后，经与八路军太岳军区首长谈判，达成了经太岳抗日根据地撤军的协议。允许该部取道太岳部队驻地向北转进，并由太岳部队指派向导引进，过境时当地供应给养。同时表示，为便于第93军撤退，八路军太岳部队对沁（水）翼（城）公路一线之正面，可相机出击，在其侧翼，可进行游击战，以阻击尾追之敌。这样，在太岳区抗日根据地军民的援助和支持下，刘戡之第93军的3万余众，得以越塔儿山，跨同蒲路，摆脱尾追之敌，顺利转进临汾，直插晋西，取道西渡，入陕西境内。同一期间，李铁军之第76军在太岳区抗日军民的支援下，顺利通过白晋线，向东转移至河南境内。第98军则在武士敏军长率领下，继续留在岳南，同岳南军民一起坚持抗战。③

八路军第129师师长刘伯承在《一二九师一九四一年军事工作总结报告》中记述了第129师配合中条山作战的情况和战果："自5月7日，敌人大举'扫荡'中条山以后，我当以太行、太岳区各部，分向平汉、白晋、同蒲各线之敌，积极袭击、伏击，连续地破敌交通线，钳制、迷惑敌人，配合友军反'扫荡'作战。其较大的战斗如下：1. 太岳区57团两个连，8日夜袭击白晋线牛寺据点，一举攻入村内，激战半小时，毙敌10余，缴获文件军用品一部，我牺牲班长以下5名。10日，55团攻克赵城以北二十里铺据点，毙伤日、伪军5名，缴获步枪3支，收回被复线200余斤。28日夜，55团一部袭击府城（沁源以南）之敌，当救出被俘友军30余。同时，又有伪军4名携枪2支反

① 中国抗日战争史学会等编：《中国抗日战争大事记》，北京出版社1997年版，第430页。

② 中国人民解放军历史资料丛书编审委员会编：《八路军·文献》，第646页。

③ 张国祥：《山西抗日战争史》下卷，山西人民出版社1992年版，第114—115页。

正。2. 新1旅1团主力，23日晚，袭击平汉线西侧水冶据点，一部攻入水冶汽车站，一部袭进九龙山，一部破击水冶至伦掌公路，激战3小时，我始退出战斗。31日夜，该团第1营附工兵一部，透过敌之封锁线，伸至平汉路之安阳、汤阴段破击，当炸毁铁桥1座，破铁路2里，将汤阴以北之前南安村据点之敌伪20余全部消灭，我亦伤亡10余。3. 386旅17团及10旅30团、决3纵队一部，5月30日袭击同蒲路交城、清源间各据点，同时护送总部炮兵团去延安，当与太原、清源高白镇出犯之敌伪800余激战8小时，毙敌伪100余，生俘日、伪军11名。我牺牲团参谋长廖绍抗以下50余人，太行二军分区参谋长蒋克诚负伤。6月1日又将交城之敌200余击退，毙敌20余，我伤亡5名。上述战斗，给太原附近之敌以有力的威胁，给当地群众以很大的兴奋，给中条山作战起了不小的配合作用。”①

关于八路军配合中条山作战的战果，《解放日报》有一综合报道：“一：在晋南，5月7日之夜，八路军配合当地群众7000余人，开始大规模的破击战，截断了敌之联络和交通。二：在白晋线，于5月9日，八路军在子洪口开始伏击敌之汽车，在沁原南北，破坏铁路3里多，从12日起，白晋路已不通车。三：在正太线，5月16日，八路军攻占获鹿以南之泉火车站、井陉以东微水车站，及寿阳、榆次、苏家庄各车站。四：在同蒲线，5月15日，在崞县原平间，破坏铁路10余里。17日破坏大同以南宋家庄至尚家庄间之铁路一段。五：在平汉线：破坏涿鹿以南铁路数段，在保定以北，炸毁敌货车1列。北平热河间，炸敌货车一列，我军曾一度攻占水冶镇汽车站。六：在平绥线，攻占怀来以西之沙城堡车站，破路3里多，在蔚县至张家口间，破坏敌之汽车桥1座。”②

晋察冀军区遵照八路军总部指示，为了配合国民政府军在中条山的抗击战役，于5月19日命令北岳、冀中、平西部队，对敌展开声势浩大的交通破袭战。在一个多月时间内，同敌作战481次，攻克敌据点31处，毙伤俘日、伪

---

① 杨国宇编：《刘伯承用兵要旨》，云南人民出版社1985年版，第191—192页。

② 《晋南战役的教训》，载《解放日报》1941年6月9日。

军5300余人，缴获步枪2800余支，轻重机枪20挺，迫击炮21门，掷弹筒27个。数次炸毁敌火车，使敌铁路运输中断。①

对八路军的配合作战，国民党方面甚为满意。5月26日，毛泽东在致周恩来的电报中指出："卫立煌对我积极配合作战甚为兴奋，他提议约胡宗南在洛阳会见，并派车接南汉宸去，共商团结抗战大计，我们已复电同意。"5月30日，毛泽东电告彭德怀："九个月来中央社第一次广播我军战绩，谓据洛阳讯，我军已截断正太路车不通等语"②。

中条山战役之后，毛泽东为八路军进入中条山地区配合国民政府军事行动事于6月9日起草了朱德、彭德怀致卫立煌的电报，指出："目前大局，非国共两党贵我两军密切合作不足以图存。敌于晋南得手后，有进图郑、洛、西安可能，八路军决在委座及吾兄领导下与友军配合作战，坚决破坏敌之进攻，为保卫郑、洛、西安而战。惟配合有直接、间接两种，直接配合则效速，间接配合则效迟。敝军担任平汉、平津、津浦、北宁、平绥、正太、白晋北段及同蒲北段中段之破袭，从远后方、近后方牵制敌人，此间接配合也。八路军以有力一部进入中条山及汾南三角地区，担任同蒲南段、白晋南段及道清路之破袭及黄河北岸之控制，从侧面打击与牵制敌人，以利贵军主力在黄河南岸西岸之力堵，此直接配合也。""德等愚见，认为非有此一方面之部署，则牵制敌人难期速效，盖敌之重兵已集济源、运城地域，仅作远道配合，究属远水难救近火，此次中条战役其证明也。""今之建议，亦纯属进言性质，如以为可，则令行之，如以为不可，则弃置之。"如批准上述建议，"敝军到达中条及三角地区时，须请求允准发动民众组织抗日游击队，盖德等认为唯有此策为最有效。此次中条失利之原因固多，而无民众组织以障蔽敌之耳目，明快我之耳目，实为主因，并非兵不精将不勇或指挥不善之咎也。"毛泽东同时指示彭德怀："估计上述建议可能不同意，我军仍须在不可不打（即必须打）又不可打得太凶（如百团大战那样）

① 《晋察冀抗日根据地》史料丛书编审委员会编：《晋察冀抗日根据地·第3册大事记》，中共党史资料出版社1991年版，第134页。

② 均见中共中央文献研究室编：《毛泽东年谱（1893—1949）》中卷，第302页。

的原则下部署远后方及近后方之配合。”①

八路军、新四军对第二次长沙会战的配合

1941年8月26日，日本大本营批准日军驻华中第11军再次进攻长沙的作战计划，企图一举歼灭中国第九战区主力，摧毁中国军民的抗战意志，打开入侵中国西南大后方的门户。8月下旬，日第11军主力开始秘密向湘北集结。第11军在湘北岳阳以南地区集结了第3、4、6、40师团和四个旅团，配有战车第13联队、野重炮第14联队、独立野战重炮第15联队第1大队及部分工兵、空军、海军部队，计有步兵45个大队、炮兵26个大队，总兵力12万余人；并配有军舰20余艘、汽艇200余只、飞机100余架。9月10日，该军司令官阿南惟畿中将下达攻击令，采取将主力并列于狭窄正面上，以纵深突破的战略，向长沙进犯。

为了阻击日军南犯，国民政府军事委员会令第三、五、六战区对当面之日军发动攻势，以牵制日军兵力调动，第九战区对日军实施袭击，使其不能集中兵力，然后借新墙河、汨罗江、捞刀河三线阵地，诱敌主力深入至长沙东北地区围歼。第九战区参加会战的部队共计40个师，50余万人，由司令长官薛岳指挥。军令部拟订的第二次长沙会战军事部署是：“决确保长沙，并乘虚打击消耗敌人之目的，第九战区应先以一部占领汨罗江以北地区，行持久战。并各以有力一部，固守汨罗江以南各既设阵地，以于平江附近外翼地区，求敌侧背反包围而击破之。”“（一）第九战区应速加强主阵地工事，发动民众，彻底破坏主阵地前道路，敷设地雷。并预以一部化装农民，分组潜伏于主阵地北侧地区，准备对敌伏击。对于湘阴及其以南

---

① 《毛泽东军事文集》第2卷，第645—646页。

湘江两岸，应速构筑工事，加强水道封锁。并加强益阳、沅江沿湖守备，巩固长沙之左侧背。（二）第六战区应以一部，由监利、上车湾各附近，向临湘、白螺矶、岳阳方面进出，布放漂雷，并向岳阳附近佯渡，威胁敌人。另以一军（两个师）速开岳阳、宁乡地区，归第九战区指挥，限养日到达、准备策应湖防及增援湘江两岸之作战。该战区对于荆、宜敌人，应以多数小部积极袭攻，策应九战区作战。（三）第五战区应以有力一部，向花园、孝感附近挺进、奇袭，威胁武汉敌人，并向信阳敌人佯攻。该战区对于鄂东、沿江、平汉、襄花、京钟、汉宜路及荆、当敌人，应发动全面游击，相机袭攻据点，策应九战区作战。（四）第三战区应向当面敌人发动全面游击，向长江游击布雷。并以一部佯攻南昌。如敌以有力部队由赣北西犯时，该战区应以一部向高安方面进出，增援九战区作战。（五）第三、第五、第六战区之攻势行动，均限漾日开始实施。（六）第十、第二六军均归第九战区指挥。”①第九战区的作战方针是：“在赣北、鄂南方面，对非主攻方面之敌，力求夹击于崇仁、新淦以北、宜春、万载、铜鼓、修水以东地区，及修水、长寿街、梅仙以北地区，予以各个击破；在湘北方向，则诱敌主力于汨罗江以南金井、福临铺、三姐桥以北地区，反击而歼灭之。”②

为配合国民政府军的第二次长沙会战，9月9日毛泽东、朱德、王稼祥、叶剑英致电彭德怀、左权、罗瑞卿，陈毅、刘少奇，陈光、罗荣桓，指出：“敌攻湘北，又犯郑、洛，国民党正集中力量抗敌，我八路、新四各部应向各重要交通线予以可能的袭击，配合国民党之作战。同时对国民党敌后各部应停止任何攻击性行动，仅在彼方举行攻击时，取防卫手段。同时并向国民党各部发出通知，要求配合对敌。所有上述方针，其目的都为争取时局好转。”③9月12日，陈毅、刘少奇发布配合国民政府军作战命令：

---

① 中国第二历史档案馆编：《中华民国史档案资料汇编·第五辑第二编军事（3）》，第490—491页。

② 蒋纬国总编著：《国民革命战史·第3部抗日御侮第7卷》，台北黎明文化事业股份有限公司1978年版，第80页。

③ 《毛泽东军事文集》第2卷，第665页。

“(一)4师即派得力部队以1个连至1个营为单位，选择蚌埠路至徐州间之铁路，向敌进行可能之袭击破坏，另一部对徐州以东之陇海路进行可能之袭击。(二)2师即派得力一部破坏明光至蚌埠及滁县至浦口之铁路。(三)6旅应以得力一部破坏淮南地区段(巢县以北)。(四)5师应组织数个精干游击队，破坏平汉路南段。(五)7师派队设法破坏淮南路南段(巢县以南)。(六)3师派队破坏淮海南段之公路。丙、各部接到上述电令后，迅速自定时间执行之”。①

9月中旬，新四军第5师第43团一部在京山县北部击溃进犯李家冲一带的敌伪军300余人，毙伤敌伪数十人。京山县地方武装在群众配合下，用土炮轰开永兴镇、九里岗等敌据点，并不断袭扰京山县城，破坏汉宜公路。第37团在地方武装配合下，连续袭击平汉铁路线上的李店、王家店等敌据点。②

9月下旬，新四军第5师第40团在鄂东黄陂县以北长轩岭设伏，击毙日军十余人，俘日军二人、伪军17人，缴获汽车三辆。30日，新四军第4师骑兵团攻克淮泗地区邱围子伪军据点，毙伤伪军300余人，俘伪军大队长以下200余人。③

10月13日，刘少奇、饶漱石、赖传珠致电李先念等，要求配合国民政府军袭击日军：“(一)国军进入我路西根据地，有为抗敌打我之意。(二)你们应付办法大要如下：1. 向进来之国军大作统战工作，并配合他们向敌袭击。……3. 我之根据地被国军扰乱及被其隔断，暂时是难免的，但仍不能因此反向国军攻击，暂时只能设法向其交涉，并将具体情形报中央及军部向国民党交涉。(三)所有上述办法是为了不妨害国军抗敌，以争取时局好转。”④

八路军配合第二次长沙会战的情况，朱德、彭德怀1941年10月1日电告

---

① 中国人民解放军历史资料丛书编审委员会编：《新四军·文献(2)》，第301页。

② 《鄂豫边区革命史》编辑部编：《新四军第五师抗日战争史稿》，湖北人民出版社1989年版，第129页。

③ 中国人民解放军历史资料丛书编审委员会编：《新四军·综述、大事记、表册》，解放军出版社1993年版，第235、234页。

④ 中国人民解放军历史资料丛书编审委员会编：《新四军·文献(2)》，第660页。

阎锡山、卫立煌说："敌寇集兵6、7万之众，大举'扫荡'晋察冀边区，已历月余。我为抑留日军于华北战场，减少其对我华中、华南压迫，除严令聂荣臻部坚持边区斗争外，于上月马日起又复调集贺师、刘师及吕正操部共20余团，分由边区之东西南三面大举向进攻聂边区之敌后进攻，配合边区内聂部反攻，抑留敌人，使敌无法推集兵力运往长江流域，藉取得走近配合保卫长沙之作战。旬日来敌在我内外夹击之下，困难增多。于26日一役攻克阜平城，28日又克复陈南庄，敌寇锐气渐减。杀猬集之敌，更无法抽调，使敌陷入华北，泥脚日陷日深。据缴获敌军文件及俘虏军官供称：曾预定抽调转移长江流域作战之某师团部队，今以我军之积极活动而终止其转移。为保卫长沙配合长江流域各战区友军之作战，除饬我边区部队及各配合边区作战之兵团积极反攻当前之敌，抑留敌人外，谨电奉闻。"①

10月10日，朱德、叶剑英就八路军策应郑州作战事致电王世英转告阎锡山："我军为策应郑州作战，已令各部与敌后友军取得密切联系，向敌各重要交通线进行有效的破击，以配合友军作战。望将此意转呈阎长官，转饬敌后有关部队，与本军进击部队多取联系，共同对敌。"②

10月15日，八路军总部就配合华中国民政府军作战问题向八路军各部发布命令："（一）敌自湘北败退后，于月初又犯郑州，并有相机占洛阳企图。……（三）华中战局有扩大可能，我各兵团应严密注意敌军动态（特别是平汉线）之侦察，随时电告。同时应即开始准备，于适当时机以破路翻车，截敌交通（主要是以地雷炸车），扩大我军行动影响，以游击姿势配合华中友军作战。甲，聂（荣臻）、萧（克）、吕（正操）、程（子华）担任石家庄以北之平汉线及北宁、平绥线，特别靠近平津附近。乙，陈（光）、罗（荣桓）担任济南、徐州段津浦线特别靠近济南、徐州附近。丙，贺（龙）、关（向应）担任太原南北之间同蒲路。丁，刘（伯承）、邓（小平）担任安阳、汤阴南北之平汉路及沁县、长治线白晋路。戊，各指定部队应先完成一切破

① 中国人民解放军历史资料丛书编审委员会编：《八路军·文献》，第700页。

② 中国人民解放军历史资料丛书编审委员会编：《八路军·文献》，第702页。

路、拆桥技术及侦察之准备，待集总通知执行。”①

八路军、新四军对其他战役战斗的配合

1940年1月3日晚，合肥城内日军司令三浦中佐率两个连的兵力由德胜门出城向西乡农兴集方向进犯，次日拂晓前到达农兴附近的周老圩。圩内圩丁发现后立即鸣枪告警，枪声惊动了到此赴宴未归的国民政府军第139师第414旅旅长郭少文，他立即派一名警卫员泅渡壕沟，前往农兴乡公所打电话向驻附近的第412旅旅长龙炎武求援。龙炎武接电话后立即命令所属第823团前往周老圩接应郭少文等人，一面电请驻合肥东乡的新四军4支队出兵佯攻合肥火车站，牵制城内日军，或越过淮南铁路在大西门至大蜀山之间伏击打援。国民政府军第138师823团紧急赶到周老圩，与日军展开激战。郭少文等人乘机率警卫人员突围，并反攻出击，配合龙部夹击日军。日军陷入包围，死伤大半，残部不支，企图逃出农兴。龙旅穷追不舍，分兵两路猛攻，击毙日军三浦中佐。残余日军向蜀山方向溃退。驻肥东的新四军第4支队得到龙炎武的电讯后，政治部主任戴季英亲率一部于1月4日傍晚越过淮南铁路，过钱小店、十里庙，于当晚10时许抵达十里店附近，准备狙击合肥方向的日军援军。

第二天凌晨，留城日军派出市川联队出城支援，刚走到十里店，市川联队长及数十名日军当场被新四军第4支队指战员击毙，残敌逃回合肥城。消息传到蚌埠，蚌埠日军即派小琦少将率近百名日军由蚌埠乘火车驰援合肥。小琦少将一行于1月5日到达合肥后，站上城边刚刚用竹木搭起的高台上用望远镜瞭望。第412旅旅长龙炎武命令炮轰竹木高台。高台被轰倒，小

① 军事科学院《左权军事文选》编辑组编：《左权军事文选》，第748页。

琦摔死于高台之下。是役，共歼灭日、伪军计300余人，其中将校级军官各一人，尉级军官多人。中国方面缴获六〇炮数门、轻机枪数挺、三八式步枪300余支，还有大批服装和弹药。①

1940年1月，日军独立混成第6旅团一部300余人，携野炮二门、马车十余辆，从山东莒南的壮岗向十字路进发。国民政府军第111师第662团在八路军山东纵队第2支队的配合下，进行袭击，击毙日军200余人，俘日军10余人。2月10日，《大众日报》载文称："这次战斗是两军配合粉碎敌人'扫荡'的极好模范！"②

同年3月17日，国民政府军第51军一部在皖北宿县汪浅子一带遭日军追击，新四军第6支队第8团副团长陈文甫率一个营主动出击，在支援友军脱险后，被增援的日军所包围，陈文甫率一个排掩护主力转移，血战竟日，毙日军68人，伪军数十人，陈文甫和全排官兵壮烈牺牲。③

1940年5月17日，国民政府军第125师李团被伪军刘文光部包围在安陆北面的李家冲，新四军豫鄂挺进纵队第7团闻讯主动驰援，使李团安全突围。同月，国民党江防军自长江沿岸进入边区，在宋（河）应（城）公路上袭扰日军，新四军豫鄂挺进纵队主动配合，动员群众慰问该军，救护伤员。新四军豫鄂挺进纵队医院克服困难，收容、救护其伤病员300余人。④6月14日，新四军豫鄂挺进纵队平汉支队等部向鄂中白兆山敌后进军。21日，攻克京山县平坝，全歼伪军丁巨川、谢占奎部。⑤

1940年5月，日军集中七个师团的兵力，发动了枣（阳）宜（昌）会战，企图歼灭中国军主力部队，并进而攻占鄂西战略基地宜昌。枣宜会战进行时，

① 《合肥地区国共配合打击日寇两战例》，载合肥市新四军历史研究会编：《合肥地区抗日民族统一战线》，2000年版，第86—87页。

② 转引自丁龙嘉：《重整齐鲁河山：山东人民抗日战争纪实》，第69页。

③ 唐莲英：《新四军和华中抗日根据地的统战工作》第四章"新四军和华中抗日根据地对友军和地方实力派的统战工作"，见http://www.n4a.cn/eastday/xsjyj/2012n4a/node639053/node682219/u1a6982854.html。

④ 《李先念文选》，人民出版社1989年版，第7页。

⑤ 中国人民解放军历史资料丛书编审委员会编：《新四军·综述、大事记、表册》，第205页。

李先念任司令员的新四军豫鄂挺进纵队集中兵力配合友军夹击日军，在平汉路两侧及随县、枣阳、安陆一带分头袭击敌伪据点，破坏公路。在一个月的时间里，出击京山城、云梦城、罗店、洛阳店、李店、骆家店、花园、杨家店、夏店、姚家集、南新街等十余处，攻占敌据点张杨站、李店、贾店等处，击毙敌伪军100余名，击伤400余名，破坏公路150公里。对日、伪军较大的战斗有：南新街一战，击溃敌人200余名，毙敌17名；张杨店一战，击溃伪军刘文光部300余人，毙伤其70余人；花园一战，争取伪军50余人反正。新四军豫鄂挺进纵队第7团进击襄花公路的重要据点马坪，曾一度攻入，使敌人异常恐慌。

1940年11月16日，驻徐州日军第13军第12独立混成旅团以及蚌埠、宿县之日、伪军共5000余人，附汽车70辆、坦克20余辆，在空军掩护下，沿宿蒙公路西犯蒙城、涡阳等地，攻击驻该区国民政府军骑兵第2军、骑8师及安徽省的保安部队。18日、19日蒙城、涡阳相继沦入敌手。此时，八路军第4纵队为打击敌人，支援友军，粉碎日军“扫荡”，遂令第5旅和特务团向敌实施猛烈反击，在蒙城东北板桥集与敌展开激战，反复争夺板桥集，激战三昼夜，毙伤敌伪千余人，击毁汽车、坦克十余辆，击落敌机一架。并先后收复王集、罗集、双堆集、芦沟、龙山等地，一度收复蒙城、涡阳县城，严重打击了敌人的气焰，粉碎了日、伪军的进攻。在战斗中，八路军伤亡300余人。①

1941年1月，日军第11军为打通平汉线南段，调动三个师团的兵力，向河南及皖北大举进攻。半月之内，先后侵占了豫东、皖北大片国土。新四军豫鄂挺进纵队奉刘少奇等关于“保卫中原，配合友军抗日”的命令，立即派出第7团和信（阳）应（山）地方武装挺进信阳、应山、随县、确山、桐柏、唐河、泌阳、罗山、息县、正阳等县，开展敌占区游击战争。接着，李先念亲自率领主力第2、第3团向敌占区开进，途中击溃了从广水、柳林等据点出击的1000余名敌军，收复了信（阳）罗（山）边区抗日根据地。2月上旬，日军

① 申志诚主编：《河南抗日战争纪事》，河南人民出版社1995年版，第211—212页。

从豫南撤退，战斗结束。①

1941年2月18日，日军从淮南铁路沿线抽调1000多人，包围了肥东县梁园镇。日军将指挥部设在梁园附近黄岗插花庙，并架设小钢炮，疯狂炮击梁园镇，然后发起重兵冲击。驻守梁园的国民政府军第138师第828补充团副团长李丕顾率第1营官兵浴血抗击，从当日上午至夜间，打退了敌人一次又一次的进攻，仅在北头岗碉堡的前沿阵地，日军就陈尸100多具。次日拂晓，日军炮毁碉堡上层，蜂拥而上。据守碉堡的第828补充团第1营第1连连长卢明率部利用堡下掩体坚决抗击，又击毙日军100多人。至午后，卢明负伤，几名排长相继阵亡，全连仅剩下24人，不得不撤出阵地，梁园失守。日军进占梁园后，疯狂报复，杀人放火，抢掠财物。此时，闻讯赶来支援的新四军第4支队第8团第2营营长朱绍清率第4、第5两连战士，分兵两路，从镇的东、北两面突袭日军。日军仓皇逃离梁园，放火烧掉了梁园中街全部民房2100多间。是役，共歼灭日军300多人，重伤数十人。日军在梁园镇也惨杀无辜群众40多人，另有120多人在战火中死亡。②

1941年4月11日，陈毅、刘少奇、赖传珠致电新四军各师："一、敌寇已大举向河南及大别山、皖南进攻，并有向陕西、云南实行大的战略进攻之可能，现皖西桂军已向西调，在舒城、桐城、潜山、太湖地区仅顽军两个团，而黄师岳部又素与我同情。二、根据中央佳电指示，我军应有相当部队配合友军作战并极力发展统战工作，但不要乘机向国民党地区扩展，使蒋桂各军放心对敌。我二师应即酌量加强津浦路西，并派约一个团的兵力到无为③，以加强无为力量。"④

1941年春，李明扬、陈泰运部在新四军建议和支持下，正进行游击根据地建设时，适值汪精卫在南京组织傀儡政府和伪军集团。日、伪为巩固

---

① 敖文蔚主编：《湖北抗日战争史》，第267—268页；《鄂豫边区革命史》编辑部编：《新四军第五师抗日战争史稿》，湖北人民出版社1989年版，第109页。

② 《合肥地区国共配合打击日寇两战例》，合肥市新四军历史研究会编：《合肥地区抗日民族统一战线》，第84—85页。

③ 无为，指安徽省无为县。

④ 中国人民解放军历史资料丛书编审委员会编：《新四军·文献（2）》，第793页。

其以南京为中心的长江下游的统治，于这年5月，对李明扬和陈泰运的部队进行了一次大规模的“扫荡”。目的是：一方面给李陈部以致命打击，破坏其根据地的建设；另一方面策应李长江在泰州的叛变。于是驻扎在扬州、南通之敌军，分别向泰州、如皋、东台进攻。李长江乘敌人进攻之机，率领李明扬的苏鲁皖边区游击总指挥部的几个纵队在泰州叛投日、伪，泰州、东台、姜堰、曲塘同时被日军占领。陈泰运部在溱潼受到四面威胁，只好从溱潼撤出，以团为单位分别转移到溱潼附近游击，避开了日军的攻势。嗣后，陈部因日、伪军反复“扫荡”，决定内线作战和外线活动结合进行，命令第1纵队的第6团挺进至高邮、宝应一带活动。第6团在高邮以东与新四军所部会师，由惠裕宇专员接见了李浩团长。本来新四军在接到日、伪军即将下乡“扫荡”的情报，已做好了发动军民进行反“扫荡”的准备，而为了欢迎陈部的到来，仍组织了联欢会，并赠送了慰问品，李团如同回到娘家一样，官兵的抗战热情受到极大的鼓舞。新四军还会同李团加强了对泰州、扬州之敌的警戒，使该团得到了休整。①

1941年10月，驻湖北黄梅旧县城和孔垄两地的日军，分兵两路，向国民党黄梅县政府驻地龙坪山区袭击，县长童静安率自卫队退到陈胜驿山上抵抗，官兵伤亡甚众，形势岌岌可危。新四军第5师第14旅第42团熊桐柏团长闻讯，立即率部奔向龙坪山区，援救黄梅县政府，分兵三路：一路由黄梅换刀岭插入赤塘山，准备迎击陈胜驿来援之敌；另一路越过黄梅多云山下柳家大屋，包抄来犯日军后路；再一路由熊团长亲自率领，埋伏于麒麟庙坳口一带，据险对敌。当天午后1时许，日军越过小溪河，进入新四军第42团伏击圈，熊团长一声令下，打得日军晕头转向，日军队长在慌乱逃窜中被击毙，一部日军钻入河床乱石中作困兽斗，前后经过一个多小时，毙伤日军数十名，生俘日军一名，缴获38式步枪及其他战利品一批。小溪战斗获胜，在陈胜驿围攻黄梅县政府及自卫队的日军闻讯，忙仓皇撤退，童静安县长这才转危为安。不幸的是新四军熊桐柏团长在战斗中身负重伤，后不

① 中国人民解放军历史资料丛书编审委员会编：《新四军·参考资料（2）》，第784页。

治而亡。①

在湖北大洪山，时任国民政府军第44军第149师任上尉参谋的余师回忆说，1939年冬第29集团军（总司令王赞绪，辖第44、第67军）守卫大洪山防线，此时李先念率领的新四军第2支队游击队也在大洪山防线外沿敌后的钟祥、京山、随县、枣阳以及安陆、应城、天门沔阳一带进行游击活动，打击日军，战果辉煌。从1939年冬到1941年冬，在这两年多的时间，国共两党抗日军队在大洪山战场毗邻，彼此互通情报，相互支援作战，共同打击来自洪山防线外围一带的日本侵略军第8、第9两师团以及第13师团和独立旅团的大小战斗中，取得了良好的战果。如在1940年和1941年日军“扫荡”大洪山，国民政府军的两三次反“扫荡”的战斗中，新四军第2支队游击队都是不失时机主动多次送来情报，以及在敌背后袭击，打击日军，支援中国守军固守了防线，使得日本侵略军不敢越雷池一步。

余师还回忆说，印象较深的一次战斗，是在1941年秋，在我们未得到作战命令之前，就接到新四军第2支队游击队的情报说：“根据现在敌人调动部队的情况，有进犯袭取老河口的企图。”老河口是李宗仁第五战区长官部所在地。恰巧此时正值鄂北会战刚开始，李宗仁急电第29集团军总部，其电文大意是：派一个军的兵力，立即挺进敌后，截断京（山）钟（祥）汉（口）宜（昌）两公路日军之运输线，摧毁据点、破坏公路和重要桥梁，既断绝其对我鄂北之进犯，又复断绝其对我宜昌进犯之增援，从而加速第六战区主力反攻和收复宜昌之目的。着立即行动，随时电报战果，不得有误。其所遗防务，由第22集团军孙震立即接替。于是，王赞绪派第44军长王泽俊率领所部149师（师长赵壁光）和第150师（师长杨勤安）担任此项重要的挺进袭击任务。

王泽俊鉴于此次挺进敌后，任务重大，首先和李先念所率的新四军第2支队游击队取得密切联系，以便解决有关掩护、联络、侦察、向导、带路及

① 中国人民解放军历史资料丛书编审委员会编：《新四军·参考资料（2）》，第843—845页。

破坏通讯设施等问题，以利我军外线作战的行动。于是，第149师首先派出情报参谋许泽奉率领情报人员立即化装出发，一面侦察敌情地形，一面和新四军第2支队游击队取得了密切的联系和支援。根据第2支队提供的情报和意见，王泽俊亲自指挥在一个夜晚由第2支队游击队在京钟公路孙家桥附近两侧占领要点，掩护第44军先头部队直接突破京钟公路上敌之据点孙家桥，双方发生激战。我军首先将敌之探照灯击灭，一面以炽盛火力压制守敌，一面主力部队迅速越过公路向南挺进。敌摸不清我方兵力企图，见我发射炮弹很猛，又由于守敌不多，即沿公路向京山方向撤逃，当即被我们守在那里的游击队挡住，予以全歼。于是我军占领阵地孙家桥，立即破坏公路和桥梁。游击队收拾战场，将敌之遗留军用物资运去自用，并找老乡掩埋日军尸体。这时，王泽俊派出部队在京钟公路以南要点占领阵地掩护已经超越向前挺进的主力部队，以一个团的快速兵力直取汉宜公路的皀市，另以一个团的快速兵力直取瓦庙。这两个据点的日军，因远处后方，离前线阵地太远，专负由武汉到宜昌这条公路的交通运输线，认为太平无事，因而战备松懈，一时遇到我军突然袭击，仓皇失措，加以通讯线路早被游击队破坏，既呼叫不应，又无援兵解救，这两个据点之敌，宣告土崩瓦解，我军占领了汉宜公路的皀市和瓦庙，并焚毁了两座日军仓库，破坏了大官桥重要桥梁，使敌一时不能修复运兵增援。这样就使我鄂北会战和第六战区反攻宜昌之敌，收到了预期的战果，完成了李宗仁司令长官交下的任务。这是国共两党军队在鄂中大洪山地区共同抗击日本侵略军的一次胜利。①

1942年2月3日，日军“扫荡”山东沂山区一带的国民政府军东北军第51军及吴化文等部。八路军第115师和地方武装为配合与策应国民政府军作战，粉碎敌人各个击破的阴谋，在沂蒙区、滨海区等地展开攻袭战，连克敌伪据点六处，毙伤敌伪军千余人。②

---

① 余师：《回忆国共两党军队在大洪山共同抗日》，中国人民政治协商会议泸州市市中区委员会文史资料工作委员会编：《江阳文史资料》第2辑，1988年版，第112—115页。

② 章玮、尹平符、王兆良、贾蔚昌、王伯群主编：《山东解放区大事记》，山东人民出版社1982年版，第130页。

1942年3月，日军重兵进攻晋西南，第二战区司令长官阎锡山要求八路军参战支援。24日，毛泽东、朱德、王稼祥、叶剑英致电彭德怀、左权、刘伯承、邓小平、贺龙、关向应、聂荣臻等："敌攻乡宁、吉县甚急，阎正坚决抵抗，要求我们援助。望令我军及时予以必要援助，以争取晋绥军之抗战，是为至要。"①毛泽东、朱德、王稼祥、叶剑英复电王世英："已令前方援助晋绥军之英勇抗战，请告阎长官。"②3月26日彭德怀复阎锡山电："已令晋东南军政长官分别向正太、同蒲各线袭击，以牵制敌军之进攻，请阎暂行移节陕甘宁。"③

1942年7月新华社报道说："敌占林县后，曾向我姚村之友军新五军进攻，友军予敌以阻击后即行转移，〈6月〉20日敌继向林、淇以南之友军猛攻，刻我一二九师已派出有力部队配合友军作战，并派出另一主力部队，分向林县、壶关东区游击，刻该区激战仍在进行中。"④6月22日，在八路军新1旅等部驰援下，国民政府军收复林县县城。⑤"南犯陵川之敌千余，于上月28日，陷我树掌，29日合涧南之南园又陷敌手，且沿大河口至合涧一带均满布敌踪，敌显欲以宽大正面之包围，压缩我中央军孙庞刘等部退集黄河北岸而聚歼之。现庞刘各部正与敌激战中。我太南八路军为配合友军作战，急南下驰援，刻已拊击敌军之背，使敌之后方补给及向前推进两感困难。不少友军失散小部转移到我八路军之防区，均蒙当地军政机关收容招待，并帮助解决给养困难。我八路军此种团结友爱之情，已使友军官兵及当地民众深受感动。"⑥新华社还报道说："上月11日敌猛犯林〈县〉南

---

① 中国人民解放军历史资料丛书编审委员会编：《八路军·文献》，第780页。

② 中共中央文献研究室编《毛泽东年谱（1893—1949）》中卷第395页记为7月24日，根据内容应为3月24日。

③ 王焰主编：《彭德怀年谱》，第264页。

④ 《寇万余猛犯晋豫边我援友军并肩杀敌》，载《新华日报》1943年5月29日。转引自中共林县县委党史资料征编委员会办公室编：《中共林县党史资料》第9辑，1990年版，第40页。

⑤ 申志诚主编：《河南抗日战争纪事》，第281页。

⑥ 《寇万余猛犯晋豫边我援友军并肩杀敌》，载《新华日报》1943年5月29日。转引自中共林县县委党史资料征编委员会办公室编：《中共林县党史资料》第9辑，第40页。

友军孙殿英部，孙部节节抵抗，至18日乃撤至陵川山地，敌即进占林县县城。当地群众因未空室清野，且值夏收时期，室内野外，财物累累，敌乃大烧大抢，损失极为惨重；同时敌并利用当地落后分子组织维持会，索款要粮，一时林南顿成混乱局面。我林北驻军×旅及抗日政府睹此惨状，乃联合组成临时工作委员会，赶往抚慰救济，×旅并派主力一部，挺进合涧、临淇等地，驰援友军，当与友军取得联络，投入战斗；工作委员会则分头访慰士绅名流及群众，并将携去之赈粮30石，急救贫苦无告之家，至友军失掉联络人员，亦由我军组织之友军散兵伤兵收容站，负责招待。现任村至姚村大道上车马络绎，正赶运抗日政府筹拨之公粮200石，前往林南，廉价售与灾民。经我军政数日之努力，林南友军、灾民均已各得其所，社会秩序已渐安定，群情莫不欢慰。”①

1942年9月17日《新华日报》报道说：“6月反扫荡战，友军撤离姚村、河顺集等处，我军应林南人民的请求，暂往维持社会秩序，现友军已返防。友我双方于本月8日互派代表，规定一切手续，分别在姚村、河顺集正式交代。我方林县霍县长，友方齐团长，均亲往河顺集办理一切交代事宜。并召开群众大会，各村知识分子、士绅齐来参加，到会群众300余人。他们听到交代消息，好多人表示留恋不舍，并请求今后要更加体恤人民，好共同争取两年的胜利。后经代表解释，大会始闭幕，当日下午3时，友军遂正式接防。”②

1942年10月，日、伪军2万余人山东沂蒙山区进行“拉网式”的合围“扫荡”，当时敌曾自夸其战术为“铁环合围”。山东八路军部队与国民政府军万郭部队一部，与陆空配合之敌激战于南墙峪山区，歼敌300余人。③

1942年12月19日，豫南日军集结5万余人“扫荡”大别山国民党守军，连

---

① 《军政当局办理赈灾友区军民欢慰融洽》，载《新华日报》1942年7月6日。转引自中共林县县委党史资料征编委员会办公室编：《中共林县党史资料》第9辑，第41页。

② 《林北友军返防，我正式交代防区》，载《新华日报》1942年9月17日。转引自中共林县县委党史资料征编委员会办公室编：《中共林县党史资料》第9辑，第48页。

③ 罗荣桓：《罗荣桓军事文选》，解放军出版社1997年版，第183页。

陷商城、光山、潢川等县城。新四军第5师第13旅及豫鄂边第1、第5军分区地方武装，积极打击敌人，配合国民党桂军作战，收复失地。①12月30日，李先念、任质斌向中共中央军委和新四军军部报告："一、武汉及平汉线敌六、三两师团主力大部集结黄安、宋埠、新洲一带，并于感（27）日向麻东、冈北进攻。黄冈至九江×江四十师团及独立第十四旅团大部于皓（19）日以来'扫荡'黄梅、浠水、罗田，并占领浠、罗、黄等县城未退。谣传敌有以六个师团'扫荡'大别山之说。现黄安、黄冈、麻城、广济、浠水、蕲春、黄梅各县之三十九军部队已全部向英山、罗田开去，鄂东地方团队已陷于极度混乱中，礼北汪洋店、宣化店一带之四游击纵队亦向豫南撤退。……二、我们已令自卫一、二、三团及特务团追随敌后，向各'扫荡'过地区行动，打击小股敌之后方运输部队，配合三十九军作战，收容散兵、散枪，扩大政治影响。"②

1943年1月，日军乘陈泰运部在泰县六区的青墩举行元旦阅兵，以快速突击部队奔袭。陈泰运指挥部随即命令第1、第2纵队进入疏散状态并伺机反击。第2纵队率第1、第7团按照规定转移出去后，认为敌情缓和，疏于戒备，而遭到了日军的袭击。第7团两个营在被包围激战中，弹尽援绝，受到很大的损失；外围陈振的第1团和第7团的陆中杰营，也受到很大挫折，第1团第1营伤亡100余人，营长曹志阵亡，同外面的联络中断，处境十分困难，这时东乡的新四军联抗纵队闻讯连夜派人送信，向陈团、陆营建议，为了避免更大的损失，请他们转移到联抗纵队的防区校林乡休整。陈、陆于是率部转移，在新四军联抗的掩护下，终于突出重围，脱离了困境。日、伪军为了根本消灭陈泰运部，摧毁第2游击根据地，还不断侦察陈部动态，寻找主力，新四军联抗黄逸峰司令员同陈振团长、陆中杰营长一起研究，认为内线活动在强敌进攻下受到限制，为使反"扫荡"有较大的回旋余地，建议陈、陆部往范公堤以东联抗防区活动，联抗的部队也同时转移，避开敌

---

① 申志诚主编：《河南抗日战争纪事》，第296页。

② 中国人民解放军历史资料丛书编审委员会编：《新四军·文献（3）》，解放军出版社1994年版，第661页。

锋，在转移中，新四军联抗同志为陈、陆部带路，经过敌伪封锁线时，派部队掩护，缺粮少柴时，新四军联抗负责供应。

1943年3月，占据扬州、泰州等地的侵华日军山本旅团倾其全旅团的兵力，并在南通日军一部的配合策应下，加上汪伪军五个师、一个旅，共集中了2万兵力，百余艘汽艇，分水陆两路，向中国鲁苏战区第2游击区根据地进行大规模的“扫荡”。在陈泰运部指挥部正研究对策难下决心的时候，新四军联抗黄逸峰司令员主动通过陈振送来建议，希望陈泰运部改变过去反“扫荡”的办法，跳出小圈圈，转移到联抗根据地及新四军苏中军区去，避免因地区狭小，回旋困难和兵力弹药不足而招致损失。陈泰运部指挥部认为这一建议正确，可以解脱当时的困境。于是，请黄逸峰司令员向新四军第1师和苏中军区联系，转达其要求。陈泰运部指挥部很快就得到了新四军第1师和苏中军区的同意。于是陈泰运部指挥机关和一个纵队共3000余人主动从根据地撤离，在入夜以后，悄悄进入新四军苏中军区第2军分区的三仓以南弶港附近，而由陈振纵队司令率领其中的一个团转至三仓、四灶一带。这次大转移，在新四军联抗黄逸峰司令亲自掩护和向导下，顺利地通过了日、伪封锁线上的贲家集地方。陈泰运部一到抗日民主根据地，就受到那里的军民和政府的热烈欢迎。他们供给陈部以充足的粮食、食油、薪柴、水产品等各种生活必需品。陈泰运部于4月初从新四军防区回到自己原来的根据地。①

1943年1月23日，延安《解放日报》报道新四军第5师积极配合国民政府军打击日军：“鄂中敌后我新四军，为配合大别山友军作战，连日向敌出击，获得胜利战果：（一）长轩岭战斗。上月二十八日，我军某部，在晨光曦微中，进袭长轩岭之敌，当即袭入，时敌晓睡未醒，闻警后始披衣迎战，经我奋击大部就歼。我因任务已完成，遂安全撤出战斗。（二）平靖关战斗。上月底，我精锐一部，猛袭平靖关（应山北）之敌，敌猝不及防，仓皇迎战，

① 中国人民解放军历史资料丛书编审委员会编：《新四军·参考资料（2）》，第784—786页。

约一小时，毙伤敌数十，待敌援军快到时，我已胜利退出战斗。（三）仓（子埠）东战斗。本月二日，仓子埠（武湖东北）敌伪百余，图开往麻城，参加正面作战，我某部于中途截击，与敌伪激战一时许，将敌伪大部歼灭，仅余残敌十余，窜返原防。又鄂豫边我新四军亦在敌人后方之骆驼坳（罗田南）、上巴河（浠水北）、周家冲（麻城东北）一带，以×团兵力，积极活动，有力的截击敌人运输交通线，同时不断袭敌据点，与消灭小股敌人，陷敌于腹背作战状态。截至本月初止，大小战斗凡四十余次，攻克敌据点数处，击毁敌运输汽车十八辆，毙伤敌人三百余名，击溃小股增援敌七股，缴获大米、罐头无数，刻我军仍在扩大战斗中。”①

1943年1月27日，日、伪军4000多人在六架飞机的掩护下，分别从古河、合肥、下塘集等据点分四路向肥东县梁园镇进犯，当日晚逼近梁园，次日凌晨就向梁园发起猛攻。驻守在梁园的国民革命军第171师第511团第1、第2营在副团长谢吉方的率领下，依托碉堡、壕沟等工事，打退日、伪军的多次进攻。从镇西北管湾村进犯的日军600多人，被埋伏在张圩、陈岗两村之间两口大塘里的机枪第2连第4排官兵击毙80多人。第4排排长方良才和机枪手李子荣也先后阵亡。驻守镇北头的第2营第4连官兵也打退了800多名日军在飞机配合下的进攻，击毙日军数十人。南头第1营第2连也多次打退日军进攻。拂晓后，日军从四面发起强攻。国民革命军与日军展开了激烈的肉搏战，第1营副营长和4个连长相继阵亡，副团长谢吉方也身负重伤。日军从镇西部攻入。两营官兵在伤亡过半后，于当日深夜突围撤出，日军占领梁园。29日凌晨，处于外围防守的新四军第4支队第9团第2营营长徐佩洲奉命率部赶来支援。日军见我方援军已到，随即撤出梁园镇，逃回合肥方向。是役，歼俘日、伪军800多人，我方也付出了伤亡500多人的代价。②

1943年2月1日，新四军第5师参谋处向中共中央军委和新四军军部报

① 中国人民解放军历史资料丛书编审委员会编：《新四军·文献（3）》，第665页。

② 《合肥地区国共配合打击日寇两战例》，载合肥市新四军历史研究会编：《合肥地区抗日民族统一战线》，第85—86页。

告配合国民党反"扫荡"情况说："为配合友军作战，钳制敌寇向大别山进犯，及趁机扩大地区，特令五分区特务团住罗田南之骆驼坑一带，38团住江潮二、檀树岗、西张店一带，37团住林店、两桥、麻城一带，特1团住麻东龟峰山一带，自卫3团住岗北一带，自卫2团住上巴河、沙河头一带，积极打击敌之后方运输队及小部队，迟滞敌寇前进，并在全边区举行全面的反'扫荡'战。（三）俭（28日）京山之敌四百余犯南山。我43团一部与敌激战，伤敌10余名，我伤政指一，战士16名。我一分区便衣队打入长轩岭，毙敌2名。（四）同日，我信应部队在广水东皇店东之七神寺与敌激战，击溃敌100余。（五）同日，我信应部队在平靖关附近与敌激战，敌伤亡10余，我亦伤亡10余。（六）2日，仓子埠之敌百余出扰岗崇五区之汪家集，被我击退。（七）31日，我信应部队在洋河东之龙蟛与敌激战，敌伤亡10余，我亦伤亡10余。（八）俭日，我江南部队在丁母山击溃敌。某日，我特务团一部在麻城东之闵家集击溃抢粮之敌伪50余。"①

1943年3月2日，叶剑英向周恩来报告日军向盐阜区的国民政府军韩德勤部和新四军第3师"扫荡"以及韩德勤与新四军第3师谈判、及新四军第3师配合韩部作战情形：参加此次"扫荡"的敌军有第17师团、独立第12旅团与第15师团一部，估计共约14个大队，突击兵力约7000人。伪军参加的约三个团。根据缴获敌独立第12旅团第51大队长石井中佐的作战命令，知悉敌人的计划是首先歼灭国民政府军韩德勤部，然后向盐阜区等地"扫荡"。

在获悉日军即将组织这次"扫荡"的企图后，韩德勤即派潘良甫、梁国栋、徐义生三位代表与新四军第3师进行谈判，达成如下协议："一、如敌人仅向钧部地区'扫荡'：（一）职部当配合作战牵制敌人；（二）副总部与省府机关于困难时，可向阜宁职部地区转移；（三）钧部其他部队必要时可向建阳以南，湖垛以西，东夏庄、楼夏庄一带职部地区机动；（四）并负责转报职军军部，如钧部有必要时须向宝应一带职部地区机动。二、如敌人向钧

① 中国人民解放军历史资料丛书编审委员会编：《新四军·文献（3）》，第667—668页。

部与职部地区同时‘扫荡’：（一）职部当配合作战牵制敌人；（二）副总部及省府机关在困难时，可向苏嘴以西，涟水、淮阴城以南机动；（三）钧部其他部队必要时可向东夏、楼夏庄及宝应地区机动。以上各点仅当尽其忠诚，负责保证。当蒙潘先生等表示，不论“扫荡”至何程度，均负责保证如下各点：（一）如敌人向职部地区‘扫荡’，钧部仍驻原防不动；（二）如敌人向钧部地区‘扫荡’，钧部向约定地区转移时，对地方政府机关、民众团体不加侵害并予保护；（三）敌人‘扫荡’停止，钧部向约定地区转移之机关、部队即返原防；（四）不论如何‘扫荡’，钧部部队不得向苏嘴、东沟以东，淮阴、涟水城以北地区转移，以免妨碍职部部署。拟此各点，要在实行联合对敌，巩固团结，双方竭诚遵守，必能粉碎敌人‘扫荡’也。”①

1943年2月13日，日、伪军开始从宝应、兴化等地出发，向驻扎在淮安以东地区之韩德勤部“扫荡”，至17日韩部各据点（如车桥、凤谷村、泾口等，曹甸是否被占待证）均被敌人攻占。韩大部似已被歼，残部（包括霍守义部）均向北突围至涟水东大顺集一带，另有一部闻突围至盐城、建阳、马家村一带（兵力不详）。据已得材料，在“扫荡”中第33师一个团投敌，装运南京；一个团被歼，团长被俘。2月17日日军将韩德勤各据点攻占后，即开始向盐阜中心区（射阳河北）“扫荡”。上冈之敌17日占阜宁，18日占东坎、北蔡桥、鲍家墩（均在阜宁东北）及陈家集（阜宁西），并以海军陆战队进占三岔口和百禄沟，复向南进占甸湖（均在阜宁北）。每日并以飞机五六架配合作战，循环轰炸，与新四军激战。

新四军实践诺言，当日军开始向韩部“扫荡”后，新四军各部即开始积极向敌伪出击，配合其作战，牵制了敌人。如2月13日新四军出扰，使敌向建阳、高作、东沟、益林（均在阜宁西南）进犯。16日新四军在张家庄（凤谷村东）将敌独立第12旅团第51大队主力击溃，并俘虏其大队长石井中佐。2月23日新四军苏中部队进攻掘港（南通东北）西南曹家埠，将伪军一个营全部歼灭，并击溃来援之敌。同日新四军一部进击马塘（如皋东）之孙家窑，

① 黄克诚：《黄克诚军事文选》，解放军出版社2002年版，第196—197页。

将敌据点全部摧毁。在淮泗区，新四军活动更为积极，曾攻入淮阴城内给敌以重大杀伤。①

为配合盐阜区的反“扫荡”，淮北区的新四军部队也有配合行动。新四军第4师第9旅一部于2月24日晚分三路强袭洋河（宿迁东南）之敌，激战五小时。敌胆战心寒，恐慌万状，新四军冲入街内，摧毁碉堡20余个，敌伪全部被歼，俘队长、翻译官等以下40余名，毙敌40余，火烧死敌70余（内团长、军官多人）。缴获战马六匹、步枪50余枝、子弹千余发以及其他军用品。新四军第9旅另一部配合淮宝的地方武装，也于当晚进袭淮安以南杨家庙、南盛庄、王庄等处之伪保安大队，当即消灭一部，余溃不成军，四处散窜，计获步枪75支、子弹230余发、骡马二匹、军用品及文件一部。翌晨，淮安之敌20余出援，亦被击溃，被击毙数名。2月24日泗阳等地的地方武装为配合洋河作战四出袭扰，泗阳一部袭扰熊圩子，泗宿地武袭扰罗圩子，另一部袭扰众兴（均在宿迁至泗阳公路两侧），并发动民众4000余，当晚破坏众兴至洋河之公路，使敌异常震惊，仓促不安。②

1943年春天，日军“扫荡”国民党第51军时，八路军山东部队以一部在沂水大崮头策应牵制敌人，激战一日，虽伤亡一个连，但友军一部得以跳出合击圈。4月，当日、伪军企图巩固吴逆化文，又以万余人向第51军进行“拉网”“扫荡”，八路军山东部队为策应友军，又在坦埠、天桥岭一带截击尾追友军之敌，及时供给情报，并建议其转移方向。友军某师各团各一部前来抗日根据地内隐蔽休息，抗日根据地除助以粮食3万斤外，收容与医治其伤员，对其失散官兵和枪支均一一收容送回，还发动群众慰劳，以恢复其战斗情绪。同时清河抗日根据地还策应了友军、山东省政府保安第2旅（旅长翟毓蔚）作战。当日军对张景月（山东省政府保安第3师师长）部、刘景良（山东省政府保安第4师师长）部“扫荡”时，八路军山东部队也予以策应。在胶东，八路军部队曾解救了安廷赓（国民政府军驻威

① 中国人民解放军历史资料编审委员会编：《新四军·文献（3）》，第458—459页。
② 中国人民解放军历史资料编审委员会编：《新四军·文献（3）》，第556页。

海的海军军官）部；对姜黎川（国民政府军鲁东军区陆军独立挺进第2纵队司令）部予以军服、经济、粮食之接济，稳定其部下之悲观失望情绪；在鲁南策应了申从周、李子英部，并掩护其在抗日根据地休整，使友军能安然度过困难。①

《新华日报》1943年5月25日报道："缘自上月末，当敌寇合围豫北友军，实行抉剔'清剿'时，我八路军为策应友军作战，当即组织有力支队，不断拊击敌之侧背，迭予寇以重创。自本月5日以后，敌寇主力虽已北转'扫荡'我太行区腹地，但仍留有相当兵力，继续在友军区施行严重的'清剿'，我八路军为彻底援应友军计，不管敌寇如何转移主力于我太行区内地进行残酷'扫荡'，仍以南援部队，坚决向'清剿'友军之敌寇继续奋勇出击，5日至10日6天内，接连向林（县）永（冶）公路进行3次大的破击，一度夜袭林县城与合涧敌汽车30余辆，毙伤敌兵100余人，打死骡马50余头，俘虏日、鲜兵各2人，伪军5人，缴获敌机枪2挺，步枪10余支，子弹15000余发，战马3匹，手榴弹235个，军毯7条，大米14包，收割电线2300余斤，解救民夫370余人，我亦伤亡连长一，排长二，班长以下40余。林县合涧之敌在严重威胁打击下，疲困不堪，我军复乘势进攻，敌不支乃于12日午夜，狼狈向水冶方向退窜，沦陷10余日之林县城，当为我收复。同时我即遣某团部队，猛追退窜之敌，翌晨赶至科泉附近，将敌之后卫部队截住，展开猛攻，激战3小时，毙伤敌30余人，我伤亡班长以下10余人，缴获军用品及重要文件各一部。残敌飞窜水冶，我正继续穷追中。"②

《新华日报》1943年5月29日报道："正当林南东姚、合涧、临淇、辉县等合击区的友军，与敌人进行着激烈的反'清剿'战时，我漳北分区的八路军主力，即曾组织若干先遣队，驰入于林南敌人合击圈，配合友军，并肩战斗。在此期间，我军蒙受各种牺牲，然援助友军之热诚，未尝稍懈！上月末

① 罗荣桓：《罗荣桓军事文选》，第189页。

② 《应援友军积极攻袭敌寇八路军收复林县城》，载《新华日报》1943年5月25日。转引自中共林县县委党史资料征编委员会办公室编：《中共林县党史资料》第9辑，第69—70页。

25日晚，我×××团×连，深夜冲入合涧西南敌包围圈，与苦战数日的某部友军，取得密切联系，两相配合，并肩作战10余日，给予敌人以极大杀伤，虽曾与后方断绝联系，粮食也断绝供给，但我友两军，意志却更坚强，友军某某长官对此友爱行动，曾很感动的致函我军，除表示无限的谢忱，还望今后更多配合，更多联系，以打击此共同之敌人。”①

1943年5月初，日军为打通宜昌至汉口的长江航线。集中兵力进攻洞庭湖西北及鄂西一带。日军向中国军队第六战区各前沿阵地发起猛烈攻击，中国军队节节抵抗。为配合友军作战，新四军第15旅主力挺进襄南，决定开辟襄南抗日根据地以牵制日军的军事进攻。6月7日，新四军第15旅向潜江军事重镇熊口合围，激战至9日，将敌歼灭，俘伪军1000余人，解放了潜江以西、以南广大地区，建立了比较巩固的襄南抗日根据地。接着，新四军第15旅乘胜追击，恢复和发展了被伪军侵占的襄西抗日民主根据地，解放了洞庭湖滨大片领土，从而在西面形成了对武汉敌军的包围态势。②

6月4日，新四军第5师再次向中共中央军委和新四军军部报告5月份配合国民政府军作战情况：“我为配合豫鄂西作战，各地出击：一、辰（5月）鱼（6日），天门、雁门口敌四百余‘扫荡’观音湖，我三分区一部于放鹰台与其一部百余人遭遇，战2小时，敌先后退去，我伤战士2，亡1，消耗子弹250发。二、齐（8日），我3团一部进袭监沔边新沟嘴，激战3小时，该据点被我攻克，毙日寇13名，俘日寇1，获日钞20余万，我消耗子弹700发。三、佳（9日），我攻克新沟嘴部队，乘胜袭击白鹭湖畔，将伪刘赢原部200余击溃，我获轻机2挺，步枪40余支，子弹308发，我消耗子弹500发。四、灰（10日），潜江三角庙敌伪300余，出扰八区。我襄南游击队闻讯前往，予以迎头痛击。日伪逃窜。毙日寇7，俘伪中队长以下7名，获长枪3支、短枪1支，我消耗手榴弹3枚，子弹300发。五、灰，敌集1个师，先

① 《漳北我军深入敌合击圈配合友军并肩杀敌》，载《新华日报》1943年5月29日。转引自中共林县县委党史资料征编委员会办公室编：《中共林县党史资料》第9辑，第71页。

② 敖文蔚主编：《湖北抗日战争史》，第268页。

后‘扫荡’我襄南地区。我45团两个连与敌一部遭遇，激战3小时，我牺牲30余，失步枪22、轻机2挺。六、灰，我5团1营两个连，及京南地方部队于京南吴堰岭清晨派出之游击小组，遭敌百余袭击，我亡区、班干部2，战士6，被俘战士6，伤14，失轻机1挺，步枪7支。七、真（11日），伪黄陂县宪兵队10余人，带短枪着便衣到我陂南区新集抢劫，我黄陂游击队一部30余闻讯追击，敌狼狈溃退，我俘伪军1名。八、文（12日），潜天区（潜江、天门）独12团一部，袭击罗汉寺敌据点，毙敌8名，获步枪12支。九、元（13日），我黄陂县大队两个中队，抗扰长轩岭、姚家集敌据点，战约1小时，敌恐慌万状，枪、炮无的乱放，我因扰放任务完成，安返原防。消耗子弹140余发。十、元，黄陂东阳岗敌50余出扰王家岗，我黄陂县大队予以阻击，将敌击溃，捉小日人1。十一、元，沔阳黄湫城之敌伪约700余，由伪12师师长张启璜亲领，分三路向我罗家桥地区合围。我45团一部于是日深夜向敌猛袭，激战至第二日晨，双方撤退。十二、删（15日），我43团配合京山县游击队各一部30余人，反攻京山县城西南16里之甘家冲，战2小时，毙敌2，伤敌6，我消耗子弹1450余发。十三、筱（17日），我安陆游击队30余人，袭击河口镇出扰抢粮敌10余人，将其击溃，我跟踪追击，获步枪1支、子弹50余发。十四、筱，沔阳敌伪400余，向我三伏潭进击，经我沔北游击大队迎头痛击，战2小时，敌不支退窜。十五、哿（20日），一分区便衣队在姚家集南王家湾与敌30余激战，我亡1，缴手枪1。十六、哿，二分区独6团一部60余人，夜袭应山魏家店。十七、马（21日），潜江横沟敌12人，运物品经张家北院遭我45团2连伏击，将敌全部歼灭，我获轻机1挺，其他军用品甚多。毙敌3，伤敌3，俘敌6，我伤战士4、亡1。十八、有（25日），沙湖敌200余，于迴（24）日午后四时向我新河刘关地区出扰，经襄河支队迎头痛击，战3小时，敌不支溃退，伤敌7，我伤战士12。十九、寝（26日），我黄陂县游击队乘夜狂风暴雨之际，于祁家湾附近破坏铁轨两条，敌向我出击，我于任务完成后，安返原防。二十、俭（28日），我三分区襄南游支一部40余，夜袭汉阳侏儒山，敌仓皇应战，经1小时，我于任务完成后安返原防。二十一、伪11师李宝莲部进扰孔埠、汝家集（黄陂东），我四分区部队与其接触，我无损失。敌在宋埠筑工事‘清乡’。二十二、陷（30日），我二分区独5团一部，夜袭安陆。敌集百余，出击于丁李店与我激战，经2小时，双方撤退，毙敌1，我无损失。”①

1943年11月上旬，日本华中派遣军和伪军共7万余人发动了常德战役。为了配合国民政府军正面战场作战，向江南敌后发展，新四军第5师命令第3军分区向江南洞庭湖滨的桃花山进军。11月28日，李人林等率江南挺进支队、第45团等部南下，12月1日胜利到达江南桃花山。自9月至12月，石公华地区相继建立了五个联乡办事处和32个小乡的抗日民主政权。以桃花山为中心的石公华抗日根据地的创立，使新四军第5师在洞庭湖滨建立了一个战略基点。②

1944年，新四军为牵制日军，配合国民政府军作战和扩大抗日根据地，从1月起对华中日、伪军展开春季攻势。新四军第1师兼苏中军区部队，于一二月间，以高邮、宝应、兴化、东台地区和泰州、泰兴、如皋地区为重点，对日、伪军发起进攻，攻克据点17处，消灭大量敌人，并争取伪军1000余人反正；3月5—13日，又在淮安、宝应以东发起车桥战役，歼灭日军大佐以下460余人、伪军近500人，攻克车桥等重要据点13处，解放了淮安、宝应以东大片地区，进一步沟通了苏中与苏北、淮南、淮北各根据地的联系。新四军第3师兼苏北军区部队自1月起，对当面日、伪军展开攻势作战，攻克沭阳的塘沟、钱集等据点30余处；4月19—28日又进行了以夺取高沟、杨口为重点的攻势作战，攻克据点14处，消灭日、伪军2000余人，收复了六塘河两岸广大地区。新四军第4师兼淮北军区部队，自3月下旬起，发动历时三个月的攻势作战，攻克大店集、归仁集等据点50多处，消灭日、伪军1800余人，解放了泗县、灵璧、睢宁间广大地区。新四军第5师和鄂豫皖边区军民，于1月开辟了嘉（鱼）蒲（圻）临（湘）地区。淮南、

---

① 中国人民解放军历史资料丛书编审委员会编：《新四军·文献（3）》，第691—693页。

② 中国新四军和华中抗日根据地研究会编：《永恒的记忆：华中抗日根据地史》，当代中国出版社2005年版，第228页。

皖江、浙东地区的新四军，在春季作战中，也攻克敌据点多处，歼灭日、伪军各一部。①

1944年7月，新四军沿江团第8连与川军新编第7师第3营在贵池县石龙章到前江口西、黄溢至牛头山附近合作掩护海军布雷队在长江江面布雷，袭击日舰。新四军沿江团第8连连长张有道回忆说：1944年7月的一天下午，国民党新7师一位连长带两名士兵到吴田铺北边的王家湾来找我。下晚很热，我们在晒场上会了面。他说，上面命令他到长江去布水雷，怕力量不够，请求我们给予配合。我说："只要是抗日、枪口对外，我们可以尽力配合你们。"并把驻黄溢日军一个排不敢轻易出来，驻殷家汇日军相当一个营可能出来活动等敌情向他作了介绍。布雷时间未定，到时再通知。确定在石龙章保长家联系。临别时我提出，要他卖点子弹给我们，他说回去和营长说一下再答复。过了两天，他果然派人送四箱子弹放在吴田铺后面山岭一家人家。我派人带钱把子弹取了回来。七八天之后，石龙章的保丁送来了一封信，上写："明晚十时下水雷，请你们担任对殷家汇日军的警戒，并在江边准备几只小船。"我立即回信："同意你部方案，按时布雷，进入阵地不误。"当时我们蛟口区已经成立，我是区委委员。我把情况向区委书记和许大抱同志讲了，决定由区委负责船只，8连进入铜山口一带埋伏，准备阻击牛头山和殷家汇的敌人。第二天黄昏，川军一个营长吴田铺背后山岭驻扎，一个连直插石龙章。天黑后，他们又派人送信来要我到石龙章和他一起指挥。我借故推辞了。第二天天刚破晓，保丁又来报告："布雷任务已经完成，川军都撤走了。"这次布雷是从石龙章到前江口西边、黄盆东边和牛头山附近一带水域，共布下八颗水雷。②

① 军事科学院军事历史研究所编著：《中国人民解放军八十年大事记1927—2007》，军事科学出版社2007年版，第178—179页。

② 张有道供稿、周二生整理：《战斗在贵西的岁月》，载中共贵池县委党史办公室编：《革命故事选》，中共贵池县委党史办公室1987年版，第116—118页；胡胜利：《新四军七师沿江团与国民党军队合作布水雷问题考》，载《池州师专学报》1996年第4期。

国共在华南战场的合作

在华南，国共合作抗日的情况与华北、华中大不相同。在华北，八路军是中共独立领导的抗日武装；在华中，新四军是中共独立领导抗日武装。在华南，中共领导的抗日武装不是以八路军、新四军的方式存在，而是分散地编入了当地国民政府的抗日武装中，其国共合作抗日的样式是另外一番景象。

1937年八一三淞沪抗战以后，中国第四战区司令长官张发奎向中共提出在其部队建立类似北伐时期政治部的组织，得到周恩来的同意，于是建立了第8集团军战地服务队，中共在服务队中建立了特别支部。张发奎进入广东韶关后，特别支部部分成员分配在第四战区司令部工作。特别支部在周恩来领导下，利用在战区长官部工作的特殊地位，协助中共广东省委开展各种形式的政治宣传教育活动，协同广东国民党省党部书记长余森文创办《北江日报》。1939年4月，特别支部在取得张发奎的同意下，先后派人到东江、西江、北江工作，并在惠阳地区创办游击干部训练班和游击基干大队。

在广东省政府主席李汉魂组织的广东政工总队中，中共广东党组织动员了800多名青年（其中党员200多名）参加第12集团政治工作队，在政工总队内成立中共工作委员会（廖锦涛为书记），动员“抗先”队员400人加入第12集团军政治补训队。1939年3月，训练班在翁源香泉开学。工委实际上主持了训练班的工作。8月，队员经过短期训练后，分配到第12集团军各师、团、组织政工队，他们深入开展部队政治工作和驻地群众工作，鼓舞士气、激励群众、消除军民之间的隔阂。

1937年9月，中共闽西南军政委领导人邓子恢直接与驻粤的国民政府军第62军第157师谈判联合抗日，获得成功。在第157师，从师部到连部都有中共地下工作人员在官兵中做抗日宣传工作。

在广州地区，1937年10月成立4路军看护干部训练班（简称“护干班”），陈汝棠任主任，中共广东省委先后把一批共产党员推选到护干班帮助陈汝棠开展工作。中共利用第4路军这块重要阵地广泛开展抗日宣传工作。广州沦陷后，护干班转移到连县，1939年初到达韶关，改编为广东省赈济委员会救济总队，共有队员250人，下设14个分队，先后有13名共产党员担任分队队长，全队有共产党员近80人。在护干班、救济总队中，共产党员获得了合法身份。

10月，张云逸奉中共中央指示到广州，会见了国民革命军第4路军（后改为第12集团军）总司令余汉谋，谈判建立八路军驻广州办事处等问题，经过谈判交涉，国民党广东当局同意八路军在广州建立办事处。随后，八路军驻广州办事处在广州德政北路七号建立，云广英为主任。

广州沦陷后，大革命时期的共产党员、农民运动领导者吴勤，于1938年10月，在佛山市郊发起组织了抗日义勇队，队员70多人。11月，国民党广州当局承认其合法地位，将其改编为广州市郊抗日游击第2支队，简称“广游2支队”，吴勤任支队司令。吴勤吸收附近各地方队伍，很快发展到十多个支队，有200多人，枪100多支。广游2支队成立后，吴勤曾先后到韶关找中共广东省委，到香港找八路军驻香港办事处和中共东南特委，请求共产党加强对广游2支队的指导，并派干部到广游2支队工作。12月下旬，廖承志派澳门“四界”救灾会回国服务团廖锦涛等到广游2支队工作。1939年1月，广东省委书记张文彬派刘向东到广游2支队与吴勤会谈。吴勤表示要依靠共产党，有决心发展广游2支队，并要求共产党派干部到广游2支队工作。刘向东回到香港向张文彬、廖承志和东南特委梁广、连贯等汇报。张文彬当即指示：一定要把广游2支队改造好，使其成为党领导的革命部队，为珠江三角洲敌后发展抗日武装打好基础；并提出对广游2支队直属队整编的原则：要消除不良成分，动员工人、农民参加部队，改造成为以工农为主体的部队。廖承志亦提出：改造广游2支队要坚持党的抗日民族统一战线的方针政策，要提高警惕，又不要“过桥丢板”。经过研究，决定派刘向东等人到广游2支队工作。刘向东到广游2支队以后，任政训室主任，并和吴勤商量，决定在番禺县沙湾附近的石涌村整编广游2支队直属队，建立直属队的训练基地。经过整编，直属队拥有60多人，作为一个中队的编制，下属编成二个小队。同时，直属队还成立秘密的中共支部，刘向东为书记。1939年8月，在广游2支队和番禺地方工作的共产党员20多人，在石涌成立中共广游2支队直属队总支委员会，书记刘向东，委员严尚民、黄柳言。11月，广游2支队中共组织和部队划归中区特委领导。中区特委陆续派干部和共产党员到广游2支队工作。从此，大部分中、小队级干部和班长都是共产党员。

广游2支队在禺南站稳脚跟以后，1939年夏，由吴勤出面，在番禺、顺德、南海县和广州市的南郊等地，组织抗日俊杰同志社（简称为“俊杰社”）；俊杰社的总部设在番禺县大石留春园，下有52个分社，社员二三千人。这是一个半武装性质的抗日群众团体，基本成员是农民群众为骨干，也有少数地方实力派和无业游民、“捞家”等。俊杰社选举吴勤为社长，林俊兴、何文灿为副社长。应吴勤的请求与委托，中共广游2支队直属队委员会先后派严尚民、徐云（原中共中山县委宣传部部长）、李冲（原中共高明县委负责人）等代表吴勤在俊杰社工作，加强领导。

1938年张炎就任广东省民众抗日自卫团统率委员会第11区统率委员会主任、游击指挥部司令，因为干部缺乏，张炎亲自赴港找共产党人曾生，请求中共组织派干部帮助抗日。中共东南特委以香港学生赈济会名义，组织青年服务团，先后派百余人到南路。年底，张炎招收300多名进步青年，组成第11区游击司令乡村工作团，自任团长，分六队，赴各县宣传抗日，训练民众。1939年3月，张炎出任第7行政督察专员，第11区游击司令乡村工作团改为7区专署战时工作队，扩充为特别守备区学生队，增加到870人，其中100多人加入中共。

在增城，1938年10月，广东民众自卫团仙村大队和雅瑶大队合并为广东民众抗日自卫团增城县第3区常备队，共100余人，由阮海天任指挥。

1938年10月15日，中共东莞中心县委组织学生、小学教师和青年等成立东莞抗日模范壮丁队，有队员100余人，公推王作尧为队长。10月下旬，增城中共组织争取了广东人民抗日自卫团增城县统率委员会第3区指挥部主任单容沛的支持，建立了广东民众自卫团增城县第3区常备队。10月24日，曾生从香港带领几十人回到惠阳县坪山，并建立中共惠（阳）宝（安）工作委员会，由曾生任书记。曾生以自卫为理由，向国民政府军驻军借了15支步枪，加上地方党组织送来七八支枪，建立了最初的武装力量。12月2日，成立了惠宝人民抗日游击总队，曾生为总队长，周伯明为政治委员，全队100多人。12月7日，游击队收复了淡水镇。12月10日，惠宝人民抗日游击队召集群众大会，通过民主选举，建立了东江地区第一个抗日民主政权——惠阳县第2区临时行政委员会，由严尚民任区长。12月下旬，东宝、惠边人民抗日游击队第1大队与王作尧带领的东莞抗日模范壮丁队，以及各地区动员起来的武装人员进行整编。1939年1月，成立东宝惠边人民抗日游击大队，王作尧为大队长，何与成为政训员，政治大队长黄木芬，中共总支书记黄高阳。

1939年四五月间，惠宝和东宝惠边抗日游击队被纳入中国第四战区序列，惠宝人民抗日游击总队改编为第四战区第3游击纵队新编大队，曾生任大队长；东宝惠边人民抗日游击大队改编为第四战区第4游击队指挥所第4挺进直辖第2大队，王作尧任大队长。这年，曾生、王作尧率领抗日武装，大力抗击日军，积极开辟东江抗日游击区。曾生带领新编大队在惠阳、宝安一带开展游击战，取得了一系列胜利，建立了以坪山为中心的惠宝边抗日游击根据地。王作尧率领第2大队，在广九路以西袭击日军，收复了宝安县城，在宝安的龙华乌石岩建立了抗日游击根据地，初步打开了东江地区敌后抗日游击战争的局面。1940年9月，中共东江特委在宝安县布吉的上下坪村召开了两支人民抗日武装干部会议。公开以共产党的旗帜，把部队改称为广东人民抗日游击队第3、第5两个大队，梁鸿钧负责军事指挥。曹生为第3大队大队长，王作尧为第5大队大队长。会后第3大队挺进东莞大岭山区，第5大队在宝安阳台山区及广九铁路两侧打击日军。1943年11月，粉碎了日军对惠东宝根据地发动的“万人扫荡”，部队也有了较大发展，正式成立东江纵队，由曾生任司令员，林平任政委，王作尧任副司令员兼参谋长，杨康华任政治部主任。

1938年11月下旬，日军向广九铁路沿线进行疯狂的“扫荡”。此时，国民政府军第153师第913团200多人退到白花洞村。中共东宝边区工委决定派王启光去争取该团，共同抗日。经过谈判，第913团团长李纯接受边区工委的建议，共同协商结果：（一）在第913团设立政治部，负责全团的政治工作，人选由边区工委决定；（二）团长与团的政治部主任是平行关系，有关部队的行动，由团长、政治部主任共同署名下达；（三）部队对群众的要求一般通过政工人员联系解决；（四）政治部工作人员的伙食，由部队按士兵的伙食标准发给。谈妥之后，中共东宝边区工委派王启光任政治部主任、蔡子培任副主任，并派出十多名共产党员到各营、连任指导员。此外，政治部还有一个武装的政治大队，黄木芬任大队长。政治部组成后，立即整顿军纪，改造这支部队。11月下旬，国民政府军第63军军长兼东江守备区总指挥张瑞贵命令第913团撤回东江后方河源整训。该团团长李纯把消息告诉王启光等，并提出在政治部工作的东宝边区工委派的人员一起同往。中共东宝边区工委经过研究，向李纯提出只派小部分人去，大部分留下来打游击；并提出由边区工委成立二个游击大队，第913团留下一些枪支、弹药，部队散失在民间的武装弹药由国民政府军第913团出证明，由边区工委负责收集，交游击队使用。这些要求都得到李纯的同意。于是，王启光带领30人跟随第913团到河源，在河源开展抗日救亡运动。中共东宝工委立即建立二个游击大队：第1大队黄木芬为大队长，在章阁、白花洞等地活动；第2大队蔡子培为大队长，张松鹤、赖锦章为副大队长，在清溪、凤岗一带活动。

在广东中山地区，中共中山县委于1938年11月中旬在县城石岐镇召开第一次武装工作会议。会议决定举办训练班以培养开展抗日游击战争的骨干，建立一支县委直接领导下的抗日武装；并批准第9区区委通过统战工作，以取得国民党地方团队番号的形式。会后，中共中山县委一方面举办游击干部训练班，一方面将组织别动队作为抗日武装的主要形式。部分区委也建立区、乡别动队。至1939年1月，全县别动队已有300多人枪，其中共产党员有100多人。与此同时，第9区根据县第一次武装工作会议批准的计划，充分发动群众，组织抗日武装，并派人与国民党广东第6游击区司令部之黄礼大队联系，取得了黄礼大队属下的一个“别动小队”的番号，由中共第9区区委书记梁伯雄任小队长，共产党员郭定华（郭苏永）和吴二根任副小队长，共13人枪。同年初，梁伯雄小队取得“民利公司”（由中山县第9区的地主和部分“捞家”组成的地方武装，拥有国民政府军第四战区挺进第3纵队番号）潘惠大队属下的一个中队番号。3月，又扩编为“民利公司”第1支队第3大队，大队长梁伯雄，副大队长陈军凯（共产党员），大队副官杨日韶（共产党员），下辖第7、第8、第9共三个中队，在第9区浮墟一带活动。在4月第二次武装工作会议后，中共中山县委派共产党员、县“抗先”队委黄干夫到8区组建农民自卫队。第4区沙边乡和第1区的吴峰、张溪等乡也相继建立了乡警队和别动队。

1939年11月，中山县委归中区特委领导。为了开展中山县敌后抗日游击战争，中共中区特委和中山县委决定建立党直接领导下的抗日游击队。1940年春，通过在石岐的国民政府军第1游击区（1939年10月，国民党广东第6游击区司令部与第1游击区司令部合并，称第1游击区司令部。后改为第7游击区）司令部政训室工作的黎民惠（马启贤）、董世扬等弄到一部分枪支。同年5月，以“挺三”第一支队梁伯雄大队新建小队的名义，取得合法番号，成立游击队小队。小队长郑刚拔（后叛变），党代表欧初，队员有13人，在第9区大南沙活动。

1939年1月，第四战区司令长官张发奎、广东省政府主席李汉魂、国民党广东省党部书记余森文三人为争取群众，稳定局面，先后发表宣言、讲话，提出整军即整顿国民政府军、惩贪即惩办贪官污吏、民运即开展民众运动等进步口号，任用进步分子及爱国青年，加强国民政府军的政治工作，对“抗先”和各种群众运动表示支持。第12集团军总司令，第四战区副司令余汉谋公开表示欢迎中共派人到他们军队工作。

1939年2月，林锵云在顺德县大良镇建立了顺德抗日游击队，有队员十余人，不久发展到30余人，并取得了第四战区直属广东第1游击区第2支队游击司令部特务中队的番号，由林锵云负责，政治指导员何与成。珠江部队采取“发展中山、经营番禺”的方针，跳出顺德西海狭小地区，向中山、禺南、南三等地发展，取得了西海战斗的胜利，粉碎了日、伪军9000余人对五桂山根据地的“十路围攻”，部队发展到2700余人。1944年10月，成立了中区纵队。

1939年6月，日军占领汕头市以及潮安、澄海等县。汕头市的共产党员、“青抗会”员以及活动在桑浦山周围的各支武工队，按照中共潮汕中心县委的预定计划，撤退到桑浦山一带集结。汕头“青抗会”领导骨干罗林、冯志坚、黄玉屏带领的基干队与国民政府军保安团第3营营长李平取得了联系，从该营领取了20多支步枪和一批子弹、手榴弹，立即运往桑浦山，准备成立潮汕青年抗日游击大队。6月21日，日军占领汕头、庵埠。6月24日起，日军沿铁路线向潮州城打来，26日中午到达枫溪车站。驻防枫溪的独9旅第627团一部奋起阻击。次日，进攻潮城的日军在护堤线和韩江水路打来的日军配合下攻入了潮州古城。日军过境之后，国民政府军独9旅重新部署兵力，调派第627团第2营（营长陈武奎）、第625团第1营（营长伍福生）进驻枫溪。当时，共产党也派所领导的抗日武装参加，共同保卫枫溪，紧紧扼住枫溪车站至乌洋这段进出潮汕的咽喉。7月7日，在桑浦山的宝云岩正式成立汕头青抗会武装大队（简称“汕青游击队”），大队长罗林，副大队长黄玉屏、冯志坚，中共潮汕中心县委军事部部长卢叨任指导员（后王珉灿）。全队共80多人，下设五个武装分队和一个侦察班；以及宣传组、救护组、后勤班。队内设立中共支部，不久改设中共总支部。

7月中旬，国民党军独9旅以枫溪为基地，配合友军，大举反攻潮州城，在城里与日军展开激烈巷战，血战三昼夜。因各部队配合不好，未能把日军赶走，队伍撤回枫溪。7月下旬，汕青游击队根据中共闽西南潮梅特委和西旗会议的精神，先后派王氓灿、罗林、徐扬、杜桐等与国民革命军独立第9旅谈判，达成了协议：独9旅确认汕青游击队保持自己的建制，不编入国民党部队，不调离潮汕，并配给弹药和给养，汕青游击队接受“中国国民革命军独立第9旅游击队”（简称“独立9旅游击队”）的番号，并到独9旅所在地黄沙田接受军事训练。接着，揭阳、普宁等地“青抗会”一批会员赶来参加游击队。11月14日，日军集结大队兵力，在飞机的掩护下，向潮汕铁路两侧的国民政府军保安团防地乌羊山进犯。这时共产党领导的汕青游击队驻防于枫溪、乌羊山之间的高田村。战斗打响后，汕青游击队配合友军，主动出击，凭蔗林作掩护，把队伍推进到英塘；并派小部兵力侦察，接近羊头村日军迫击炮阵地，出其不意，以猛烈火力，向日军炮兵阵地发起袭击。日军猝不及防，被游击队击死击伤多名。日军急忙调兵保护，并集中机枪向游击队疯狂射击。汕青游击队以蔗林作掩护，不断转移位置向日军进行侧击，分散敌人火力，策援了乌羊山国民政府军。不久，日军又集中兵力攻占乌羊山。汕青游击队立刻分兵奔袭敌人兵力空虚的云步镇，逼使占领乌羊山的日军迅速撤回云步村。①

1940年1月2日，日军1000多人猛攻西塘、枫溪。中国守军已有准备，打得敌人尸横遍野。打了一整天，日军寸步难行。次日，日军增援几百人，并出动三辆坦克助战。枫溪灶脚墩阵地被冲破，守军伤亡很大。枫溪广安善堂堂友吴鲁、吴阿葛带援军及时赶到，把日军打退。攻西塘的日军一辆坦克掉进壕沟里。日军为了抢回坦克，伤亡惨重。第三天，日军边收尸边撤退。这一役日军共死几百人，这是侵潮日军伤亡最多的一仗。②1月中旬，潮汕国民政府军决定于1月25日夜全线向日军出击。共产党领导的汕青游击队配合友军行动，袭击潮安阁州的汉奸武装伪自警团。阁州位于潮安护堤线的韩江边，战略位置重要。日军占领潮安后，阁州的土豪劣绅许宗卫公开投敌，并组织阁州自警团，有30余人枪，驻扎在阁州祠堂内，作为敌潮州外围的据点。汕青游击队经过周密侦察，拟定了作战计划，并秘密将游击队推进到青麻山保安团防地的前沿沙呈乡。1月25日夜，游击队一个小分队乘夜幕掩护，神速地挺进到阁州的伪自警团驻地，占领了阁州祠堂的屋顶，

① 广东省人民武装斗争史编纂委员会编著：《广东人民武装斗争史·第3卷抗日战争时期》，广东人民出版社1994年版，第87页。

② 《潮汕地区军民抗日斗争资料》，潮汕历史文化研究中心资料征集委员会2000年编印，第190—192页。

居高临下，以密集的火力向祠堂内的伪自警团扫射，打得正在熟睡的伪自警团晕头转向，措手不及。与此同时，另外两个小分队向祠堂两侧迂回进攻。经过半小时的战斗，毙伤一批敌军，俘敌九人，缴长枪16支，短枪三支，战斗物资一批。其余敌人狼狈溃逃。①

1939年10月间，广西合浦县抗日自卫团北海第1支队成立，11月，支队所属的北海学生队成立。11月，在灵山县组织了灵山青年抗日游击队，全队30多人。12月，在蔡廷锴支持下成立了广东南路第3抗日游击队，人数700多人，后来中共组织成立了灵山人民抗日敢死队，共500多人。

1939年11月，日军从广西钦（县）防（城）地区登陆，沿巴钦线进攻南宁，东犯灵山。钦廉地区大部沦陷。这时，合浦、灵山、防城等县的中共组织动员组织武装队伍，开展抗日武装斗争。在中共领导下的合浦战地服务团、北海学生队、东兴战时后方服务团等半军事组织建立后，深入农村、组织群众、武装群众、严阵以待。钦县屯茂等地群众组织了500多人的壮丁团。灵山县党组织乘抗日将领蔡廷锴率第26集团军司令部进驻灵山的有利时机，在蔡廷锴的支持下，成立了灵山青年抗日游击队和进步青年为骨干、原民众自卫队为基础的南路游击队第3司令部。中共还推动爱国人士梁振威建立了200多人的灵山民众抗日自卫大队，这三支抗日武装随即开赴邕钦前线，抗击日军。②

1940年1月，以莫雄为首的中国第四战区北江挺进纵队成立。中共北江特委派30余名中共党员和青年加入政治大队，并在政治大队建立中共的特别支部。取得莫雄同意，举办训练班，对部队进行整顿和改造。1940年7月，改“北挺”为北江挺进队干部训练所，任莫雄为主任。

1944年7月，中共中央、中央军委在发给东江纵队和琼崖纵队的贺电中指出：“你们在华南沦陷区组织和发展了敌后抗战的人民军队和民主政

---

① 广东省人民武装斗争史编纂委员会编著：《广东人民武装斗争史·第3卷抗日战争时期》，第87—88页。

② 此目以上内容据广东省人民武装斗争史编纂委员会编著：《广东人民武装斗争史·第3卷抗日战争时期》，第23—25、45—68页。

权，至今成为广东人民解放的旗帜，使我党在华南的政治影响和作用日益提高，并成为敌后三大战场之一。”①

1944年8月，广东省临委和军政委员会召开土洋会议，作出了大力发展抗日武装，组织部队北上、东进和西进，在全省范围内发动和开展敌后游击战争的决定，并指示各部队坚决执行挺进和发展敌后的战略任务。东江纵队先派一部挺进北江，建立江北根据地，接着又派林锵云、王作尧、杨康华率领一部分部队挺进粤北，迎接王震部队南下。另一部东进海陆丰等地，与韩江纵队打通了联系。东江纵队还根据党中央的指示，同英、美等国结成国际反法西斯统一战线关系，积极同英军服务团合作，还和美军合作，建立电台和情报站，收集日军大量重要军事情报，并多次营救美军飞行员，受到盟军的赞誉。

中区纵队主力挺进粤中，不久公开宣布为广东（中区）人民抗日解放军，由梁鸿钧任司令员，罗范群任政委；留在珠江三角洲的部队，公开宣布为珠江纵队，由林锵云任司令员，梁嘉任政委。其主力不久也挺进西江，向湘桂边发展。在南路，南路特委按照南方局王若飞大力发展敌后游击战争的指示，1945年1月，发动南路各地和钦廉四属地区举行抗日武装起义。6月，成立了南路人民抗日解放军，由周楠任司令员兼政委。在潮汕和兴梅地区，先后成立了两支韩江纵队，分别由林美南和李碧山负责。

在海南岛，中共琼崖特委卢沟桥事变后按上级党组织指示，向琼崖国民党地方当局提出合作抗日谈判的要求。1937年8月，琼崖国共合作谈判开始，但由于当时的琼崖国民党地方当局缺乏必要诚意、提出无理要求，且借机将中共琼崖特委书记冯白驹捕押，合作未能实现。

1938年下半年，王毅调任广东省第9行政区督察长官兼琼崖守备司令后，发表许多有益于国共团结抗日的见解并制定了国共合作抗日、建立广泛的抗日阵营的措施，从大局出发，下令释放在押政治犯。9月中旬，王毅力排国民党地方当局的非议，重开国共合作谈判。经过双方的共同努力，

① 中共重庆市委党史研究室编：《中共中央南方局大事记》，第277页。

10月22日，国共谈判最终达成了协议。协议主要内容为：琼崖国共合作的根本目的是共同抗日；琼崖红军游击队改编为广东民众抗日自卫团第14区独立队，在政治上组织上保持独立自主；独立队为一个大队建制，下辖三个中队和一个特务小队（短枪队），共有队员300余人。冯白驹任独立队队长，独立队和三个中队的副职由国民党派遣，但须经共产党同意；独立队队部设政训处（或室）；国民党当局按一个营的编制，每月发给独立队军饷8000元。

1938年12月5日，广东民众抗日自卫团第14区独立队的改编大会按时召开。王毅率领琼崖守备副司令杨永仁、国民党琼山县县长云振中和一些官员到云龙参加大会。王毅代表琼崖国民党地方当局，宣布广东民众抗日自卫团第14区独立队成立的命令，亲手给独立队队长冯白驹授予军旗、关防，并发表讲话。冯白驹代表中共琼崖特委和独立队作了重要讲话，号召国共两党及军队今后要团结抗日，共同抗击日本侵略者。会后，王毅还同冯白驹亲切握手，商谈琼崖国共具体合作的有关事宜。此为“云龙改编”。“云龙改编”之后，独立队立即转入紧张的军事训练和政治教育。

1939年2月10日凌晨，日军在琼山县天尾港、马袅港登陆，继续向全岛推进。海南各县城，除白沙县城外，其他交通要道、重镇、沿海港口等先后沦陷。在这种情况下，中共琼崖特委领导下的独立队决定撤离云龙，转到农村活动，并组织了随军工作团，大力开展抗日宣传，广泛发动和组织农民抗日救国会、青年抗日救国会、妇女抗日救国会、抗日儿童团等群众抗日团体和地区性的抗日武装组织。在“有钱出钱，有力出力，有枪出枪”的号召下，人民群众热烈进行抗日募捐活动，捐枪、献弹、筹款、出粮支援抗战。许多爱国青年纷纷报名参加独立队。与此同时，部分国民党区、乡行政人员主动与琼崖独立队联系合作抗日。一些民众抗日自卫武装，要求独立队收编或在琼崖党组织的领导下共同抗日。一些比较进步的国民政府军队的军官也主动同独立队联络，商讨共同抗日大计。许多国民党区、乡行政机关和军队也要琼崖特委派干部加强领导，协助他们开展民众工作和部队政治工作。于是，中共琼崖特委决定扩编独立队，并向琼崖国民党当局提出扩编独立队和建立琼崖统一政治机关的建议，以便进行抗日总动员，建立群众武装，扩大抗日部队，全面开展抗日游击战争。琼崖国民党当局采纳了中共琼崖特委的意见，同意独立队扩编和成立琼崖战时党政处。

1939年3月，独立队正式扩编为广东省民众抗日自卫团第14区独立总队（简称为独立总队）。下辖三个大队和一个特务中队。冯白驹任独立总队长，马白山、符振中任总队附。总队设参谋室、政训室、军需室以及直属医院、军械厂等；参谋室主任吴健，政训室主任黎民，军需室主任谢李森。第1大队队长黄大猷，大队附吴定中，政训员莫逊。第2大队队长吴克之，大队附林诗耀，政训员李汉。第3大队队长马白山兼（后为黄振亚、张开泰），大队附符英华、政训员张兴。独立总队共有11个中队，人数从原有300多人枪发展到1000多人枪。武器装备也有较大的改善，第3大队配备了一挺捷克轻机关枪。每个大队组成一个短枪班，部分中队有一个短枪班，总部设立特务中队。

当月，独立总队配合国民政府保安第11团第1营及文昌壮丁常备队进攻文昌县城的日军。独立队第1大队队长黄大猷派一个中队配合向日军发起进攻，沉重打击日军，曾一度占领文昌县城公园。同年6月，独立大队第1、第2大队主动配合国民党琼山县游击大队，围攻琼山县文岭和龙发两个日军据点，迫使日军退出或龟缩在据点内，从而破坏了日军对文岭和龙发地区的控制。10月，国民党儋县两个游击大队及农民武装配合琼崖独立总队第3大队攻取日军占领的那大重镇，这次大仗得到国民党儋县县长陈宗舜的支持，由独立总队队附马白山、第3大队队长张开泰和国民党儋县洛基乡朱文凤等人组成的“围攻那大行动委员会”共同指挥。

与此同时，琼崖国民党当局正式成立琼崖战时党政处，并要求独立总队派政治工作人员到党政处工作。中共琼崖特委、独立总队决定派具有政治工作经验的王业熹、王均（王高天）、刘秋菊等参加党政处工作，担负主要职务。在中共琼崖特委、独立总队的积极建立和推动下，党政处颁布了动员群众、组织群众和坚持长期抗战的《保卫琼崖动员委员会组织条例》，并作出关于在抗日军队中建立政治工作制度的有关规定。此后，海南岛各县、乡的保卫琼崖动员委员会纷纷成立。中共琼崖特委派出党员参加各级保卫琼崖动员委员会工作，在各地广泛地发动群众，发展抗日武装，壮大抗日力量。

在新的抗日形势下，独立总队在琼山、文昌地方开辟了琼崖第一块抗日游击根据地。它包括琼山县的树德、咸来、道崇、云龙、苏寻三和文昌的大昌、潭牛、南阳等乡，纵横五六十里。东北面至海（口）文（昌）公路，西南面至海（口）加（积）公路，周围还有纵横近百里的抗日游击区。在抗日根据地内的各乡，普遍建立了农协、妇救、青抗和不脱产的群众武装组织。县一级建立武装基干队，少则几十人，多则100多人，配备步枪等武器。

1940年9月，随着抗日战争的发展，独立总队又扩编为二个支队六个大队。坚持在琼文抗日游击根据地开展斗争的第1大队和第2大队合编为第1支队，支队长吴克之，政治委员陈乃石，下辖二个大队和警卫连（内有一个女子排）。第1大队队长黄大猷，政治委员林豪；第2大队队长王锋（王少钦），政治委员符树义。在澄（迈）临（高）儋（县）开展游击战争的第3大队和第5大队合编为第2支队，支队长马白山，政治委员符哥洛，政治处主任莫逊，下辖二个大队和警卫排。第1大队队长李定南（后覃威），政治委员符日恒；第2大队队长符英华，政治委员冯安全。独立总队部还成立了直属特务大队和第4大队。特务大队队长朱克平，政治委员吴文龙。第4大队队长兼政治委员张开泰。到同年冬，独立总队已发展到3000多人，抗战烈火已经从琼山、文昌两县燃及全琼各地，部队的活动遍及琼山、文昌、澄迈、临高、儋县、昌江、感恩、万宁、琼东、乐会、安定11个县。

随着琼崖人民抗日武装力量的发展壮大，抗日游击根据地也得到发展。到1940年1月，根据中共中央关于创建中心根据地的指示，决定开辟美合抗日根据地，使之成为琼崖人民抗日武装力量开展敌后游击战争的依托。到1944年秋，独立总队改编为琼崖纵队。不久，琼崖纵队领导机关进驻白沙县阜龙乡。在白沙县抗日民主政府的基础上，琼崖临时人民民主政府也宣告成立，冯白驹任主席。至此，以五指山为中心的琼崖抗日根据地完全形成。抗日民主政权遍及全岛16个县。

豫湘桂战役中的配合

1944年4月至12月，日军发动旨在打通中国大陆南北交通线的豫湘桂战役。从1943年11月下旬起，日军大本营就开始加紧研究打通中国大陆南北交通线的作战计划。到1944年1月底，日军大本营研究确定的被称之为“一号作战”的计划，得到了裕仁天皇的正式批准。尔后，日军大本营迅速下达了作战命令和作战纲要，规定日军在中国从黄河至信阳间约400公里、从湖南岳阳至越南谅山间约1400公里以及从衡阳至广州间约600公里的广阔战场上，投入51万兵力、250架飞机及1500门火炮，用九至十个月时间，实现其预定的战略企图。2月起，日军根据“一号作战”计划，开始调整部署，进行作战准备。

1944年4月17日豫湘桂会战正式开始。为配合国民政府军作战，1944年5月5日中共中央华中局向华中抗日根据地各区、新四军各师发出《关于协同国民党军对日军作战的指示》：“当此敌寇大举进攻中原时，我各战略单位，特别是与国民党军队邻近的地区，应主动向国民党军队进行政治攻势，提出值此中原大战平汉线危急之际，只要国民党军队能停止对我军之军事进攻与停止进行反共反人民的宣传，我们愿意捐弃前嫌与国民党军队协同对敌作战。你们可采取一切办法进行之，如经过士绅及民众，用标语、传单、写信或快邮代电、派代表等方式，向国民党军队作广泛宣传，以揭露与剥夺其对人民和战士的欺骗武断宣传。同时，你们仍应严令所属部队，加强对国民党军队之警惕与戒备，不得稍有懈怠，免致为其所乘。”①

① 中国人民解放军历史资料丛书编审委员会编：《新四军·文献（4）》，解放军出版社1995年版，第13页。

八路军为牵制日军，配合国民政府军作战和扩大抗日根据地，自1944年2月起，乘敌调动之际，发起春季攻势。太行军区部队在二三月间攻克日、伪军重要据点蟠龙镇和榆社县城；接着又于4月1日至14日举行了水（冶）林（县）战役，歼灭日、伪军900余人，收复林县县城。冀鲁豫、冀南、太岳军区部队，攻克朝城、沁水县城及其他据点200余处。晋察冀军区部队一度袭人定襄、宁城、肃宁、赵县等县城，攻克日、伪军大量据点，并在桑干河以北开辟了部分新区。山东军区部队于3月25日至4月20日讨伐伪军吴化文部，歼灭其7000余人，攻克据点50余处，解放村庄1000多个，打通了沂山、鲁山、泰山、蒙山各山区根据地的联系。晋绥军区部队在袭击、围困敌据点和交通破袭作战中，攻克据点多处，并在敌占区开辟了几块新的游击根据地。①

1944年8月湖南邵阳沦陷后，共产党员尹如圭在邵阳县太一乡（今属邵东县）建立了一支抗日游击队，在衡阳、湘乡、邵阳边境一带袭击日军，开展抗日游击战争，在黄龙大山的一次袭击中毙敌30余人，游击队也发展到300多人。武冈平镇乡（今属洞由县）共产党员萧健阶领导的抗日自卫队，在湘西会战中，多次配合国民政府军对日军作战。1945年5月，萧健阶率领抗日自卫队参加国民政府军王耀武部夹击三角坳日军主阵地，毙敌1000余人，取得辉煌战果。②

在华南，中共所领导的抗日武装力量为打击敌人，配合国民政府军抵御敌打通粤汉、湘桂铁路和加强沿海防御的计划，对敌占城镇和交通线展开攻击。1944年4月21日，港九大队炸毁九龙市区第四号火车铁桥石墩，使其交通一度中断。在东江纵队有力打击下，敌人的“清乡”计划成为泡影。5月，东莞大队在民兵配合下，袭击东莞西南的厚街，歼灭伪军一个连，俘70余人。9月下旬，港九大队二个班乘坐木船，突袭了吉澳横门与直门楼间的

---

① 军事科学院军事历史研究所编著：《中国人民解放军八十年大事记1927—2007》，第178页。

② 中共湖南省党史委编、王中杰主编：《湖南人民革命史：新民主主义革命时期》，湖南出版社1991年版，第567—568页。

敌伪“先进队”，毙伤十余名，俘十名。在此期间，为牵制敌人向粤北的进攻，东江纵队还组织北上抗日先遣队，经博罗、龙门、增城、花县等县境，向日军后方挺进，沿途打击日伪势力，并于9月9日夜，截击日军第104师团后续部队，攻克清远县城。1945年1月，日军为打通粤汉路南段，巩固沿海地区，进犯北江、东江，为牵制敌人，东江纵队各部连续向日、伪军出击。第1支队1月9日奇袭西乡伪警，毙一人，俘17人；1月18、19日连续收复企石、隔基、江城洲、麻风院等村庄；25日又消灭莞城附近棠梨川伪军联防队一部，俘九人。第1支队一个月来共毙伤敌伪70余名，俘虏157名。日军打通粤汉路南段后，东江纵队即组织三支部队，尾追日军，挺进粤北开辟新区，袭扰其后方。①

1945年1月22日，日军大本营根据新作战计划大纲对中国派遣军下达新的任务，其要点是加强中国东南沿海地区的战备，以备抗击将来美国可能实施的在中国沿海登陆；同时要向西面的重庆施加压力，促使重庆政权衰亡，并且遏止美军驻中国的航空活动。根据这个精神中国派遣军总司令长官冈村宁次于1月29日在南京向各方面军司令官及军司令官下达有关发起老河口、芷江作战的命令。对老河口，日军从鄂北和豫西两个方向发动进攻。

鄂北方面日军动用三个师团、一个战车师团、三个旅团和一个骑兵旅团的兵力于3月21日对老河口发起进攻。中国第五战区第22、第33集团军和第一战区第4、31集团军以及第十战区主力一部参战。3月21日，鄂北日军分三路向自忠县以南地区发起进攻，相继占领自忠县、欧家庙、武家堰、襄阳、樊城等地。经过第33集团军、第22集团军利用山地进行阻击作战和中美空军连续轰炸，打败了敌人攻势。至4月18日中国军收复了上述地区。

在豫西方面，日军从1945年3月22日起，由舞阳、叶县、鲁山分三路南犯，并绕过南阳，向汉水东岸的老河口进攻，3月27日攻城，第22集团军英

---

① 李新、陈铁健总主编，李良志、李隆基卷主编，丁三青等编著：《中国新民主革命通史》第9卷，上海人民出版社2001年版，第526—527页。

勇抗击。4月8日老河口失守。但中国军队于4月5日包围了侵入重阳店以东的西峡口日军，歼灭来犯日军大部，一部日军于4月15日突围。4月29日日军再次向重阳店地区进攻，中国军队经过20余日激战，打退了日军的进攻。为牵制日军西进，配合国民政府军作战，4月上旬，新四军第5师师长李先念率主力3000余人从鄂北大悟山出发，向原第5师根据地白兆山地区挺进，恢复了白兆山抗日根据地。与此同时，第5师副政委任质斌率豫中部队从确山出发，向豫西南进军，收复了四望山地区。5月13日，豫中部队与李先念的北上部队胜利会师。随后，第5师恢复了四望山抗日根据地。①

共同救护遇险美军飞行员

1937年春，中国政府为加强空军建设特聘请美国退役上尉陈纳德为航空委员会顾问、上校。同年7月初，陈纳德由日本转道抵达中国。几天之后，发生了震惊世界的七七事变。

全国抗战开始时，中国空军名义上有500架飞机，但实际上真正具备空战能力的只有91架。为了增强中国空军抵御日军空军的战力，时任中国航空委员会秘书长的宋美龄向陈纳德提出组建一个外籍空军兵团的想法。1938年底，陈纳德在昆明市郊组建中央航校昆明分校，一批优秀的美国空军预备役军官被招募到航校任教官，按美军标准训练中国空军飞行员。

1939年10月，在日本飞机对重庆实行疯狂轰炸的时候，蒋介石亲自召见陈纳德，提出要购买美国最新式的战斗机，并雇用美国飞行员来中国参战。陈纳德为此专程回国，在政界、军界进行游说。虽然美国军方一些高

① 李新、陈铁健总主编，李良志、李隆基卷主编，丁三青等编著：《中国新民主革命通史·第9卷》，第523页。

官对此不屑一顾，但总统顾问劳克林·柯里等有识之士对陈纳德的提议给予坚决支持，特别是科科伦律师不但建议罗斯福总统批准组织空军志愿队赴华作战，而且在飞机、武器等方面予以协助。罗斯福总统最终于1940年12月17日批准了向中国贷款出售100架飞机的援助计划。1941年4月14日，罗斯福又签署命令，准许预备役军官和退出陆军和海军航空部队的士兵参加赴华美国志愿队。同年7月10日，第一批110名美国飞行员和150名左右地勤人员以音乐家、学生、银行家、农民等身份由旧金山启程乘荷兰班轮前往中国。

1941年8月1日，蒋介石发布命令，正式成立中国空军美国志愿大队，由陈纳德任队长。12月20日，十架日军轰炸机飞临昆明，准备进行轰炸。在陈纳德指挥下，十几架P-40型战斗机直冲蓝天，取得了0∶9的辉煌战果。怎么报道这么大快人心的消息，怎么描述这么英勇善战的志愿队？有一位记者突发奇想，在昆明的报纸上用“空中飞老虎”来形容志愿队员。大家都觉得这个提法有创意，志愿队用Flying Tigers来称自己的队伍，美国迪斯尼公司专门为志愿队设计了队标。于是“飞虎队”就成了中国空军美国志愿大队代称。

1942年7月4日，美国政府下令解散在华作战的美国志愿航空队，改编为第23战斗机大队，隶属于总部设在印度新德里的美国陆军第10航空队，亦称美国驻华空军特遣队，由陈纳德被转为现役并任准将指挥官。1943年3月3日，美国政府晋升陈纳德为陆军少将。3月10日，将第23战斗机大队扩编为第14航空队，任命陈纳德担任第14航空队司令官。司令部继续设在昆明，作战范围遍及中国战区和东南亚战区。虽然第23战斗机大队和第14航空队都不属于中国空军系统，但它们毕竟和中国空军美国志愿大队有渊源关系，于是人们仍将之称为飞虎队。

1944年11月时，第14航空队规模达到17473人，535架各型飞机；1945年时人员超过2万，飞机超过1000架。第14航空队除了保卫昆明、重庆、成都、长沙等重要城市，还保护昆明——仰光运输线、驼峰航线，对前线作战的中国军给予空中支援，对缅甸、泰国、越南、台湾、甚至日本岛以及整个中国沦陷区日本军的机场、港口、仓库、部队集结地、军事要塞、交通线和交通枢纽以及军工产业等一切有价值的目标进行持续有效的大规模轰炸，因而成为了中国抗战不可分割的一部分。至1945年8月1日，飞虎队以568架飞机的代价，共击落日机2600架，击沉或重创223万吨敌商船、44艘军舰、3000艘100吨以下的内河船只，击毙日军官兵66700名。而“飞虎队”也付出了巨大牺牲。仅在著名的援华空运“驼峰航线”上，据战后美国官方的数据，美国空军一共损失飞机468架，牺牲和失踪飞行员和机组人员共计1579人。

为了保护支援中国抗战的外国空勤人员的生命安全，中国政府发布命令，要求中国军民对于发生事故的外国空勤人员予以救护。毛泽东于1945年4月1日同美国驻华使馆秘书谢伟思谈话时说：“共产党对美国的政策，现在是而且将继续是寻求美国对中国民主政治的友好支持和合作抗日。但不管美国采取什么行动，不管能否得到美国的一枪一弹，共产党都将尽其所能采取一切方式向美方提供和实行合作。凡是他们能做到的一切，诸如提供情报，气象报告和营救空军人员，中共都视为自己的义务和职责，因为这有助于盟军作战和加速打败日本。”①中国共产党领导的抗日军队和抗日根据地民众对于发生事故迫降在抗日根据地区域甚至沦陷区的盟军空勤人员给予了积极的救护，转送国民党方面使之归队。

1944年2月11日，美国第14航空队飞行员克尔中尉，在驾机袭击香港启德机场时被日军炮火击中，油箱起火，被迫跳伞逃生。当即被日军严密包围和追捕。在这万分紧急的时刻，中国共产党领导的华南抗日武装——东江纵队港九大队的小交通员李石与女民运队员李兆华将克尔救护到九龙山区的一个山洞里。避过了日军持续半个月的搜捕，克尔终于脱险。他被送到东江纵队司令部所在地深圳坪山。曾生司令员在司令部会见了他。等克尔的创伤治好后，东江纵队派人将他安全送回到第14航空队桂林队部。3

① 《毛泽东等中共中央领导人与谢伟思的六次谈话：谢伟思的报告》，载中共中央党史研究室编：《党史通讯》1983年第20—21期，第20页。

月8日克尔在写给东江纵队的感谢信中说："我是美国飞行员克尔中尉，我从2月11日到3月9日，给你们勇敢的人安全地和舒适地从敌人中藏匿起来，然后又用船给送到敌人占领以外的地方去。如果不是你们的战斗员在强大武装的日军非常严密的搜索下拯救了我，我便不能够回到桂林去，继续我在中国的微小的工作。在我的飞机给敌人击中着火，而我跳伞降落地上以后，我看到我的情况几乎是绝望的。但是自从在你们的照料之下，时间慢慢地过去，我感到极安全了。我带着日益增加的奇异来看你们这庞大组织的力量、机巧、认真、精明和勇敢。当然，每个美国人都知道你们和你们的工作，但因为这些大部份都必须保守秘密，所以我们不能完全了解它伟大的规模和能力。"①

1944年3月，中美混合航空队第2大队飞行员辛仲连驾驶的飞机在与日军空战中被击落，辛仲连等人飞行员跳伞降落在皖中无为县汉江江面，经新四军第7师部队援救脱险，治愈腿伤后，护送到国民党桐城县政府。再由桐城县政府派人护送使之归队。②

1944年5月6日，美国第14航空队的战斗机和轰炸机对位于汉口的一座日军空军基地进行轰炸。在距离目标约五英里处，他们遭到了日军零式战机从上空发起的袭击。在和敌机周旋的过程中，格雷格的战机和贝内达驾驶的P−51战机被击中，战机坠落在湖北监利县境内。这天，中共监利县委组织部部长、宣传部部长兼第3区区长的戴月和秘书魏泽铭，正在离格雷格战机坠落不远处的房屋内商谈工作。随着一声巨响，格雷格的战机坠落在赤射烷湖中。戴月、魏泽铭随即赶往出事地点。格雷格跳伞后，正在忙活的农民，拿着锄头、扁担从四面八方涌来将他团团围住。格雷格着陆后急忙将手中的匕首丢在地上，又从口袋中取出两本袖珍地图册，先翻开世界地图册，扉页上印有美国国旗，再翻开中国地图册，扉页上印有中国国旗交给戴月、魏泽铭观看，并说明什么。当时，虽然相互之间语言不通，但从他

---

① 何小林、郭际编：《胜利大营救》，解放军出版社1999年版，第357页。

② 中国人民解放历史资料丛书编审委员会：《新四军·图片》，解放军出版社1994年版，第325页。

的表情来看，他说的意思是：他和中国之间是友好的。

确认这名飞行员不是日本兵后，戴月、魏泽铭临时将他带至周老嘴，找商会会长夏家璋安排地方休息。当这名飞行员知道自己降落的地点是新四军的范围后，转忧为喜地笑了，并伸出大拇指，说他自己有救了。过了两天，监利县第3区派六名武工队员绕双鸣寺、走白露湖边缘，将这位飞行员护送到潜江市孙家桥襄南军分区司令部。[①]这里是新四军第5师所辖范围。贝内达的战机坠落在监利县的另一地点，贝内达跳伞中右腿撞到了机尾受伤，被正在田里和父亲一起干农活儿的农民罗必书发现。罗必书的父亲和另外几个赶过来的乡民把右腿受伤的贝内达架到了村里。村长确认这是一名来自美国的飞行员后，迅速把这个消息通知了在附近活动的新四军游击队。在村里停留了几个小时后，赶来的几个游击队员和村民用竹子和木棍做了副简易的担架，并让贝内达换上中国农民的衣服，抬着他到监利县县城。几天后，贝内达到达监利县城。当时在该县工作的田农曾一篇文章中回忆说："过了几天，监利县委书记李秉范要我和聂医生护送他去襄南指挥部。"数天后，格雷格和贝内达在新四军第5师襄南指挥部即襄南军分区司令部会合。襄南指挥部秘书夏夔"因为之前在学校学过一点英语"，被上级指定担任翻译、负责安排他们的生活以及把他转送到新四军第5师师部所在地——湖北大悟的方案。经过几天的休整，襄南指挥部派50个人的队伍护送贝内达和格雷格，继续向位于湖北大悟的新四军第5师司令部前进。因为贝内达的腿伤还没有痊愈，新四军战士和当地民兵就用滑竿和马匹替换着，帮助贝内达行进。为了躲开日军，他们经常是夜里行进，白天休息。格雷格和贝内达一路上都穿着中国人的衣服，尽量让自己看起来像一个中国农民。一个非常黑暗的夜里，他们听到远处传来的枪声。幸运的是，由于得力的情报工作，他们一路上并没有和日军正面交火，顺利到达新四军第5师师部，师长李先念会见了格雷格和贝内达。[②]5月17日，李先念、

---

① 束继敏：《美军飞行员在监利被救记》，载《党史天地》1997年12期，第45页。

② 潘婷：《飞虎队老兵的感恩之旅》，载《中国青年报》2010年10月22日。

任质斌致电中共中央军委并新四军军部："职部本月上旬于监利营救一美籍飞行师，名白来德……现该机师返回心甚切，可否请转告重庆办事处，说明此事，由职部派部护送或重庆派人来接，如何，请赐示。"为接待好被救的美军飞行员，李先念指示拨出两间房子，建立"国际招待所"。

5月30日，李先念、郑位三等致电毛泽东、朱德，请示关于美国飞行师护送问题："（一）我襄河部队近营救出五月六日监沔空战失事美国飞机师两名，现已先后抵师部，我们拟稍加招待后，即送五战区。（二）我们提议由延安电重庆大使馆，由美大使请蒋令五战区派队至我师来接，以扩大影响及保障安全，如何，请即示。"毛泽东阅后指示："剑英即办"。随后，新四军第5师又同国民党应山县自卫队接洽安排将美军飞行员送往老河口基地。6月29日，李先念、任质斌向毛泽东、朱德报告说："在监沔降落之第十四航空队中尉飞行员柏纳格、格端格已于卯号经我二军分区护送去国民党应山县政府转五战区第一纵队，经该县自卫队王楚卿接收。"送别之时，李先念还向美军飞行员赠送了"洋布两匹，拾成新色日本手枪两支，子弹八十发，战刀两把，战利品日本旗子、衣服、铜像照片神符两担"及路费，还托他们向陈纳德将军转交了一封亲笔信。①

1944年7月3日，陈纳德将军亲笔致信朱德，对新四军的帮助表示感谢："美机飞行员被迫降落，并随即救护，无任感激。飞行员革莱中尉与百雷达中尉，此次蒙得中国游击队诸战士营救，纳德对彼等之光荣工作，尤深感奋。彼等见义勇为敝军全体官兵均钦敬之至。为此，恳将此感奋钦敬之情代为转达，不胜感荷。"②并请求派人到鄂豫边区处理此类事宜和搜集日、伪军事情报，以便更有效地开展对日作战。8月，中共中央批准，并经延安有关方面派人与驻华美军总部协商，陈纳德将军派遣总部参谋、炮兵少校欧高士作为他的代表，赴鄂豫边区面商对日军事情报的事宜。8月中旬，欧高士偕同美军通讯人员包德胜到达大悟山后，首先面交陈纳德将军致李

① 转引自张军：《一段跨越近七十年的异国情谊：记李先念与"飞虎队"队员的营救》，载《武汉党史》2012年第2期。

② 转引自金光耀、石源华：《陈纳德与陈香梅》，中国青年出版社1994年版，第215页。

先念的亲笔信，感谢新四军第5师多次营救美军飞行员，然后和新四军第5师就建立对日军事情报交换关系的协作内容进行协商。通过协商，于9月2日双方达成了协作协议。协议确定在第5师范围内建立无线电网，为美军收集提供驻武汉及周围日军部署及活动等情报。①

1944年10月27日，美国飞行员阿密特·刘易斯在执行任务时被日军炮火击中，迫降湖北大悟山地区。刘易斯回忆说："在汉口西北地区从座机P-40战斗机跳伞。新四军战士们救了我，帮助我回到了'友军'防区。花了6周时间回到老河口。"②参与接待刘易斯的余群回忆说："受伤的飞机，向我们招待所方向——大悟山飞行，边飞边紧急呼叫美方设在我所情报联络站的电台，电台也不断地呼叫这架受伤的飞机。我们看着这架飞机冒着浓烟在招待所上空盘旋，在我们所的领导和翻译的协助以及美方电台的共同指挥下，在我所5里外的西山区，中队长跳伞，飞机坠毁了。那天12点左右刮的西北风，一直往东南方向飘。地下电台指挥他加快降落速度，因为再往东南方向飘，过了大悟山南边有条小溪就是日本占领区了。尽管如此，日本鬼子还是发现了这名飞行员。为了营救这名飞行员，我们师部派了一个团的兵力与日军打了起来，战斗持续到傍晚，飞行员被我军救走，我军有一名战士受伤。受伤战士被当地母女俩救起后，连夜送回我部队。美方飞行中队长在我所停留了十几天后，要返回老河口飞行大队。领导十分重视他的安全，派了联络官和护送部队，还带上马匹和一些食物。因我们招待所当时抽不出来做西餐的师傅，领导就派我负责中队长一路上的食宿。临行前，我又向所里做西餐的师傅请教了一些西餐的简单方法。出发时，本来安排我们送到应北岩子河后返回，由于当时老河口至随州的公路被破坏，老河口派来的汽车只能到枣阳，这位中队长要求我们继续护送他。再往前走就到国民党占领区了，国民党方面也派了一支部队来接应，领导当时决定，除

① 湖北省新四军历史研究会组编：《鄂豫边区统一战线工作史》，湖北人民出版社2004年版，第300页。

② 耿幼壮、刘小燃：《中美人民之间的友谊涟漪：美国飞行员的二战日记》，载《党史纵横》1997年第11期，第7页。

我和饲养员带上两匹马和物质随国民党的部队一起护送中队长到枣阳，其他护送人员全部撤回。……应这位中队长的要求，友军派地方部队的一个排，护送我们到了岩子河，我们和前来接应的部队一起回到师部，圆满地完成了这次护送任务。”①

1944年8月20日夜，美国驻华第14航空总队的一架B-29重型轰炸机在完成轰炸日本本土重要军火、钢铁工业设施任务后返航，于苏北盐城东北方约100公里的黄海上空发生机器故障。机内的12名美国飞行人员，一人当场死亡、六人跳海，另五人跳伞降落于江苏盐阜区建阳县境内，飞机亦坠毁于建阳县境。失事的飞机当即被建阳县执行巡逻任务的民兵发现。民兵们一面组织群众扑火，一面派人四处警戒。驻湖垛镇的日军也发现了坠机。日军近藤中队长率部70余人和伪军40余人连夜出动，企图抢夺美机。与此同时，驻于离飞机失事地点约十公里的盐阜独立团领导也看到美机坠毁时发出的火光，预料为美机失事，湖垛日、伪军必将出动抢夺，便星夜赶往阻击。8月21日上午9时，湖垛出动之敌与盐阜独立团的一个连在美机坠毁处发生激战，独立团指战员英勇作战，击退了敌人，以牺牲三名战士、一名班长的代价保住了美机残骸。飞机残骸被解体后，很快运送到安全地带。

跳伞着陆的五名美国飞行人员是赛伏爱少校、奥勃朗上尉、斯太尔美克中尉、罗茨中尉和勃朗台治上士。他们分别降落在敌占湖垛镇附近和建阳县第2区的万丰乡。他们一着陆，即得到当地抗日群众的保护，并被护送到建阳县总队部。8月24日，五名飞行员在盐阜独立团部集中，又被护送往驻阜宁县的新四军第3师师部。8月27日，新四军苏北军区和第3师为飞行员举行了有3000人参加的欢迎大会，祝贺飞行员安全脱险。苏北军区副司令员、副师长张爱萍，师参谋长洪学智，盐阜区行政公署主任曹荻秋等分别讲话，高度赞扬美国飞行员的反法西斯精神。美国飞行员们十分激动。说：“我们有生以来还没有受到过如此热烈的欢迎！”

---

① 余群、涂宏伟：《救助美国飞虎队中队长的一段往事》，载《档案时空》2008年7期，第40—41页。

张爱萍将盐阜抗日军民营救美国飞行员的事向新四军军部作了报告。新四军军部又将此事通报到延安。中共中央领导人毛泽东、周恩来极为重视。8月29日，他们联名致电中共驻重庆代表团负责人董必武将飞行员获救情况迅速转告驻华美军司令部及有关方面。①根据新四军军部的指示，第3师派出一支武装小分队护送五名美国飞行员经苏中根据地前去新四军军部驻地淮南抗日根据地盱眙县黄花塘。②他们在新四军军部受到了盛情款待。当时六安县立中学外语老师洪莘农回忆说：他们五人在解放区休整数日后，由新四军派人护送到国民党区。由皖东北道经合肥，抵合肥后由陈敬礼任翻译，护送到六安。抵六安后由洪莘农任翻译。六安专署接到任务后，立即将他们安顿到六安社会服务处下榻。当晚由六安地区专员林中奇设宴招待，邀请桂系将领国民政府军第88师副师长李人翘等作陪。其后，由六安方面派人护送到安徽省政府所在地立煌县（今金寨县），然后再由安徽省政府派人护送到成都基地。③

1944年10月2日，一架援华抗战的美军B-29重型轰炸机，在安徽滁县一带执行轰炸任务时，被日军地面炮火击中，拖着浓烟，飞行至嘉山县（今明光市）管店上空坠毁，飞行员相继跳伞。是时，中共横山区区长兼游击队队长谢璞山，正带领一支游击队活动在津浦铁路西，见有四名飞行员降落在其活动区，立即率队赶往飞行员着落地点营救。与此同时，驻管店日军一个小队及几名伪警察也闻讯赶到这里捕捉美军飞行员。日军见四名美军飞行员降落在不远的地方，便欲生俘。谢璞山带领游击队占领有利地形，冒死相救，打退日军数次进攻，终于将四名飞行员救出危险区域。为摆脱日军的抢夺，游击队当夜将四名飞行员护送过津浦铁路，在横山区署所在地尤岗住了一夜，于次日护送到嘉山县抗日民主政府所在地自来桥。同时，中共

---

① 中共中央文献研究室编：《毛泽东年谱（1893—1949）》中卷，第540页。

② 江苏省中共党史学会编：《江苏抗日战争史》，中共党史出版社2007年版，第452—453页。

③ 洪莘农：《我参加接待美军飞行员的回忆》，载中国人民政治协商会议合肥市委员会文史资料委员会编：《合肥文史资料》第7辑，1991年版，第57—58页。

交通员管德华，也在管店东洼陈庄的家门口营救了一名美军飞行员，交游击队负责人植品三护送到自来桥。此外，有一名飞行员死在机舱里，一名飞行员跳伞时着地身亡。其遗体亦同时由游击队护送到自来桥。被横山游击队和管德华营救的五名美军飞行员送到自来桥后，受到嘉山县民主政府的热情接待，随后转送护送到江苏盱眙县黄花塘新四军驻地，10月14日移送给国民政府军桂军第171师。[①]第171师护送归队。这五名美军飞行员是：美军中校萨伏爱、上尉奥勃郎、中尉鲁茨、斯太尔美克、军曹勃伦台治。对二名美军飞行员遗体，嘉山县民主政府当时便举行了安葬仪式，修了墓，立了墓碑，墓碑上写着："抗日盟军烈士之墓"。

此次空难中，在管店一带降落的美军飞行员，还有二名，一名被日军生俘，一名着陆后身负重伤，被日军枪杀。被生俘的一名美军飞行员，日军将其上衣脱光，在三界一带裸体游街，以后不知去向。被日军杀死的一名美军飞行员，当时由管店地区农民将其埋葬在管店东南陈村的一个山坡上。1946年5月，中国抗日战争胜利后，美军要将其死难者遗体运回本国。美军代表找到中共驻南京办事处首席代表周恩来，要求中共协助。周恩来当即写信给嘉山县民主政府。嘉山县民主政府按照周恩来的指示，派专人协助美方，将安葬在自来桥和管店的美军飞行员遗体启运护送到南京。[②]

1944年12月15日，一架执行任务的美军飞机坠落于武汉横店南王家湾冲五斗丘，飞行员则跳伞在属于沦陷区的王家淌村正南200米处着陆。村民王昌贵、李大福、李方来、李杏元、张花敬等年青人迅速前来营救。李大福脱下身穿的旧棉袄，李方来脱下旧棉裤，张花敬摘下头上的"狗钻洞"帽子，霎时间，美国飞行员就被装扮成了一个中国庄稼汉。接着，王昌贵挺身而出，带领飞行员沿着田间小道朝西北方向的根据地飞奔而去。到了艾家集下罗湾，王昌贵找到从汉口回乡躲避轰炸的罗益太酱园铺的内

---

① 安徽省政协文史资料委员会《安徽近现代史辞典》编委会编：《安徽近现代史辞典》，中国文史出版社1990年版，第85页。

② 安徽省地方志编纂委员会编：《安徽省志·18军事志》，安徽人民出版社1995年版，第728页。

老板李三娘，向她说明原委并请她设法将飞行员送走，尽快脱离险境。李三娘立即找来族侄罗文焱、罗昆山等商议，并拿出八块银元作路费，由两侄子带着飞行员星夜兼程，越过重重敌伪哨卡，巧妙地应付敌伪的多次盘查，于第二天凌晨3时许，抵达新四军辖区——白庙集，找到抗日民主政府的区长。区长听了他俩的汇报，高度赞扬沦陷区人民的爱国主义和国际主义行动。飞行员知道逃脱了虎口，更是高兴万分，感激不已。抗日民主政府又与国民政府军队有关方面联系将飞行员护送归队。1945年中国抗战胜利后，这位美国飞行员重返武汉，约见王昌贵等人，回顾当年脱险的情景，感慨万分。当时，国民政府军第六战区司令部根据《救护我国及盟国空军迫降人员奖惩办法》，授予王昌贵等奖状，表彰他们的爱国主义和国际主义精神。①

1945年1月20日，美国B-29型飞机托勒特与同伴从江西赣州基地出发轰炸上海日军的军事设施地“江南造船厂”。托勒特（Horold BTollet）的座机被日军高射炮击中，坠毁在浦东南汇县境内，飞行员托勒特跳伞降落在周浦镇附近农村，被中共党员薛雨亭营救，秘密安置在一位老大娘家里，躲过了日军的搜捕（该村第九保保长薛和尚却被日军抓去，施用酷刑，被活活打死）。日军走后，薛雨亭又找到另一位抗日同志吴进根，两人商量后，等到天黑，又将飞行员转移到十华里外的小圩村，住进吴进根岳母家中。当晚，两人又摸黑跑了60多华里，找到了新四军淞沪支队。支队长朱亚民听了他俩的报告，立即派出短枪队，用小舟通过河道把飞行员接到部队驻地。朱亚民派了懂英语的中共淞沪地委宣传部部长金子明和飞行员对话，解除疑虑。托勒特的面部、左手和右脚都被烧伤。支队门诊部医务员陈也男和余叔平等，对他的伤口作了消毒和包扎。经过几天的悉心治疗，托勒特的烧伤逐渐痊愈，体能也得到恢复。为了保证他安全归队，支队部决定护送他去新四军浙东游击纵队司令部所在的浙东抗日根据地余姚县。1月28日，奉支队部命令，由金子明部长带队，还有沈桂昌等共十七八名指

---

① 彭光榍：《营救“盟军”飞行员脱险记》，载《军事历史》1995年第2期，第58—59页。

战员护送，乘海防大队的哨船渡过杭州湾，安抵浙东解放区。2月1日，到达新四军浙东游击纵队司令部驻地——浙江省余姚县梁弄镇。在梁弄镇根据地经过一个多月的医疗和休养，托勒特完全恢复了健康。经请示，新四军军部同意将托勒特移送给国民政府方面转送美国驻华机构。3月18日晚，新四军浙东游击纵队政委谭启龙设席为托勒特饯行。

4月10日，护送部队将托勒特送到目的地，并与美国陆军陆空辅助勤务战地总部临海办事处，正式办理了交接手续。办事处主任柯克斯上尉出具一张“今领到新四军浙东游击纵队所救护之美国第拾肆航空队机师托勒特中尉一名”的收据。同时还给新四军浙东游击纵队何克希司令员写了一封致谢信。信中说：“我借此机会谨向你和你的部属们道谢，因为你们营救了我们勇敢的飞行员——托勒特中尉，并且殷勤招待，治好了他的创伤。你和你的人民所表现的这种令人惊奇的合作精神，将会大大缩短战胜我们共同敌人的时间。”还说：“你们用在托勒特中尉身上的钱一定很可观，你们所加于这个飞行员的恩惠，我们是永远不能完全偿清的。”①4月11日，托勒特写信给何克希司令员告别。②当时参与护送工作的龚定中回忆说：美国飞行员在南汇获救后，被送到浙东。又让“飞行员坐在藤椅做的担架上，请了5位民兵同志，轮流抬着”，“走了2个昼夜的路程到达天台县，交给国民党军队一‘突击营’接待站，打了一张收据，带回浦东新四军淞沪支队南汇驻地，交给朱亚民，完成任务。”③

1945年6月12日凌晨，美军一架B-24型轰炸机飞往长江口执行任务。飞机在江苏海门宋季港附近上空向下俯冲时，因机身倾斜一翼击水，失去平衡而坠毁于宋季港东侧江滩上。11名机组人员，八名在飞机坠地时牺牲，

---

① 中国人民解放军历史资料丛书编审委员会编：《新四军·参考资料（1）》，第272—273页。

② 顾正均、胡茂祥、陈也男：《盟国战友情：浙东游击纵队淞沪支队救护美军飞行员托勒特纪实》，载北京新四军暨华中抗日根据地研究会编：《铁流：老战士回忆在新四军的日子里》第1集，1999年版，第365—371页。

③ 龚定中：《抗日战争时期上海人民也曾营救过美国飞行员》，载《上海党史研究》1994年5期，第42页。

三名幸存，但都在跳机时受伤，其中一人还受了重伤。这三名美军机组人员是：中尉领航员、机长丹尼尔·雷特蒙、少尉机械师伽罗道、少尉报务员纳思达。他们隐蔽在宋季港与灰扒港的江滩芦苇中。当时宋季港一带虽属敌伪统治区，但常有抗日民主政府人员和新四军游击队活动。民兵钮梦林闻讯赶来，与当地群众护送两个美军飞行员连夜向西北方向迅速转移，其中受重伤的一位由群众用担架抬着走，走到上三和镇北两里许，天已大亮，不能再前进。钮梦林便把飞行员送进群众家里，暂时隐蔽起来。另一位跑到牛洪港西边的美军飞行员，在第二天也由当地民兵护送，与先期到达三和镇北的两位会合。美军飞行员在群众家经当地医生包扎伤口，换上中国服装，夜间由钮梦林等用小车推送他们到达移风乡乡长曹永华家。曹永华又把他们安排在河东季长朗家隐蔽，并派民兵在宅前后警戒。6月14日下午，曹永华请来一位粗通英语的高中毕业生俞建新充任翻译。当天晚上，三位飞行员又被转移到河西俞建新家。曹永华及时向汇通区政府汇报情况。区政府指示，速将飞行员送到汇通镇北边联络点，并命令区队前来接应。夜间，护送队伍快速行军，穿过通海镇，沿通海两县界河直插朝北，绕过川港镇据点，于6月16日天亮前到达汇通区政府。一天后，区队继续护送，到达海门中学上校北埭，休息两天后再度出发，到达金沙西北陈家庄，找到了南通县政府及南通警卫团团部。后由南通警卫团侦察排短枪队护送他们绕过敌人封锁线，在吕港附近的海边，雇了一条出海木船，到达东台。苏中第四分区党政军领导梁灵、姬鹏飞等前来会见美军飞行员并设宴招待他们。后来又通过层层封锁线，终于在6月下旬到达皖北新四军军部。新四军军部与皖南国民政府军第三战区长官司司令部取得联系，将美军飞行员移交第三战区后转送美空军司令部。①

中国抗日战争时期，“中共部队营救的美国飞行员达120多名。”②

---

① 史海：《美军飞行员遇难脱险记》，载张凤斌主编：《海门抗日纪事》，中共海门市委党史办公室编印2005年版，第95—97页。

② 黄华：《亲历与见闻：黄华回忆录》，世界知识出版社2007年版，第56页。

国共合作的抗日战争取得胜利

1945年世界反法西斯战争进入新的历史阶段。5月8日德国投降后，日本更处于风雨飘摇之中。

1945年春，中国战区最高统帅部为适应军事形势的发展，并协调与盟国邻接战区的作战行动，曾拟定中国战区总反攻计划，决定于是年秋季，开始对盘踞中国大陆的日军实行总反攻，遮断在华日军与越南及其以南地区的陆上交通，配合印缅战区盟军作战，并迅速夺取中国西南沿岸诸港口，以增加中国战区陆、空军的物资供应，充实战斗力。中国陆军总司令部共编练四个方面军35个步兵师，部署在湘桂和滇越地区，进行反攻的各项准备。

4月，针对8万余日军向湘西进攻、合围芷江机场的企图，中国方面调集11万余人的兵力，在陆军总司令何应钦指挥下，陆军第4方面和第3方面军为主力，以地形险峻的雪峰山地区为依托，构筑层层阵地，采取节节阻击、诱敌深入、包围聚歼的战术，与日军展开湘西会战。在湘西民众的大力支援下，中国军队对日军的疯狂进攻实施顽强抗击，并主动出击，不断给日军以重创。日军进攻一再受挫，攻势逐渐衰退。会战后期，中美空军出动强大的空军机群，从空中对日军地面部队实施猛烈打击。第4方面军乘势出击，向日军发动全面反击，以伤亡1.9万余人的代价，歼敌2.8万余人，至6月7日收复了所有失地，击败了日军的进攻。

湘西会战时，占据广西的日军三个师依据其撤退计划，缩短防线，谋求集中兵力，以防中国军队的反攻。针对日军的撤退企图，国民政府军事委员会决定抓住战机，迅速收复桂、柳，乃令中国陆军总司令对桂、柳实行反攻。中国陆军总司令部即令第2方面军以一部出都阳山脉，夺取南宁；第3方面军以一部沿柳宜路直取柳州，并以主力沿桂穗路越过越城岭山脉，攻击桂林，将广西境内日军分别包围而歼灭之。5月27日第2方面军第64军收复南宁，6月30日第3方面军以第20军在第2方面军第46军配合下收复柳州。第3方面军第20、29军等部分三路沿湘桂铁路及其两侧向桂林急进。同时，第4方面军攻击宝庆（邵阳）、衡阳，以为策应。至7月24日，第3方面军第29军连克中渡、黄冕、阳朔、白沙，并经激战夺占桂林南方门户永福，直逼桂林近郊。第3方面军第27军、第26、第94军等部自越城岭向桂林推进，7月10日攻占南圩，20日攻克义宁。在各路包围总攻下，27日收复桂林。

八路军、新四军对日、伪军发动了大规模春、夏季攻势，共歼灭日、伪军16万余人，攻克和收复县城61座，扩大抗日根据地24万多平方公里，把敌人进一步压缩到大中城市周围、主要交通线附近及沿海重要地区，为大反攻创造了条件。

在日军处于穷途末路之时，中、美、英三国于7月26日发布《波茨坦公告》，敦促日本无条件投降。公告指出，中、美、英三国在联合国的支持下，决心以绝对优势兵力对日作战，给日本以最后打击，直至其停止抵抗为止，“通告日本政府立即宣布所有日本武装部队无条件投降，并对此种行动诚意实行予以适当之各项保证，除此一途，日本即将迅速完全毁灭”。①但日本政府还执迷不悟，7月27日的内阁召开会议讨论对策，认为“应视苏联的态度如何，再行处理”②；首相铃木贯太郎次日发表谈话说：“我认为那份公告不过是开罗宣言的翻版。政府认为无任何主要价值。只有对它置之不理。我们只能为战争到底向前迈进。”③

由于日本当局不接受公告，拒绝无条件投降，8月6日、9日，美国先后在广岛、长崎投下原子弹，以迫使日本投降。苏联也没有偏护日本，而是积极准备对日作战，根据雅尔塔协定，于8月8日对日宣战。9日，百万苏军越过中苏边界，向日本关东军发动强烈攻势。10日凌晨，日本天皇在御前会议上决

---

① 世界知识出版社编辑：《国际条约集（1945—1947）》，世界知识出版社1959年版，第78页。

② 服部卓四郎：《大东亚战争全史》第4册，商务印书馆1984年版，第1632页。

③ 服部卓四郎：《大东亚战争全史》第4册，第1633页。

定接受波茨坦公告。同日，日本外务省致电日本驻瑞典公使和驻瑞士公使，令其将日本接受公告的决定转达给中美英苏四国。当日夜，日本广播电台将接受公告的消息秘密向国外广播。8月15日，日本政府以广播天皇诏书的形式，宣布无条件投降。16日，日本大本营命令日军停止战斗行动。

8月17日，远东盟军总司令麦克阿瑟签署向日本军队发出的第一号命令中规定："在中国境内（除满洲外）、福摩萨以及北纬16度以北的法属印度支那境内的日本高级指挥官以及所有陆、海、空军和辅助部队，应向蒋委员长投降。""在满洲、北纬38度以北的朝鲜、桦太岛以及千岛群岛境内的日本高级指挥官以及所有陆、海、空军和辅助部队应向苏联远东总司令投降。"①

日本宣布投降后，蒋介石8月15日委何应钦为中国战区受降主官。中国军队按照盟军最高统帅部关于划分受降区的规定，接受日军投降；中国战区受降范围，除东北三省规定由苏联受降外，共划分15个受降区，即：（1）第1方面军受降主官卢汉，受降越南北纬16度以北地区，日军投降代表土桥勇逸，受降地点在河内；（2）第2方面军受降主官张发奎，受降广州、雷州半岛及海南岛地区，日军投降代表田中久一，受降地点在广州；（3）第七战区受降主官余汉谋，受降曲江、潮州地区，日方投降代表田中久一，受降地点在汕头；（4）第4方面军受降主官王耀武，受降长衡地区，日军投降代表坂西一良，受降地点在长沙；（5）第九战区受降主官薛岳，受降南昌、九江地区，日军投降代表笠原幸雄，受降地点在南昌；（6）第三战区受降主官顾祝同，受降杭州、厦门地区，日军投降代表松井太久郎，受降地点在杭州；（7）第3方面军受降主官汤恩伯，受降京沪地区，日军投降代表十川次郎，受降地点分别在南京和上海；（8）第六战区受降主官孙蔚如，受降武汉、沙市、宜昌地区，受降地点在汉口；（9）第十战区受降主官李品仙，受降徐州、安庆、蚌埠、海州地区；日军投降代表十川次郎，受降地点徐州；

① F.C.琼斯、休·博顿、B.R.皮尔恩：《国际事务概览（1939—1946年）：1942—1946年的远东》，上海译文出版社1979年版，第741页。

（10）第十一战区分为两部分：平津、石家庄、保定地区受降主官孙连仲，日军投降代表根本博，受降地点北平；青岛、济南、德州地区受降主官李延年，日军投降代表为细川忠康，受降地点在济南；（11）第一战区受降主官胡宗南，受降洛阳地区，日军投降代表鹰森孝；受降地点洛阳；（12）第五战区受降主官刘峙，受降郑州、开封、新乡、南阳、襄樊地区，日军投降代表鹰森孝，受降地点郾城；（13）第二战区受降主官阎锡山，受降山西地区，日军投降代表澄田徕四郎，受降地点太原；（14）第十二战区受降主官傅作义，受降地点热察绥地区，日军投降代表根本博，受降地点在归绥；（15）台湾省行政长官公署受降主官陈仪，受降台湾、澎湖列岛地区，日军投降代表安晃利吉，受降地点在台北。日军投降总代表为日本驻华派遣军总司令冈村宁次。总计在中国战区投降的日军（含北纬16度以北之越南地区的日军），共有一个总司令部、三个方面军、十个集团军、36个师团、41个独立旅团、19个独立警备队、守备队及支队、六个海军特别根据地队及陆战队，总数为1283200人。①

9月2日，日本向盟国投降仪式在东京湾美舰“密苏里”号上举行。9日，在南京举行中国战区接受日本投降的仪式，何应钦代表盟国接受日本代表冈村宁次递交的投降书。自1945年9月11日至10月中旬，日军基本缴械集中完毕。

全国抗日战争中，中国军队进行重要战役200余次，大小战斗近20万次，歼灭日军150余万人，歼灭伪军118.7万人。战争结束时，接受投降日军128万人，接受投降伪军146万人。②其中，中共领导的人民抗日武装对敌作战12.5万次，歼灭日军52.7万人，伪军118.7万人。③抗日战争的胜利是国共合作的伟大成果。

为夺取全国抗战的胜利，中国付出了军队伤亡380余万人、人民牺牲

---

① 何应钦：《八年抗战之经过》，文海出版社1971年印行，第208—210页，第200页。

② 军事科学院军事历史研究部：《中国抗日战争史》下卷，第624—625页。

③ 中共中央党史研究室：《中国共产党历史》第1卷下册，中共党史出版社2011年版，第847页。

2000余万人、军民伤亡3500万人以上、财产损失600余亿美元（按1937年美元计算）、战争消耗400多亿美元、间接经济损失达5000亿美元的巨大牺牲①。

① 军事科学院军事历史研究部：《中国抗日战争史》下卷，第625页。

参考文献

F.C.琼斯、休·博顿、B.R.皮尔恩:《国际事务概览(1939—1946年):1942—1946年的远东》,上海译文出版社1979年版。

《陈云文选(1926—1949)》,人民出版社1984年版。

《鄂豫边区革命史》编辑部编:《新四军第五师抗日战争史稿》,湖北人民出版社1989年版。

《晋察冀抗日根据地》史料丛书编审委员会编:《晋察冀抗日根据地·第3册大事记》,中共党史资料出版社1991年版。

《李先念文选》,人民出版社1989年版。

《毛泽东军事文集》第2卷,军事科学出版社、中央文献出版社1993年版。

《毛泽东书信选集》,人民出版社1983年版。

《毛泽东选集》第2卷,人民出版社1991年版。

《钱之光传》编写组编著:《钱之光传》,中共党史出版社2011年版。

《叶剑英传》编写组著:《叶剑英传》,当代中国出版社1995年版。

《中国人民解放军军史》编写组编:《中国人民解放军军史·第2卷1937年7月—1945年9月》,军事科学出版社2010年版。

《周恩来书信选集》,中央文献出版社1988年版。

安徽省地方志编纂委员会编:《安徽省志·18军事志》,安徽人民出版社1995年版。

安徽省政协文史资料委员会《安徽近现代史辞典》编委会编:《安徽近现代史辞典》,中国文史出版社1990年版。

敖文蔚主编:《湖北抗日战争史》,武汉大学出版社2006年版。

八路军山东纵队史编审委员会编:《八路军山东纵队史》下卷,山东人民出版社2007年版。

白崇禧口述:《白崇禧口述自传》上,中国大百科全书出版社2009年版。

北京新四军暨华中抗日根据地研究会编:《铁流:老战士回忆在新四军的日子里》第1集,1999年版。

陈诚:《八年抗战经过概要》,国防部史政局1946年编印。

陈乃昌:《追随周恩来的岁月(1938—1945)》,中共中央党校出版社1995年版。

陈锡联:《陈锡联回忆录》,解放军出版社2007年版。

陈再道:《陈再道回忆录》上册,解放军出版社1988年版。

党德信、杨玉文主编:《国民党抗战骁将:炎黄忠魂录》,解放军出版社1994年版。

丁龙嘉:《重整齐鲁河山:山东人民抗日战争纪实》,山东人民出版社2005年版。

樊吉厚、李茂盛、杨建中撰:《华北抗日战争史》中卷,山西人民出版社2005年版。

范长江编著:《西线风云》,群言出版社2009年版。

服部卓四郎:《大东亚战争全史》第4册,商务印书馆1984年版。

广东省人民武装斗争史编纂委员会编著:《广东人民武装斗争史·第3卷抗日战争时期》,广东人民出版社1994年版。

郭沫若:《洪波曲》,人民文学出版社1979年版。

合肥市新四军历史研究会编:《合肥地区抗日民族统一战线》,2000年版。

何理、刘建泉、杨宣春等编写:《八路军事件人物录》,上海人民出版社1988年版。

何平主编:《新华社记者笔下的抗战》,新华出版社2005年版。

何小林、郭际编:《胜利大营救》,解放军出版社1999年版。

何应钦:《八年抗战之经过》，文海出版社1971年印行。

何应钦:《日军侵华八年抗战史》，台北黎明文化事业股份有限公司1982年版。

何柱国口述，施文淇等整理:《何柱国将军生平》，中国文史出版社1992年版。

侯伍杰主编:《山西历代纪事本末》，商务印书馆1999年版。

湖北省新四军历史研究会组编:湖北省新四军研究会组编:《鄂豫边区统一战线工作史》，湖北人民出版社2004年版。

黄华:《亲历与见闻:黄华回忆录》，世界知识出版社2007年版。

黄克诚:《黄克诚军事文选》，解放军出版社2002年版。

黄绍竑:《五十回忆》，岳麓书社1999年版。

黄修荣:《国共关系70年纪实》，重庆出版社1994年版。

黄修荣:《国共关系史》中卷，广东教育出版社2002年版。

冀中人民抗日斗争史资料研究会、中共河北省委党史研究室编:《冀中抗日根据地斗争史》，中共党史出版社1997年版。

济源市地方史志编纂委员会编:《济源市志》，河南人民出版社1993年版。

江苏省中共党史学会编:《江苏抗日战争史》，中共党史出版社2007年版。

蒋纬国总编著:《国民革命战史·第3部抗日御侮第4卷》，黎明文化事业股份有限公司1978年版。

蒋纬国总编著:《国民革命战史·第3部抗日御侮第5卷》，黎明文化事业公司1979版。

蒋纬国总编著:《国民革命战史·第3部抗日御侮第7卷》，台北黎明文化事业股份有限公司1978年版。

解放军军事科学院《叶剑英传》编写组编:《叶剑英传略》，军事科学出版社1987年版。

金城:《延安交际处回忆录》，中国青年出版社1986年版。

井上清:《日本帝国主义的形成》，宿久高译，人民出版社1984年版。

军事科学院《谭政军事文选》编辑组编:《谭政军事文选》，解放军出版社2006年版。

军事科学院《左权军事文选》编辑组编:《左权军事文选》，军事科学出版社2005年版。

军事科学院军事历史研究部:《中国抗日战争史》中、下卷，解放军出版社2005年版。

军事科学院军事历史研究所编著:《中国人民解放军八十年大事记1927—2007》，军事科学出版社2007年版。

军事委员会编:《何上将抗战期间军事报告》上册，军事委员会1948印。

军事委员会军训部军学编译处编:《游击战纲要》，军事委员会军训部军学编译处1939年版。

李达:《抗日战争中的八路军一二九师》，人民出版社1985年版。

李凡夫:《李凡夫文集》，广东人民出版社1993年版。

李少元:《硝烟征程》，白山出版社1999年版。

李新、陈铁健总主编，李良志、李隆基卷主编，丁三青等编著:《中国新民主革命通史》第9卷，上海人民出版社2001年版。

李勇:《蒋介石年谱》，中共党史出版社1995年版。

李宗仁口述，唐德刚撰写:《李宗仁回忆录》，广西人民出版社1988年版。

罗焕章、支绍曾:《中华民族的抗日战争》，军事科学出版社1987年版。

罗荣桓:《罗荣桓军事文选》，解放军出版社1997年版。

雒春普:《阎锡山传》，山西人民出版社2004年版。

马洪武、王德宝、朱大礼、张廷栖编:《新四军征途纪事》，江苏人民出版社1988年版。

马仲廉编著:《卢沟桥事变与华北抗战》，北京燕山出版社1987年版。

欧阳植梁、陈芳国主编:《武汉抗战史》，湖北人民出版社1995年版。

全国政协《晋绥抗战》编写组编:《晋绥抗战:原国民党将领抗日战争亲历记》，中国文史出版社1995年版。

全国政协文史资料委员会编:《文史资料存稿选编·抗日战争(上)》,中国文史出版社2002年版。

日本防卫厅防卫研究所战史室:《中国事变陆军作战史》第1卷第1分册,田琪之译,中华书局1979年版。

日本防卫厅战史室编纂:《日本军国主义侵华资料长编:〈大本营陆军部〉摘译(上册)》,天津市政协编译委员会译,四川人民出版社1987年版。

荣孟源主编:《中国国民党历次代表大会及中央全会资料》下册,光明日报社1985年版。

山西省史志研究院编:《山西通史·第8卷抗日战争卷》,山西人民出版社2001年版。

山西省政协文史资料研究委员会编:《阎锡山统治山西史实》,山西人民出版社1984年版。

申春生:《山东抗日根据地史》,山东大学出版社1993年版。

申志诚主编:《河南抗日战争纪事》,河南人民出版社1995年版。

石宾:《从牺盟会看山西民众运动》,黄河出版社1939年版。

世界知识出版社编辑:《国际条约集(1945—1947)》,世界知识出版社1959年版。

四川省新四军史料征集研究会:《华中烽火》,天地出版社1995年版。

苏志荣、范银飞、胡必林等编辑:《白崇禧回忆录》,解放军出版社1987年版。

唐莲英:《新四军和华中抗日根据地的统战工作》,见http://www.n4a.cn/eastday/xsjyj/2012n4a/node639053/node682219/u1a6982854.html。

陶汉章:《回忆与思考》,国防大学出版社2003年版。

汪向荣:《中国的近代化与日本》,湖南人民出版社1987年版。

王功安、毛磊主编:《国共两党关系通史》,武汉大学出版社1991年版。

王明湘、刘立群、王泓编著:《中共中央南方局和八路军驻重庆办事处》,重庆出版社1995年版。

王全营、赵保佑:《河南抗日战争史》,社会科学文献出版社2010年版。

王生甫、任惠媛:《牺盟会史》,山西人民出版社1987年版。

王向远:《日本对中国的文化侵略:学者、文化人的侵华战争》,昆仑出版社2005年版。

王焰主编:《彭德怀年谱》,人民出版社1998年版。

危仁晸、刘勉玉、刘受初主编:《江西现代革命史辞典》,华东师范大学出版社1993年版。

谢忠厚、肖银成主编:《晋察冀抗日根据地史》,改革出版社1992年版。

新闻研究所中国报刊史研究室编:《抗战烽火录:〈新华日报〉通讯选》,新华出版社1985年版。

星光、张杨主编:《抗日战争时期陕甘宁边区财政经济史稿》,西北大学出版社1988年版。

阎景堂主编:《南方三年游击战争史》,解放军出版社1997年版。

杨国宇编:《刘伯承用兵要旨》,云南人民出版社1985年版。

《潮汕地区军民抗日斗争资料》,潮汕历史文化研究中心资料征集委员会2000年编印。

杨圣清、段玉林:《巍巍中条:中条山军民八年抗战史略》,中央文献出版社2000年版。

杨世源主编:《晋绥革命根据地货币史》,中国金融出版社2001年版。

叶剑英:《叶剑英军事文选》,解放军出版社1997年版。

垣曲县志编纂委员会编:《垣曲县志》,山西人民出版社1993年版。

袁伟、吴殿尧主编:《朱德军事活动纪事(1886—1976)》,解放军出版社1996年版。

张秉均编著:《中国现代历次重要战役之研究·抗日战役述评(续)》,国防部史政编译局1980年版。

张凤斌主编:《海门抗日纪事》,中共海门市委党史办公室编印2005年版。

张国祥:《山西抗日战争史》下卷,山西人民出版社1992年版。

张宏志:《中国抗日游击战争史》,陕西人民出版社1995年版。

张其昀主编:《先总统蒋公全集》第1、3册,中国文化大学中华学术院1984年编印。

张廷贵、袁伟、陈浩良:《中共抗日部队发展史略》,解放军出版社1990年版。

张友坤、钱进、李学群编著:《张学良年谱》(修订版),社会科学文献出版社2009年版。

章玮、尹平符、王兆良、贾蔚昌、王伯群主编:《山东解放区大事记》,山东人民出版社1982年版。

赵克昂编:《游击战的论争》,黎明书局1938年版。

赵荣声:《回忆卫立煌先生》,文史资料出版社1985年版。

郑文翰主编:《军事大辞典》,上海辞书出版社1992年版。

中共福建省委党史资料征集编写委员会研究室编:《从和谈到北上抗日》,福建人民出版社1985年版。

中共甘肃省委党史研究室:《中国共产党甘肃历史》第1卷,中共党史出版社2009年版。

中共甘肃省委党史资料征集研究委员会编:《甘肃党史资料》第2辑,甘肃人民出版社1985年版。

中共光泽县委党史研究室编:《大洲谈判》,中共党史出版社1995年版。

中共贵池县委党史办公室编:《革命故事选》,中共贵池县委党史办公室1987年版。

中共桂林市委员会党史办公室:《中共桂林市党史资料专题研究集(新民主主义革命时期)》,广西教育出版社1991年版。

中共湖北省委党史资料征集编研委员会、中共武汉市委党史资料征集编研委员会编:《抗战初期中共中央长江局》,湖北人民出版社1991年版。

中共湖南省党史委编、王中杰主编：《湖南人民革命史：新民主主义革命时期》，湖南出版社1991年版。

中共惠阳地委党史办公室、中共惠阳县委党史办公室编：《叶挺研究史料》，广东人民出版社1987年版。

中共晋城市委老干部局编：《晋城抗战忆事》，山西人民出版社2006年版。

中共林县县委党史资料征编委员会办公室编：《中共林县党史资料》第9辑，1990年版。

中共唐山市委党史研究室：《冀东革命史》，中共党史出版社1993年版。

中共天津市委党史研究室编著：《津沽大地的抗日壮歌》，天津古籍出版社2005年版。

中共武汉市委党史研究室、武汉市新四军历史研究会编：《新四军与武汉》，武汉出版社2003年版。

中共中央党史研究室：《中国共产党历史》第1卷下册，中共党史出版社2011年版。

中共中央党史研究室学术处编：《历史经验与改革开放》，中共党史资料出版社1988年版。

中共中央党史研究室张闻天选集传记组编：《张闻天年谱·上卷（1900—1941）》，中共党史出版社2000年版。

中共中央党史资料征集委员会征集研究室编：《中共党史资料专题研究集·抗日战争时期（1）》，中共党史资料出版社1988年版。

中共中央文献研究室编：《刘少奇年谱（1898—1969）》上卷，中央文献出版社1996年版。

中共中央文献研究室编：《毛泽东年谱（1893—1949）》上、中卷，人民出版社、中央文献出版社1993年版。

中共中央文献研究室编：《毛泽东选集一至四卷注释校订本》，中央文献出版社1991年版。

中共中央文献研究室编:《周恩来传(1898—1949)》上、下,中央文献出版社1998年版。

中共中央文献研究室编:《周恩来年谱(1898—1949)》,人民出版社、中央文献出版社1989年版。

中共中央文献研究室编:《朱德传》,中央文献出版社2006年版。

中共中央文献研究室编:《朱德年谱(1886—1976)》中,中央文献出版社2006年版。

中共重庆市委党史研究室编:《中共中央南方局大事记》,重庆出版社2004年版。

中国第二历史档案馆《中国抗日战争大辞典》编写组编:《中国抗日战争大辞典》,湖北教育出版社1995年版。

中国第二历史档案馆编:《抗日战争正面战场》,江苏古籍出版社1987年版。

中国第二历史档案馆编:《中华民国史档案资料汇编·第五辑第二编军事》(1)、(2)、(3)、(5),江苏古籍出版社1998年版。

中国抗日战争史学会、中国人民抗日战争纪念馆合编:《中国抗日战争大事记》,北京出版社1997年版。

中国抗日战争史学会等编:《中国抗日战争大事记》,北京出版社1997年版。

中国人民革命军事博物馆《百团大战历史文献资料选编》编审组编:《百团大战历史文献资料选编》,解放军出版社1991年版。

中国人民解放军广州军区司令部编:《中国军事百科全书·中国近代战争史分册》,军事科学出版社1994年版。

中国人民解放军军事科学院毛泽东军事思想研究所年谱组编:《毛泽东军事年谱(1927—1958)》,广西人民出版社1994年版。

中国人民解放军历史资料丛书编审委员会编:《八路军·参考资料》(1)、(2),解放军出版社1992年版。

中国人民解放军历史资料丛书编审委员会编:《八路军·文献》,解放军出版社1994年版。

中国人民解放军历史资料丛书编审委员会编：《八路军·综述、大事记》，解放军出版社1994年版。

中国人民解放军历史资料丛书编审委员会编：《八路军新四军驻各地办事机构》（1）、（3）、（4），军事科学出版社1999、2007年版。

中国人民解放军历史资料丛书编审委员会编：《新四军·参考资料》（1）、（2）、（3），解放军出版社1991、1992年版。

中国人民解放军历史资料丛书编审委员会编：《新四军·文献》（1）、（2）、（3）、（4），解放军出版社1988、1994、1995年版。

中国人民解放军历史资料丛书编审委员会编：《新四军·综述、大事记、表册》，解放军出版社1993年版。

中国人民解放军政治学院党史教研室编：《中共党史参考资料》第8册，1979年版。

中国人民解放历史资料丛书编审委员会：《新四军·图片》，解放军出版社1994年版。

中国人民抗日战争纪念馆、抢救民间家书项目组委会编：《抗战家书》，中国画报出版社2007年版。

中国人民政治协商会议北川县委员会文史资料委员会：《北川县文史资料选辑》第10辑，1994年版。

中国人民政治协商会议合肥市委员会文史资料委员会编：《合肥文史资料》第7辑，1991年版。

中国人民政治协商会议河南省宜阳县委员会文史资料研究委员会编：《宜阳文史资料》第1辑，1985年版。

中国人民政治协商会议湖南省委员会文史资料研究委员会编：《湖南文史》第33辑，湖南人民出版社1989年版。

中国人民政治协商会议泸州市市中区委员会文史资料工作委员会编：《江阳文史资料》第2辑，1988年版。

中国人民政治协商会议全国委员会文史和学习委员会编：《文史资料

选辑》第54辑，文史资料出版社1962年版。

中国人民政治协商会议全国委员会文史资料委员会编：《文史资料存稿选编·抗日战争（下）》，中国文史出版社2002年版。

中国人民政治协商会议全国委员会文史资料研究委员会编：《革命史资料》（6），文史资料出版社1982年版。

中国人民政治协商会议全国委员会文史资料研究委员会编：《文史资料选辑》第71辑，中华书局1980年版。

中国人民政治协商会议全国委员会文史资料委员会编：《文史资料选辑》第135辑，中国文史出版社1999年版。

中国人民政治协商会议山西省垣曲县委员会《垣曲文史资料》编辑室编：《垣曲文史资料》第9辑，1999年版。

中国人民政治协商会议上海市委员会史资料工作委员会编：《抗日风云录》下册，上海人民出版社1985年版。

中国人民政治协商会议浠水县委员会文史资料研究委员会：《浠水文史资料》第1辑，1987年版。

中国人民政治协商会议垣曲县委员会编：《垣曲文史资料》第1辑，1985年版。

中国新四军和华中抗日根据地研究会：《新四军的组建与发展》，军事科学出版社2001年版。

中国新四军和华中抗日根据地研究会编：《永恒的记忆：华中抗日根据地史》，当代中国出版社2005年版。

中江兆民：《三醉人经纶问答》，滕颖译，商务印书馆1990年版。

中央档案馆编：《中共中央文件选集》第11、12册，中共中央党校出版社1991年版。

中央统战部、中央档案馆编：《中共中央抗日民族统一战线文件选编》中、下，档案出版社1985、1986年版。

重庆市政协文史资料研究委员会、中共重庆市委党校、红岩革命纪念馆编：《抗战时期国共合作纪实》上、下卷，重庆出版社1992年版。

周恩来:《抗战政治工作纲领》,明明书局1938年版。

朱德等:《我们怎样打退敌人》,新华日报馆1938年版。

山本四郎:《1887年日本小川又次〈清国征讨方略〉介绍》,载《抗日战争研究》1995年第1期。

《坚持河北抗战与巩固团结:彭副总司令对新华日报记者克寒的谈话》,载《群众周刊》第3卷第8、9期合刊。

《晋南战役的教训》,载《解放日报》1941年6月9日。

《刘伯承同志关于百团大战的谈话》,载《新中华报》1940年10月27日。

《毛泽东等中共中央领导人与谢伟思的六次谈话:谢伟思的报告》,载中共中央党史研究室编:《党史通讯》1983年第20—21期。

《民众献金运动》(社论),载《新华日报》1938年7月12日。

《叶剑英为转送中共冀热边区委电致蒋介石函》,载《民国档案》1985年2期。

陈绍禹、周恩来、博古:《我们对于保卫武汉与第三期抗战问题底意见》,载《新华日报》1938年6月15日。

耿幼壮、刘小燃:《中美人民之间的友谊涟漪:美国飞行员的二战日记》,载《党史纵横》1997年第11期。

龚定中:《抗日战争时期上海人民也曾营救过美国飞行员》,载《上海党史研究》1994年5期。

郭代习:《论国民党抗日游击战术思想的成长》,载《史学月刊》2005年第11期。

胡传章:《简述抗日民族统一战线中的八路军办事处》,载《江苏社会科学》1995年第6期。

胡胜利:《新四军七师沿江团与国民党军队合作布水雷问题考》,载《池州师专学报》1996年第4期。

李朝贵:《八路军贵阳交通站》,载《红岩春秋》2009年第2期。

李峰整理:《我党对郭勋祺的统战工作》,载《四川统战工作史料》

1988第3期。

潘婷:《飞虎队老兵的感恩之旅》,载《中国青年报》2010年10月22日。

彭光楣:《营救“盟军”飞行员脱险记》,载《军事历史》1995年第2期。

史嘉:《国民党派驻新四军“联络参谋”真相》,载《民国春秋》1988年第4期。

束继敏:《美军飞行员在监利被救记》,载《党史天地》1997年12期。

水野明:《日本侵略中国思想的检证》,载《抗日战争研究》1995年第1期。

王美芝:《项英与〈新学识〉杂志史实考证》,载《党史文苑》2011年第5期。

叶建忠:《抗日战争时期的福建国共和谈经过》,载《福建史志》1991年第3期。

余群、涂宏伟:《救助美国飞虎队中队长的一段往事》,载《档案时空》2008年7期。

庾晋:《桂林八路军办事处创办始末》,载《海内与海外》2003年第10期。

张军:《一段跨越近七十年的异国情谊:记李先念与“飞虎队”队员的营救》,载《武汉党史》2012年第2期。

中国第二历史档案馆:《南京国民政府大本营关于全面抗战作战指导方案等训令四件》,载《民国档案》1987年1期。

庄明坤、邹明德:《1937年8月11日南京谈话会简述》,载《党史资料通讯》1987年第5、6期合刊。

后　记

在中国人民暨世界反法西斯战争胜利70年后的今天，对夺取抗战胜利的历程和经验进行回顾与总结是十分有意义的。抗战胜利开启了中华民族复兴之门。70年后的今天，我们正在为实现“中国梦”而奋斗，其间有着十分密切的内在联系。

国共合作是抗日民族统一战线的基础。在抗日战争时期，国共在军事上合作占有十分重要的地位。毛泽东还曾指出：“所谓国共合作，主要是同中央军合作。”在回顾学术界对抗战胜利所进行过的研究中，我们发现国共军事合作几乎是个空白点。在汗牛充栋的抗战著作中，我们只发现《国共两军忻口抗战揭秘》（中共沂州市委党史办公室编，中央文献出版社2005年版）一书算得上是对特定战场上国共两军进行军事合作的专题资料加以研究的著作。为了弥补这一不足，我们在朋友和出版社的鼓励下，勇敢地承担了这一艰巨任务。

在即将付梓之际，我们得向书中被引用资料的书籍或文章的作者、编者和出版者表示衷心感谢，感谢你们提供了充足的素材，使我们有可能按照历史的逻辑框架予以重新组合，让我们有机会在纪念抗战胜利70周年之际献上这本书，作为对在那段历史中为着民族独立解放而奋斗的人们的缅怀与纪念。

作者
2015年3月